辽宁省教育厅科学研究经费重点攻关项目（WZD202004）
2021年度辽宁省经济社会发展研究课题（2021lslybkt-012）
沈阳市哲学社会科学专项资金规划课题（17007）
辽宁省科协科技创新智库项目（LNKX2018-2019C09；lnkx2017A06）

The Study on Intensive Management and
Leapfrog Improvement of Technological Innovation Capability

集约式经营与技术创新能力跨越式提升研究

王鹤春 著

中国社会科学出版社

图书在版编目（CIP）数据

集约式经营与技术创新能力跨越式提升研究 / 王鹤春著.
—北京：中国社会科学出版社，2020.12
ISBN 978-7-5203-8800-9

Ⅰ.①集⋯ Ⅱ.①王⋯ Ⅲ.①日用电气器具—工业企业管理—研究—中国 Ⅳ.①F426.6

中国版本图书馆 CIP 数据核字（2021）第 150177 号

出 版 人	赵剑英
责任编辑	林　玲
责任校对	石建国
责任印制	李寡寡

出　　版	中国社会科学出版社
社　　址	北京鼓楼西大街甲 158 号
邮　　编	100720
网　　址	http://www.csspw.cn
发 行 部	010-84083685
门 市 部	010-84029450
经　　销	新华书店及其他书店
印　　刷	北京明恒达印务有限公司
装　　订	廊坊市广阳区广增装订厂
版　　次	2020 年 12 月第 1 版
印　　次	2020 年 12 月第 1 次印刷
开　　本	710×1000　1/16
印　　张	19
字　　数	283 千字
定　　价	98.00 元

凡购买中国社会科学出版社图书，如有质量问题请与本社营销中心联系调换
电话：010-84083683
版权所有　侵权必究

前　言

随着经济的发展，依靠资源投入拉动经济的增长的粗放式经济增长方式已经不适应经济的发展要求。特别是在全球化与逆全球化全球价值链脱钩加速，两者共存相悖且持续发展的背景下，本土制造业面临的国际竞争将是更加激烈，更迫切的要求实现经济增长方式的根本性转变。只有加快实现经济增长方式的转变，才能有效地提高本土制造业企业的国际竞争力。因此，积极推进经济增长方式由粗放经营向集约经营转变是我国未来在相当长时间内都要关注的重要课题。转变经济增长方式，离不开企业技术的自主创新能力的提升。但后发国家不仅自主创新能力弱，而且通常远离国际主要的技术来源、R&D、大学以及主流市场（Hobady，1995）。技术作为促进经济发展的关键因素，在中国产业发展的实践过程中，遇到了落后国家经常面对的"落后—引进……再落后—再引进……"的路径依赖式陷阱。创新作为竞争成功的关键因素（Sadowski and Roth，1999），后发国家必须开展独立的自主创新活动（Figueiredo，2003），才能确保技术追赶战略的实现。现实上，我国所具有资源禀赋（如劳动力、原料等）的比较优势，以及巨大的国内市场，可以让我国同发达国家之间的经济差距保持在一定范围之内甚至有所追赶。为我国产业利用后发优势，实现技术追赶，完成经济增长方式转变提供了现实可能。

本书以影响我国本土制造业集约式经营与技术创新能力跨越式提升的重要问题，即如何评判企业的集约程度、如何实现技术创新能力跨越式提升为核心，基于"制度逻辑（外部）—惯性基因（内部）—资源行为"总体框架，分别从制度逻辑、惯性基因以及资源行为三个方面，系统研究本土制造业集约式经营与技术创新能力跨越式提升问题。具体通过理论分析、实证研究、案例研究、扎根分析相结合的方法，围绕"制度逻辑（外部）—惯性基因（内部）—资源行为"总体框架的构建，模型的构成，以本土制造业为研究对象，依次从制度逻辑、资源行为、惯性基因等重要层面，系统研究本土制造业在全球化与逆全球化全球价值链脱钩加速，两者共存相悖且持续发展的情景下实现集约式经营与技术创新能力跨越提升的问题。以期为中国正在发展进程中的其他产业，如何实现技术跨越、实现集约式经营提供示范及借鉴，这就成为本书研究的最重要意义所在。

本书共分为十一个部分，其中第三到第六部分主要是从制度逻辑出发，深入归纳、研究、分析本土企业的资源行为，具体对本土企业经营程度、实现技术追赶规律进行分析；第七到第八部分主要从惯性角度出发，以本土制造业企业为载体，研究本土企业面对制度逻辑约束产生资源行为差异化的潜在原因；第九部分从本土企业重要的技术资源进行分析。本部分基于多维标度分析方法分析、确定和可视化表达 OLED 技术发展中的主要竞争对手及技术竞争态势进行分析。主要研究制度逻辑对资源行为影响的内在规律；第十部分主要从制度逻辑视角出发对生产性服务业促进制造业技术创新能力提升的共生机理进行研究。各部分具体研究内容如下：

第一部分，绪论，主要对选题背景、问题提出及研究意义、研究内容、研究方法与技术路线以及本书主要创新点进行论述；第二部分文献综述，主要对制度逻辑理论、惯性理论、企业资源理论以及生产性服务业理论等国内外研究进行回顾。

第三部分，本土企业集约经营程度分析。该部分基于制度逻辑，在建立"制度逻辑—惯性基因—资源行为"总体框架模型基础上，对工业企业集约经营内涵进行界定并对本土企业集约经营程度展开分析，为后续研究奠定基础。

第四部分，采用探索性案例分析的手法，对长虹公司在平板电视阶段的技术追赶模式进行描述，通过构建后发企业实现技术追赶的整合框架，对影响产业技术追赶的因素进行分析。研究发现中国彩电产业作为发展成熟的传统产业，在平板电视阶段，其技术追赶模式可被描述为多轨跟踪与越轨进入两个阶段，专利外部化模式向内部化模式转换的并购是实现越轨进入的关键因素，国际合作创新的专利合作是保证其实现技术追赶并获得持续成长的关键因素，以企业家为代表的内部变革促进者的作用贯穿于整个技术追赶过程中。并运用扎根理论的研究方法，重点对长虹公司在平板电视阶段实现技术追赶的关键影响因素，进行了扎根研究。研究验证了影响长虹公司实现技术追赶的四维关键因素。

第五部分，采用三级编码的扎根研究法对海信集团"信芯"的研制过程进行扎根理论研究，深入探讨海信集团实现自主创新的关键因素。研究得出我国彩电制造企业实现自主创新的四维关键因素。研究表明，政府政策平台是保障、文化创新是内在驱动力、技术创新平台是支撑、创新变革者是关键。

第六部分，运用扎根理论研究方法，选取彩电制造企业长虹、海信以及海尔为案例，对外部环境影响力、企业对组织内外技术的控制力、创新变革者的主导力以及创新驱动技术追赶的驱动力如何影响企业的技术追赶进行了探讨。研究发现：外部环境是企业实现技术追赶的外部影响因素，主要通过政策与市场体现；企业内部创新变革者是实现组织技术追赶的主导力，不同层次的内部创新变革者在组织技术追赶的过程中起着不同的作用；技术控制能力是企业通过不同的方式获取技术资源实现组织对技术的控制，是组织实现技术追赶的重要支撑条件；组织创新能力是组织实现技术追赶的内在驱动力。基于上述研究，提出了技术追赶影响因素的四力模型，并指出组织在实施技术追赶时应综合考虑四个主要影响因素之间的适配。

第七部分，运用扎根理论，选取家电制造企业研究引进型管理创新的管理实践。对管理创新中认知惯性、学习惯性以及组织惯性如何起作用进行了探讨。研究发现：在管理创新引进不同阶段，不同维度惯性所起作用各异。认知惯性是管理创新引进前期的主导惯性，主要通过企业家警觉、知识搜索、企业家意图、成功欲等体现；学习惯性在管理创新引进的执行期起关键作用，企业通过学习惯性完成资源的获取、实现组织对资源的控制以及内部化的过程，是组织实现引进型管理创新的重要支撑条件；组织惯性在引进后期起主导作用，是组织在原有知识体系模式的基础上，对新管理创新实践、理论的吸纳。并基于上述研究发现，提出了引进型管理创新过程的三维模型。

第八部分，采用三级编码的扎根研究法，对海信集团全发展阶段进行技术追赶过程进行扎根理论研究，深入探讨海信集团实现技术追赶的本源性因素。研究得出后发国家实现技术追赶的惯性传导路径模型：（1）首先，后发国家实现技术追赶的起点始于认知惯性，通过对环境的觉察、评价、判断，形成组织决策的基础；其次，组织将高层管理者认知，通过组织决策转化为企业的具体行为，并形成行为惯性；再次，组织行为惯性通过管理者决策、管理措施、不断累积并内化为组织惯性；最后，管理者通过对组织创新体系变革、创新文化塑造等形成的创新惯性，支撑了组织技术惯性的形成。由模型可见后发国家在实现技术追赶的不同阶段，主导惯性呈现出不同的特性，并通过不同惯性间的交互作用，驱动技术追赶过程完成；（2）作为惯性贯穿后发国家实现技术追赶的惯性传导路径模型；（3）与多数研究结论不同，惯性因素在特定条件下不是企业实现变革的阻碍因素，而是促进企业实现技术追赶的本源性推动因素。惯性因素推动作用的产生，具有特定的条件。在特定的阶段、特定的情况下，不同的惯性所起作用是不同的。脱离特定阶段，特定惯性不会起到推动作用。而"作为惯性"作为所有惯性中贯穿始终的惯性，其作用突出体现在不同阶段的交替过程中，并克服组织内各类惯性作用所产生的负面影响。

第九部分，主要基于多维标度分析方法分析、确定和可视化表达OLED技术发展中的主要竞争对手，并对技术竞争态势进行分析。通过本书的研究不仅可以丰富本土理论实践，总结归纳本土产业发展规律，而且可以在一定程度上拓展相关研究深度，丰富发展已有的研究成果。

第十部分，探究通过产业创新共生、促进制造业技术创新能力提升的内在机理，构建基于协同创新理论的制造企业与生产性服务企业协同发展的框架模型。通过识别模型的运行机理，深入调查本土制造业与生产性服务业的协同共生实践，以揭示"制度逻辑"对"资源行为"产生影响的内在机理并解释统一的制度逻辑压力下，不同企业资源行为各异的惯性原因。通过对制度逻辑约束下生产性服务企业与制造企业的协同共生机理等的分析和典型案例的提炼，并从制度逻辑角度出发，研究自贸区完善本土制造业与生产性服务业的政策。

第十一部分，结论与展望。

目 录

第一章 绪论 …………………………………………………（ 1 ）
    第一节 选题背景 …………………………………………（ 1 ）
    第二节 问题提出及研究意义 ……………………………（ 5 ）
    第三节 研究内容 …………………………………………（ 15 ）
    第四节 本书研究方法与技术路线 ………………………（ 21 ）

第二章 文献综述 ……………………………………………（ 23 ）
    第一节 制度逻辑理论回顾 ………………………………（ 23 ）
    第二节 惯性理论研究回顾 ………………………………（ 24 ）
    第三节 企业资源理论回顾 ………………………………（ 26 ）
    第四节 生产性服务业研究回顾 …………………………（ 28 ）
    第五节 本章小结 …………………………………………（ 32 ）

第三章 本土企业集约经营程度分析 ………………………（ 33 ）
    第一节 "制度逻辑—惯性基因—资源行为"
           逻辑框架模型 ……………………………………（ 33 ）
    第二节 工业企业集约经营含义的界定 …………………（ 41 ）
    第三节 本土企业经济增长方式转变的现状及
           其他国家经验 ……………………………………（ 48 ）
    第四节 制约我国经济增长方式转变的因素分析 ………（ 51 ）
    第五节 本土企业集约经营程度评判 ……………………（ 57 ）

第六节　本章小结 …………………………………………（ 80 ）

第四章　本土制造业技术追赶路径研究：长虹公司 …………（ 82 ）
第一节　技术追赶理论回顾 ………………………………（ 82 ）
第二节　研究设计 …………………………………………（ 84 ）
第三节　案例分析 …………………………………………（ 89 ）
第四节　本土制造业实现技术追赶的关键影响因素分析：
　　　　长虹公司 …………………………………………（ 96 ）
第五节　本章小结 …………………………………………（104）

第五章　本土产业自主创新的关键影响因素研究：海信公司 …（108）
第一节　相关理论回顾 ……………………………………（109）
第二节　研究设计 …………………………………………（110）
第三节　案例分析的研究过程 ……………………………（111）
第四节　本章小结 …………………………………………（118）

第六章　本土成熟制造业实现技术追赶影响因素的四力模型 …（122）
第一节　理论分析框架构建 ………………………………（123）
第二节　研究设计 …………………………………………（126）
第三节　案例的扎根分析过程 ……………………………（127）
第四节　本章小结 …………………………………………（136）

第七章　惯性对后发国家本土产业引进型创新的作用分析 ……（138）
第一节　引言 ………………………………………………（138）
第二节　理论分析框架的构建 ……………………………（140）
第三节　案例的扎根分析过程 ……………………………（144）
第四节　本章小结 …………………………………………（154）

第八章　后发国家本土产业实现技术追赶的惯性传导路径：
　　　　基于自主创新 ……………………………………（155）
第一节　引言 ………………………………………………（155）
第二节　相关理论回顾 ……………………………………（156）
第三节　研究设计 …………………………………………（157）

第四节　惯性传导路径模型的扎根分析过程 …………… (159)
　　第五节　本章小结 ………………………………………… (168)
第九章　基于多维标度的 OLED 专利组合图谱绘制及
　　　　技术机会分析 ………………………………………… (170)
　　第一节　研究设计 ………………………………………… (172)
　　第二节　本土彩电产业 OLED 技术态势的实证分析 …… (174)
　　第三节　本章小结 ………………………………………… (185)
第十章　制度逻辑视角下生产性服务业促进制造业技术创新能力
　　　　提升的共生机理研究 ………………………………… (186)
　　第一节　问题界定 ………………………………………… (186)
　　第二节　研究方法与研究路线 …………………………… (188)
　　第三节　共生机理的案例分析 …………………………… (190)
　　第四节　本土制造企业资源行为产生的惯性基因解释 … (209)
　　第五节　制度逻辑视角下本土制造业技术创新
　　　　　　能力提升的对策 ………………………………… (215)
　　第六节　本章小结 ………………………………………… (226)
第十一章　结论与展望 ………………………………………… (228)
　　第一节　主要结论 ………………………………………… (228)
　　第二节　研究局限与展望 ………………………………… (235)
参考文献 ………………………………………………………… (236)
附录 A　辽宁省上海市自贸区生产性服务业政策对比表 …… (266)
附录 B　辽宁省上海市自贸区装备制造业政策对比表 ……… (275)
附录 C　辽宁省上海市部分自贸区政策名单 ………………… (278)
附录 D　中国彩电制造产业发展过程 ………………………… (282)
后　记 …………………………………………………………… (287)

图表目录

图目录

图1.1　1978—2018年经济增长率变化趋势 …………………………（ 2 ）
图1.2　研究路线 ………………………………………………………（ 16 ）
图1.3　基本研究框架 …………………………………………………（ 18 ）
图1.4　技术路线 ………………………………………………………（ 21 ）
图3.1　"制度逻辑—惯性基因—资源行为"总体框架模型 ………（ 37 ）
图3.2　集约化程度指标体系框图 ……………………………………（ 64 ）
图4.1　本土制造业技术追赶模式 ……………………………………（ 91 ）
图4.2　技术追赶模式的作用机理 ……………………………………（ 91 ）
图4.3　长虹技术追赶影响因素的语义网络分析图 …………………（ 98 ）
图4.4　本土企业实现技术追赶的四维关键影响因素 ………………（101）
图5.1　海信集团公司自主创新语义网络分析图 ……………………（113）
图5.2　海信自主创新四维关键影响因素 ……………………………（115）
图6.1　理论分析框架 …………………………………………………（126）
图6.2　影响后发企业技术追赶的四力模型 …………………………（135）
图7.1　理论分析框架 …………………………………………………（144）
图7.2　引进型管理创新的三维过程模型 ……………………………（152）

图 8.1　一级编码 …………………………………………………（161）

图 8.2　后发国家实现技术追赶的惯性传导路径模型 ……………（167）

图 9.1　OLED 技术机会分析可视化图谱 …………………………（181）

图 10.1　研究路线 …………………………………………………（191）

图 10.2　制度逻辑视角下制造业与生产性服务业协同共生的
　　　　　物理模型 ………………………………………………（194）

图 10.3　制度逻辑视角下制造业与生产性服务业协同共生
　　　　　初始形成 ………………………………………………（200）

图 10.4　制度逻辑视角下制造业与生产性服务业协
　　　　　同共生形成（75 吨） …………………………………（202）

图 10.5　制度逻辑视角下制造业与生产性服务业协同共生
　　　　　正式形成图（250 吨） ………………………………（205）

图 10.6　"制度逻辑—惯性基因—资源行为"模型 ………………（214）

表目录

表 2.1　企业资源的定义 ……………………………………………（27）

表 2.2　企业资源分类 ………………………………………………（27）

表 3.1　集约经营评价指标 …………………………………………（61）

表 3.2　特征值及百分比表 …………………………………………（62）

表 3.3　主因子载荷矩阵（方差最大旋转后） ……………………（63）

表 3.4　因子得分排序表 ……………………………………………（65）

表 4.1　案例信度与效度检验策略 …………………………………（97）

表 4.2　影响长虹技术追赶关键因素的一级编码词频统计 ………（99）

表 4.3　二级编码 ……………………………………………………（100）

表 5.1　案例信度与效度检验策略 …………………………………（111）

表 5.2 海信集团公司自主创新核心概念一级编码的词频
统计汇总 ·· (113)
表 5.3 海信集团公司自主创新核心概念一级编码的词频
统计汇总 ·· (114)
表 6.1 案例信度与效度检验策略 ·················· (128)
表 6.2 长虹公司的描述性编码分析 ·················· (129)
表 6.3 海信公司的描述性编码分析 ·················· (130)
表 6.4 海尔公司的描述性编码分析 ·················· (131)
表 6.5 基于跨样本企业分析得出的理论命题 ·········· (132)
表 7.1 案例信度与效度检验策略 ·················· (146)
表 7.2 长虹公司的描述性编码分析 ·················· (147)
表 7.3 基于样本企业分析得出的理论命题 ············ (148)
表 8.1 案例信度与效度检验策略 ·················· (159)
表 8.2 理论命题 ······································· (162)
表 9.1 OLED 技术专利数量 TOP10 企业 ············ (175)
表 9.2 各子技术主题的主要技术竞争对手 ············ (177)
表 9.3 OLED 技术专利组合的主要类别 ············ (182)
表 10.1 案例信度与效度检验策略 ·················· (209)

第一章 绪论

第一节 选题背景

随着世界经济中心的转移，亚太地区逐渐成为世界经济增长的重心，这为典型后发国家中国本土企业的发展带来了难得的战略机遇。"中国制造2025""一带一路""新型工业化道路"以及"加快转变经济发展方式"政策作为政府转变经济增长方式的重要制度逻辑，也成为本土企业技术创新能力提升的外部驱动极，为我国微观技术创新体系的构建、宏观经济结构与经济发展方式的转变提供了重要的机遇。转变经济增长方式是实现我国新的"两个百年目标"战略构想的关键所在，是缓解我国人口与资源，环境的矛盾，实施可持续发展战略的根本出路。是优化经济结构，提高经济效益，保证国民经济持续、快速、健康发展的迫切要求。是顺应知识经济潮流，提高我国国际竞争力的必然选择。我国本土企业一直延续的经营方式是依靠资金，依靠资源投入拉动经济的增长的粗放式经营方式。这种经济增长方式在一定的条件下，为我国工业企业的发展奠定了发展的基础，使我国初步建立了比较完备的工业体系，但是随着经济的发展，这种经济增长方式已经不适应经济的发展要求。

我国保持多年的快速经济增长率，但据国家统计局数据统计近十几年正在逐渐回落，呈现连续下滑趋势，具体如图1.1所示。

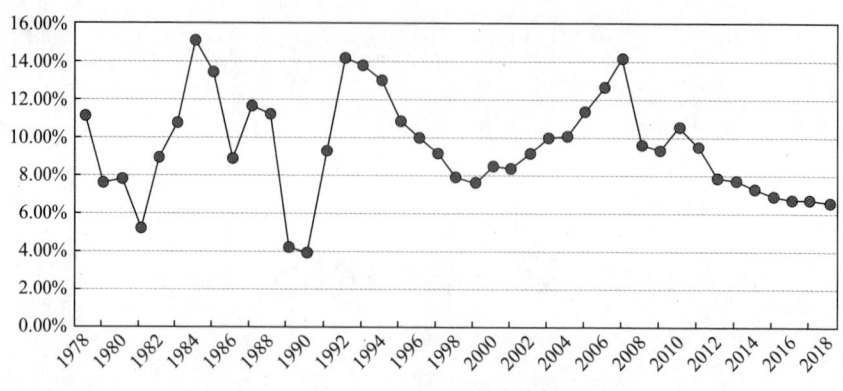

图 1.1　1978—2018 年经济增长率变化趋势
资料来源：国家统计局 http：//www.stats.gov.cn/
作者整理绘制

从以上数据可以看出，我国经济增长速度正在逐渐回落，造成这种情况的原因很多，其中一个深层次的原因就是，我国经济的高速增长主要是依靠大量投入各种生产要素，采取粗放型经济增长方式。伴随着国民经济快速发展，我国经济在经过近 40 年连续的"高速增长"之后，经济发展遇到了各种"瓶颈"，进入相对的"平台期"。因此，积极推进经济增长方式由粗放经营为主向集约经营为主的根本转变、努力提高经济增长数量的同时、更注意增长的质量和效益，是我国国民经济建设的核心内容与重要课题。党的十九大报告中指出，改革开放之后，我们党对我国社会主义现代化建设做出战略安排，提出"三步走"战略目标。解决人民温饱问题、人民生活总体上达到小康水平这两个目标已提前实现。在这个基础上，我们党提出，到建党一百年时建成经济更加发展、民主更加健全、科教更加进步、文化更加繁荣、社会更加和谐、人民生活更加殷实的小康社会，然后到 21 世纪中叶，到新中国成立一百年时，基本实现现代化，把我国建成社会主义现代化国家。从 2020 年到 21 世纪中叶可以分两个阶段来安排。第一个阶段，从 2020 年到 2035 年，基本实现社会主义现代化。第二个阶段，从 2035 年到 21 世纪中叶，把我国建成富强民主文明和谐美丽的社会主义现代化强国。转变经济增长方式是实现我国新的"两个百年目标"战略构想的关键所在，是党中央对我国经济发展的历史与现状，尤其是改革开放四十几年以来的经济发展基础上进行的全面分析和总结做出的战略决策。只有加快实现经济增长方式的转变，才能有效地提高我国国有企业的综合实力，提高国民经济整体素质和效益，增强国际竞争力，实现国民经济快速健康发展。

尽管国内本土企业已经开展了大量的实践探索，但鉴于所处经济区域不同、企业自身的资源禀赋不同，所面对的实际情况不同，虽然已经有部分本土企业在一定程度上获得成功，但是像东北、西南、西北等老工业基地及大量本土企业的发展仍停留在艰难的摸索过程中。因此，探索符合我国国情的经济增长方式转变、技术创新能力提升创新理论和方法，以指导实际，就成为急待解决的问题。特别是随着在全球经济一体化与逆全球化发展的双重作用下，导致本土企业面临前所未有的挑战，面临的国际竞争更加激烈，更迫切的要求实现经济增长方式的根本性转变、技术创新能力的提升。

改革开放以来，我国经济经过四十几年的持续快速增长，综合国力明显增强，为作为后发国家的中国迎接机遇的到来奠定了坚实的产业实践，提供了充足的物质条件。但我国在新制度逻辑之下，所产生的技术创新资源行为受哪些因素影响以适配外部制度逻辑，依旧存在问题。具体体现在：从总体上看，经济发展方式还比较粗放。加快转变经济发展方式，推动产业结构优化升级。这是关系国民经济全局紧迫而重大的战略任务，不仅需要国家政策的制度逻辑驱动，同时也需要本土制造企业技术创新能力的提升。因此，如何采取准确的资源行为以应对新制度逻辑变化、增强本土企业技术创新能力成为当前研究的热点问题。依靠正确的资源行为是本土企业增强国际经济竞争力，把握和追随制度逻辑动态变化以确保本土企业适应制度逻辑需求的强力工具，特别是依靠技术资源所执行的创新行为。但我国作为典型的后发国家不但自身创新能力弱，远离国际主要的技术来源、R&D、大学以及主流市场（Hobady，1995），而且在产业发展实践中，遇到了"落后—引进……再落后—再引进……"的路径依赖式陷阱。创新作为竞争成功的关键因素（sadowski and Roth，1999），后发国家必须开展独立的自主创新活动（Figueiredo，2003），才能确保技术追赶战略的实现。此外，通过产业创新即通过发展生产性服务业是实现制造业经济发展方式的转型与技术创新能力的提升的重要路径。生产性服务业（Producer Services）作为为生产者提供服务的新兴产业，贯穿于企业生产的上游、中游和下游诸环节中。如果生产服务业和制造业二者能形成一个良性的循环系统，那么就有可能在经济总量扩大的过程中相互协调发展，在实现制造业经济发展方式的转型中，促进企业技术创新能力的提升，促进地区经济整体竞争力的增强。但由于我国本土生产性服务业先天发展不足，特别是区域间发展不平衡，造成产业结构的失调和布局的失衡，造成产业间协同带动遇到极大的结构上和布局上的困难，同样制约了本土企业经济增长方式转变、技术创新能力提升。

现实上，我国所具有资源禀赋（如劳动力、原料等）的比较优势，以及巨大的国内市场，可以让我国同发达国家之间的经济差距保持在一定范围之内甚至有所追赶。为我国产业利用后发优势，实现技术追赶，完成经济增长方式转变提供了现实可能。企业的技术创新行为作为企业在长期经营发展中的一种重要资源行为活动，影响其发生、发展变化的因素是多维因素综合作用的结果，这些复合因素间具有复杂的作用关系，共同作为本土企业创新行为活动的重要结构性影响变量，对本土企业技术创新行为的有效性发生作用。

组织外部制度逻辑不仅带来了机遇，同时也带来了威胁，如逆全球化发展所带来的全球价值链脱钩。为应对组织外部制度逻辑变化可能对企业技术创新所带来的敌对性因素影响，本土制造业企业要想实现经济增长方式转变、技术创新能力提升不仅需要一定的外部制度逻辑的支持条件，而且要变革企业内部原有的规则与程序、不断以创新的资源行为动态地适配组织外部制度逻辑的变化。通过产业不断创新的资源行为，整合组织内外资源，通过优化资源配置，推动本土企业的成长和持续竞争优势的产生。但在相同的制度逻辑下，本土企业的创新行为却是各异的。那么，是什么驱动了企业在相同制度逻辑下，采取了不同的行为路径，就成为本书需要进一步深入探讨的问题。特别是在自主创新成为时代主题，我国产业遇到发展瓶颈的情况下，如何才能获得突破，成为最具时代意义、急需解决的主题。而我国并无成熟的、直接的企业实践。相关理论及研究均由国外引进，对经济全球化与逆全球化下全球价值链脱钩共存发展的新形势下我国本土产业成长、突破自身局限的理论指导意义需进一步的融合、深化、拓展。在此种情况下，从产业层面研究自主创新体系理论，有助于深化自主创新体系理论的微观基础，与国家层面的研究形成完整的体系。并通过选取典型产业，以其中的若干代表性企业代表产业情况开展研究，运用扎根理论的思想，采用内容分析技术，辅之以实验方法和调查法等方法，考虑中国元素和中国情境开展研究，有助于总结、提炼中国产业发展规律。

第二节　问题提出及研究意义

一　研究问题提出

随着世界经济一体化的深化发展与逆全球化背景下全球价值链脱钩的加速，在两者共存相悖且持续发展的现实情况下，自主创新对一国经济影响的重要意义日益凸显。本土企业通过自主创新，实现经济增长方式的转变、完成区域整体经济成长、本土制造业在全球供应链中竞争力提升是一个复杂的系统工程。本土制造产业在转变经济增长方式与创新成长的实施过程中，产业内部资源行为、外部不同情境维度的主体逻辑等要素都会对其产生影响。对于经济增长方式的转变这一关乎国家能否长期繁荣、稳定的课题，国内经济学家及实际工作者，做了许多卓越的，极具启发性的研究。这一课题是我国经济发展到一定阶段出现的，是我们国家需要解决的重大问题。对于这一问题，已有许多文献对经济增长方式的转变问题进行了深入的分析与讨论，但是由于诸多原因及条件限制未进行更多的定量分析。建立集约式经营评价指标应用多元统计分析方法进行排序研究更不多见。定性方面的研究比较多，而没有对影响企业集约经营程度的内在、潜在因素进行分析，定量分析很少。关于如何理解界定企业集约式经营，目前的观点纷繁复杂，各执一词。此外，有学者认为集约经营与内涵式扩大再生产内涵是等同的（高敏芳、程亚琼，1997），有学者认为两者既有联系又有区别，有人认为两者是有严格区别的，也有学者认为两者在原意上是相同的，但在当代意义上是有区别的（罗明，2000）。微观经济学生产理论的观点，在总量生产函数中通过调整综合要素，提高资金和人力资本的使用效率，实现增加总产出，这就是"集约型"增长（裴立新等，2001）。关于这方面的讨论，见诸报刊的很多，其中不乏真知灼见，可谓仁者见仁、智者见智。

从国内外研究情况看，相关研究内容上，国内外专家除了论述集约经营的概念、特征等基本理论研究外。其主要的研究内容主要集中在宏观层面的研究。研究方法上，虽也有学者在定量方面对工业企业集约式经营进行了研究，但定量研究尚不多见，所采用的主要方法是层次分析法和模糊评价方法（曾宪龄等，1999a、2001b），这种方法具有一定的科学性，但在一些方面如：评判矩阵的建立，仍旧存在着人为因素对评价结果的影响。在对企业集约经营的评价中也有采用聚类分析方法的（樊重俊，1998）和生产函数法（尹子民，1998）进行评价，但系统的采用多元统计分析方法的较少。

随着持续动态的环境为企业生存与发展带来了前所未有的挑战，如何应对环境变革成为当前的热点问题。目前，国内外学者普遍认为，创新是企业获得竞争力，把握和追随环境动态确保组织适应环境需求的有力武器。在技术趋同化日益显著的背景下，管理创新更成为企业适应环境变化、提高企业竞争力、促进企业成长发展的重要途径。通过多年的发展和完善，国际上相关研究取得了显著的成果，其代表人物主要有 S. J. Kline，N. Rosenberg，Limsu Kim 等。目前，国内对于本土自主创新理论的研究仍处于归纳、分析、提炼阶段。因此，本土自主创新理论尚不完善，亟待构建。自主创新具有不同层次的含义，在国家层面，有关自主创新的文献主要是从我国经济对外依存度、产业结构提升（李文秀，2007）、国家经济安全（蒋正华，2007）等角度论证自主创新战略的必要性和可行性。

熊彼特首次提出了"创新"的概念及理论，认为创新就是建立一种新的生产函数，即实现生产要素和生产条件的新组合，创新是企业家对生产要素所做的新的组合（贾拥民，2019）。德鲁克继承并发扬了熊彼特的观点，提出企业家最主要的功能是创新，并认为企业管理的核心内容是企业家在经济上的创新行为，企业就是企业家工作的组织（蔡文燕，2019）。Ray Stata（1989）首次提出了组织中的创新问题，明确区分了产品创新、流程创新和管理创新。Pierre-JeanBenghozi（1990）把管理创新与市场创新和技术创新区别开来。Stata（1989）提出，20世纪80年代，许多美国公司落后之处就在于管理创新问题，他把管理创新看作是充分利用技术领先优势的必要条件，这一点与Farrokh Alemi（1999）的观点一致，并得到了实证研究结论的支持。然而，长期以来，学者们将精力更多地放在了对企业绩效提升见效较快的技术创新的研究，管理创新的研究相对晚于技术创新研究。国内外关于管理创新的相关研究大部分是从影响因素、创新过程、组织学习、组织绩效等层面展开。如Guillén（1994）通过四个国家的实践验证了七组制度因素对新管理理念和技能引进的影响。Brynjolfsson等（2002）认为技术变革也是影响管理创新产生的一个重要因素，加大对技术创新的投资能促进组织管理创新。由学者们的研究可见，管理创新的影响因素具有多维性。伦敦商学院管理创新实验室成员首先提出从对现状不满，到受其他创新来源激励，再到发明新实践，最后进行内外部确认的管理创新四阶段过程模型（Birkinshaw et al.，2006）。李燚（2004）认为，组织学习是推动管理创新或提升管理创新绩效的一个重要途径，是管理创新系统研究中的重要环节。目前大部分研究认为管理创新实施与组织绩效之间线性相关，管理创新实施强度越大，组织绩效提高的幅度越大（Edmondson et al.，2001）。在国内，芮明杰（1994）认为，管理创新是指创造一种更有效的资源整合范式。常修泽（1994）把管理创新界定为对新的管理方式方法的引入。管理创新包括企业的组织形式、管理机制、机构设置、规章制度等广泛内容，它是企业实施创新战略的基础和保证。通过管理创新，企业可以促进科技与知识资源的优化配置，建立企业创新机制，提高创新能力。Hamel（2006）特别强调管理创新的企业内外情境匹配和整合，并强调管理创新的意义在于提高资源使用效率、推动企业稳定健康发展、增强企业核心竞争力和形成企业家阶层。Ichniowski（1995）等认为，管理创新的作用在于提高生产力，改进产品质量并维持竞争力。政策制定者甚至将管理创新视为部门或国家生产力提升的重要驱动力，如英国贸易工业部和波特报告强调未能实现最佳管理创新是导致英国生产力水平相对落后的主要因素（Leseure 等，2004）。

自主创新是企业形成核心竞争能力和保持竞争优势的关键、可以有效提升企业的长期绩效，其作用甚至大于其他形式的创新。虽然企业都在极力推行自主创新，相关研究却表明，其成功率很低。据统计，全球的创新活动仅有不到40%的成功率。Jaikumar（1986）的研究发现，对组织系统发展的投资常常只有50%的成功率。而 BPR（Business Process Reengineering）活动中估计有50%—70%的努力不能达到目标（Hammer and Champy，1993），80%的全面质量管理活动宣告失败（Burnes，1996）。创新作为企业组织中一种特殊活动，其影响因素具有多维性，同时这些因素又有复杂的相互关系，共同作为创新活动的内部及外部结构要素，对创新的成效发生作用。当今企业的生存与发展环境正在发生剧烈变化，外部环境的剧变，必然导致企业内部原有的规则与程序也随之发生变化，就需要本土制造企业不断创新以适配组织外部制度逻辑变化。通过不断创新，整合组织资源，优化资源配置，推动本土企业的成长和持续竞争优势的产生。特别是在世界经济一体化的深化发展与逆全球化背景下全球价值链脱钩的加速，两者共存相悖且持续发展的现实情况下，我国制造业的自主创新问题就成为现代本土企业成长发展的重要问题。

目前，国内外对企业自主创新的相关研究已经有相当丰富的文献。虽然直接以自主创新为研究对象的文献不多，但很多关于研发联盟（刘学等，2006）、技术采纳（王玮，2007）、专利竞赛（冯珂、高山行，2002）、自主创新能力（韵江、刘立，2006）、技术创新战略（李万，2007）等方面的研究都涉及自主创新的内容。技术创新战略选择方面的研究，主要从成本比较、创新效率、企业战略目标等角度分析企业自主创新选择决策。还有部分研究针对的是创新战略类型与市场结构的关系（易余胤等，2005）。与自主创新实现方式相关的研究，主要从技术吸收能力（赵晓庆，2003）、学习效应（谢伟、吴贵生，2000）等角度分析自主创新能力提升的机理及其过程。近几年来，出现了一些针对我国企业自主创新进行案例分析的研究（谢伟，2006），具有非常重要的参考价值。

自主创新具有不同层次的含义，当表征企业创新活动时，自主创新是企业通过自身努力，攻破技术难关，形成了研究开发成果，并在此基础上依靠自身的能力推动创新的后续环节，完成技术成果的商品化，获取商业利润的创新活动。自主创新的含义主要体现在自主性、创造性、价值性等特点上。(1) 在本土理论提炼上，本土研究尚未得到国际理论界的普遍认同。现实上经过40多年的经济发展，本土企业已经积累了大量的企业实践，逐步形成一定的认识并进行了初步的归纳，但仍旧处于探索过程中。从国内外关于自主创新的研究情况看，结合本土实践并能指导我国实践的理论尚需要进一步的归纳总结，得到共识并得到国际认可的本土理论基本处于空白状态。有关企业自主创新的研究虽然开展不少，但大规模、深入、持续的跟踪研究还很少见。(2) 研究内容上，多数研究是从宏观层面或产业层面去看待自主创新，更多反映的是中国创新政策等宏观要素或行业结构的创新特征，基于扎根理论的本土企业自主创新行为、创新机理等方面的系统研究，尚需要进一步加强。(3) 研究方法上，一般采用社会调查和文献方法提炼出组织自主创新方面问题，并运用分析综合和归纳演绎等方法对问题进行分析，建立定量化模型，最后进行实证研究，也有采取案例研究的方法对相关问题进行研究。比较多采取的是演绎、基于问卷统计的实证和推理的研究方法以及推介国际上已有的研究方法，采用探索性案例研究方法尚需要进一步深化，特别是在自主创新路径领域的应用就更是如此。

针对以上问题，本书以本土企业为研究对象，以影响我国本土制造业集约式经营与技术创新能力跨越式提升的重要问题即如何评判企业的集约程度、如何实现技术创新能力跨越提升为核心，基于"制度逻辑（外部）—惯性基因（内部）—资源行为"总体框架，分别从制度逻辑、惯性基因以及资源行为三个方面，系统研究本土制造业集约式经营与技术创新能力跨越提升问题。具体通过理论分析、实证研究、案例研究、扎根分析相结合的方法，围绕"制度逻辑（外部）—惯性基因（内部）—资源行为"总体框架的构建，模型的构成，以本土制造业为研究对象，依次从制度逻辑、资源行为、惯性基因等重要层面，系统研究本土制造业在全球化与逆全球化全球价值链脱钩加速，两者共存相悖且持续发展的背景下实现集约式经营与技术创新能力跨越提升的问题。而要解决这个问题，必须明晰以下问题：

（1）明晰本土企业经济增长方式转变、实现技术创新能力跨越式提升的"制度逻辑（外部）—惯性基因（内部）—资源行为"整合框架。尽管不同的理论学派都对经济发展、技术创新等问题进行过大量探讨，并取得了丰富的研究成果。但不同学派之间观点的相互对立，使得对本土企业经济增长方式转变、技术创新能力提升的研究缺乏一致可行的研究框架。因此，需要建立一个适用于该问题研究的体系框架，进而层层深入地对影响本土企业经济增长方式转变、技术创新能力提升的影响因素、结构关系及内在机理等进行识别和分析。

（2）本土企业集约化经营内涵的界定与集约经营程度的评判。尽管国内外学者已经就集约经营的相关问题进行过周密细致的研究，做出了许多卓越的极具启发性的研究。但关于国内理论工作研究组织及实际工作者关于集约化经营内涵的界定尚未达成共识。特别在实现我国经济集约增长的理论探讨分析中，大多数研究集中于定性分析，定量分析不够。因此，需要明晰界定集约化经营内涵并在对本土工业企业调查研究的基础上，建立了一套适合评价中国本土企业集约经营程度的指标体系与科学客观的评价方法，补充研究文献不足。

（3）明晰影响本土企业技术创新能力提升的影响因素。在组织外部制度逻辑之下，企业必须采取相应的资源行为以适配组织外部逻辑变化，这种行为以优化配置资源为主。因此，首先要解决的问题是，界定企业资源的概念。为此，本书从企业资源本身、从企业资源与竞争优势的关系、从是否从属于人的角度这三个维度来界定企业资源概念，并对影响本土企业技术创新能力提升的影响因素进行研究。

（4）明晰惯性基因对资源行为产生影响的内在规律。研究分别从引进型创新与自主型创新两个方面，对惯性基因对本土企业创新行为影响的内在机理规律进行研究，以覆盖创新的研究范围。研究围绕两方面问题展开：第一，运用扎根理论，选取家电制造企业进行引进型管理创新的管理实践研究。对管理创新中认知惯性、学习惯性以及组织惯性如何起作用进行了探讨；第二，解决后发国家制造业在国际范围内实现由产业链低端向高端迁移过程中，亟待解决的如何实现技术追赶的问题。本书以我国成熟产业的典型企业为样本，采用扎根理论对后发国家实现技术追赶的过程进行研究，深入探讨后发国家实现技术追赶的惯性传导路径模型，力图在后发国家的独特情景下，提炼具有潜在社会应有价值的研究结论。

（5）明晰本土制造业与生产性服务业共生机理。本土制造企业发展离不开生产性服务业的发展。因此，需要明晰本土生产性服务业的成长规律，通过对生产性服务业发展规律的研究，可以带动对其他类型产业发展方式转变的研究，使该项研究具有更强的理论示范意义。并为我国找到适合本土国情的经济发展方式转变路径，其意义在于通过对生产性服务业的研究，促进本土制造业创新能力发展，并最终促进经济增长方式的转变。

二 研究意义

（一）实现经济增长方式由粗放经营向集约经营转变是实现我国新的"两个百年目标"战略构想的关键所在，实现企业经营由粗放型向集约型的根本转变是涉及我国在21世纪激发经济增长潜力的重大理论和实践课题

一国所采用的经济增长方式直接关系到该国的经济增长质量、速度以及稳定性等，因此具有重要的现实意义。实现经济增长方式由粗放经营向

集约经营转变有利于帮助政府管理部门了解工业企业集约经营状况与集约经营程度，加强政府管理部门宏观调控的科学性。通过建立工业企业集约化经营评价体系以及排序表，可以有效提升政府管理部门政策制度逻辑对本土企业可持续成长的有针对性扶持力度，对于集约化经营突出的工业企业，加强对其投资融资技术研发的政策资源投入，对于在排序表中排名靠后的靠大量消耗资源、污染环境、生产效率低下"粗放经营"的企业，要发挥政策制度逻辑的约束作用。通过政策资源压力，驱动本土企业逐步走向集约化经营的可持续发展道路；通过对比集约经营评价指标，企业从资源行为角度可审视组织自身在优化资源配置上存在的不足，制定改进措施提出资源优化的创新行为，提高其集约化经营水平，有利于引导工业企业走可持续发展的道路；政府管理部门从政策制度逻辑的角度出发，通过定期或不定期地公布各行业、各地区本土企业集约化经营排行榜，有利于营造一个全社会对我国经济可持续发展工作的高度重视的氛围，激励工业企业提高集约化经营生产水平。

随着我国经济总量上升，目前我国已经成为世界第二大经济体。现实上，我国所具有资源禀赋（如劳动力、原料等）的比较优势，以及巨大的国内市场，可以让我国同发达国家之间的经济差距保持在一定范围之内甚至有所追赶。为我国产业利用后发优势，实现技术追赶提供了现实可能。从中国产业实践来看，中国企业的自主创新其实主要在一些"传统产业"有更大的发展。所谓传统产业，是那些国际上主流跨国公司由于在发达国家没有市场而出现"技术闲置"，在此情况下，中国采取控制市场（主要是通过政府的干预），采取以我为主的策略，就会实现"技术学习"，进而实现"自主创新"。如中国本土的彩电制造产业就属于这类产业（美国自己已经不做了，日本也在转型）成功的典型，经过多年的发展，在工业基础，产业规模等指标上，已经追赶上国际家电制造业的水平。作为在自主创新方面取得了较大发展的典型成熟产业——中国传统彩电产业，是中国重要家电制造工业。长虹等本土企业作为彩电产业领先者，不仅在工业基础，产业规模等指标上，已经追赶上国际彩电制造业的水平。而且在技术追赶方面同样积累了重要的本土企业经验。基于此，研究以探索性案例的手法，将本土成熟制造业作为研究对象，深入分析后发国家成熟产业技术追赶模式及其特征，探究影响我国本土成熟产业实现技术追赶的关键因素。在实践上，不仅能够为彩电产业自身，而且能为致力于实现技术追赶的其他制造工业提供有价值的借鉴。尤其有意义的是中国本土成熟制造业经历了产业发展的全过程，是我国为数不多的历经完整产业发展阶段的产业，特别是本土成熟制造业曾经在产业技术上达到世界先进水平，实现了后发国家产业技术的赶超。在技术范式变革后，本土成熟制造业重新落入低谷，产业技术再次落后，但本土成熟制造业毕竟曾经实现了产业技术的追赶，并在部分领域再次实现技术追赶。因此，在后发国家背景下，究竟是什么因素，推动本土成熟制造业实现了产业技术追赶？

其中产生影响制约作用的原因有很多，也很复杂。而这些因素彼此间是如何影响的，如何发生作用的，以及内在作用机理是什么样的，等等，都是需要解决的现实问题。通过本书研究，可以进一步提高人们对加强自主创新、集约化经营、发展生产性服务业等新兴产业的意识，明晰本土企业技术创新的影响因素，通过理解"制度逻辑（外部）—惯性基因（内部）—资源行为"的内在规律，明晰本土企业技术创新能力跨越式提升的机理。为我国复杂的本土企业创新黑箱迷题，提供理论、方法的指导和促进新兴产业发展的操作依据，并从实践上为我国经济发展提供宏观政策建议参考和微观行动指南。本书的研究成果不仅可深化创新理论研究，为我国产业结构调整和生产方式转变提供一定的借鉴。特别是生产性服务业（Producer Services）作为为生产者提供服务的新兴产业，贯穿于企业生产的上游、中游和下游诸环节中。如果生产服务业和制造业二者能形成一个良性的循环系统，那么就有可能在经济总量扩大的过程中相互协调发展，促进区域经济整体竞争力的增强。而随着产业结构的逐步调整、生产方式的逐渐转变，本书的研究成果将逐步显示出其较大的经济、社会及环境效益。以期为中国正在发展进程中的其他产业，如何实现技术跨越提供示范及借鉴，这就成为研究的最重要意义所在。

（二）理论上，实现经济增长方式由粗放经营向集约经营转变不仅需要国家政策支持，而且需要本土企业从自身角度出发提高技术创新能力

19世纪以来，如何在实现工业化过程中，实现对发达国家的赶超成为摆在欠发达国家面前的紧迫课题（Gerschenkron，1962）。随着，建立在"比较优势"基础上的旧贸易体系逐渐崩溃，新的建立在"创新"基础上的新贸易体系（陈劲，1996），单纯遵循"比较优势"的战略只会使落后的国家更加落后（Amsden，2001）。而后发国家不仅自主创新能力弱，而且通常远离国际主要的技术来源、R&D、大学以及主流市场（Hobady，1995）。所以，后发国家必须开展独立的自主创新活动（Figueiredo，2003），才能确保技术追赶战略的实现。基于后发国家的技术追赶已经成为研究焦点，国内外众多学者从不同的角度进行了全面的理论研究和实证检验。目前，对于落后国家技术追赶的形势和任务越发紧迫。因此，能否完成技术跨越，在何时进行技术跨越，技术跨越遵循怎样的特定路径模式等问题，成为我国技术追赶着重需要考虑的迫切问题。尽管国内外相关研究取得了丰富的研究成果，但究竟是哪些关键因素影响着中国企业的技术追赶？尚没有达成共识。研究结合本土企业实践，首先，构建"制度逻辑（外部）—惯性基因（内部）—资源行为"总体框架，基于多元统计分析方法对本土企业集约经营程度进行评判，对本土成熟制造业技术追赶路径进行研究，总结归纳影响因素，并提出本土成熟制造业实现技术追赶的四力模型；其次，为进一步解释其技术创新深层动因，本书分别从引进型创新与自主创新展开研究。研究从惯性的角度对本土成熟制造业引进型管理创新进行了分析，并提出引进型管理创新的三维过程模型。解决后发国家制造业在国际范围内实现由产业链低端向高端迁移过程中，亟待解决的如何实现技术追赶的问题。本书从惯性的角度以我国成熟产业的典型企业为样本，采用扎根理论方法对后发国家实现技术追赶的过程进行研究，并构建出后发国家成熟产业实现技术追赶的惯性传导路径模型，力图在后发国家的独特情景下，提炼具有潜在社会应有价值的研究结论。再次，研究使

用专利信息分析工具，使用国家知识产权局网站专利数据库对中国彩电企业专利现状进行了分析，并基于多维标度分析方法分析、确定和可视化表达技术发展中的主要竞争对手及技术竞争态势进行分析。最后，从制度逻辑角度对促进本土制造业技术创新能力提升的关联产业发展的路径、对策等进行研究。通过对生产性服务业发展规律的研究，进而可以带动对其他类型产业发展方式转变的研究，使该项研究具有更强的理论示范意义，并为我国找到适合本土特殊国情的经济发展方式转变路径。其意义在于通过转变路径的研究，进行管理创新，最终促进区域经济的均衡发展。当企业在发展中达到逐步积累实力的目的，进而当其产业发展到一定规模时就可以切实可行的实现产业结构的调整，这就使后发国家产业结构获得调整、优化，更具现实操作意义。因此，厘清其中理论机理，不仅对经济有重要意义而且对我国产业结构调整及生产方式转变具有重要意义。通过本研究的研究不仅可以丰富本土理论实践，总结归纳本土产业发展规律，而且可以在一定程度上拓展相关研究深度，丰富发展已有的研究成果，以上研究成果，除在一定程度上有助于揭示本土制造业发展规律，补充完善现有创新研究成果外，还可以应用到企业创新网络等领域的研究中。

第三节　研究内容

本书的基本思路：切合全球化与逆全球化全球价值链脱钩加速，两者共存相悖且持续发展的现实背景，以创新理论、制度逻辑、资源行为、惯性基因以及产业共生理论与耗散结构等理论为依托，通过构建"制度逻辑（外部）—惯性基因（内部）—资源行为"总体框架，以本土成熟制造业为研究对象，剖析其在集约式经营与技术创新能力跨越式提升过程中存在的问题，并采用多元统计分析、扎根理论等方法，探析本土制造业集约经营程度、技术发展的历程、发展路径以及内在动力机制等。本书研究的基本思路如图1.2所示：本研究综合理论与应用两部分内容。

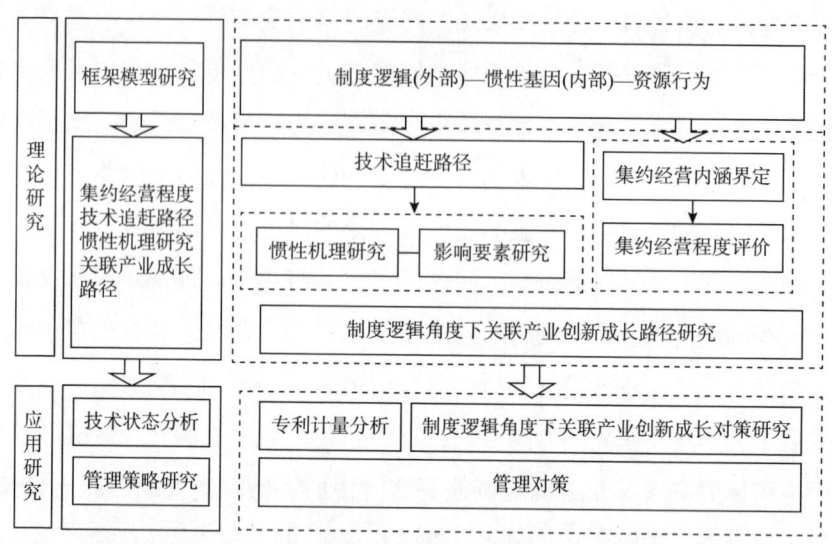

图1.2 研究路线

本书研究要点主要包括五个方面的内容。第一，构建"制度逻辑（外部）—惯性基因（内部）—资源行为"总体框架模型；第二，基于多元统计分析方法对本土企业集约经营程度进行评判；第三，研究了本土成熟制造业技术追赶路径模型，以本土成熟制造业为研究对象，对其实现技术追赶的路径、影响因素等展开研究；第四，从惯性基因的角度，对本土企业技术创新能力提升的深层动因进行剖析；第五，对本土成熟产业的技术状态进行分析；从而，基于产业共生理论与耗散结构理论，从制度逻辑角度对本土制造业技术创新能力提升的关联产业发展的路径、对策进行研究。五部分内容基本上囊括了项目设立之初所设定的目标和内容。

第一个阶段，文献回顾与研究框架搭建过程。以本土成熟制造业为研究对象，以创新理论、制度逻辑、资源行为、惯性基因以及产业共生理论与耗散结构等理论为依托，通过构建"制度逻辑（外部）—惯性基因（内部）—资源行为"总体框架。

第二阶段，基于"制度逻辑—惯性基因—资源行为"总体框架模型，进行框架模型的结构分析与关系研究。从政策制度逻辑角度出发，对集约经营的内涵进行界定，对本土企业集约程度进行评判；从资源行为角度出发，基于扎根理论、可视化识别技术对影响本土成熟产业实现技术追赶的关键因素、路径模型等进行分析；为了解释本土产业技术创新能力跨越式提升的深层动因，本书基于惯性视角对本土制造业引进型创新、自主型创新的内在关系基因机理进行了深入剖析；为了更好地提出有针对性的建议，本书从资源行为角度出发，从代表企业创新能力的专利资源切入，使用专利信息分析工具，国家知识产权局网站专利数据库对本土家电制造企业专利现状进行了分析，并基于多维标度法分析、确定和可视化表达技术发展中的主要竞争对手及技术竞争态势。在此基础上，基于产业共生理论与耗散结构理论，从制度逻辑角度对促进本土制造业技术创新能力提升的关联产业发展的路径、对策等进行研究。为此，本书从制度逻辑角度出发，结合辽宁自贸区政策与资源禀赋特征，提出完善辽宁自贸区政策发展生产性服务业，通过新兴产业创新的发展，促进制造业协同发展，提升本土制造业技术创新能力，最终实现经济增长方式转变的目标。

第三阶段，研究报告撰写过程。在此基础上，撰写研究报告。

理论研究主要包括了理论框架、集约经营程度、技术追赶路径惯性机理以及关联产业成长路径等部分内容，应用研究则包括技术状态分析与管理策略研究两部分内容。每部分内容涉及子项研究若干，子项研究结论之间又存在着一定的关联性。本书的研究框架如图1.3所示：

（1）"制度逻辑（外部）—惯性基因（内部）—资源行为"框架模型研究

①研究目的。从全新角度，系统研究本土企业如何通过技术创新，实现经济增长方式转变；②研究内容。构建"制度逻辑（外部）—惯性基因（内部）—资源行为"框架的总体模型。

（2）本土成熟制造业技术追赶路径研究

①研究目的。通过构建后发国家本土企业制度逻辑视角下实现技术追赶的整合框架，对影响本土产业实现技术追赶的关键因素进行分析；②研究内容。首先，采用探索性案例分析的手法，对本土成熟产业的典型代表企业—长虹公司在平板电视阶段的技术追赶模式进行描述，通过构建整合

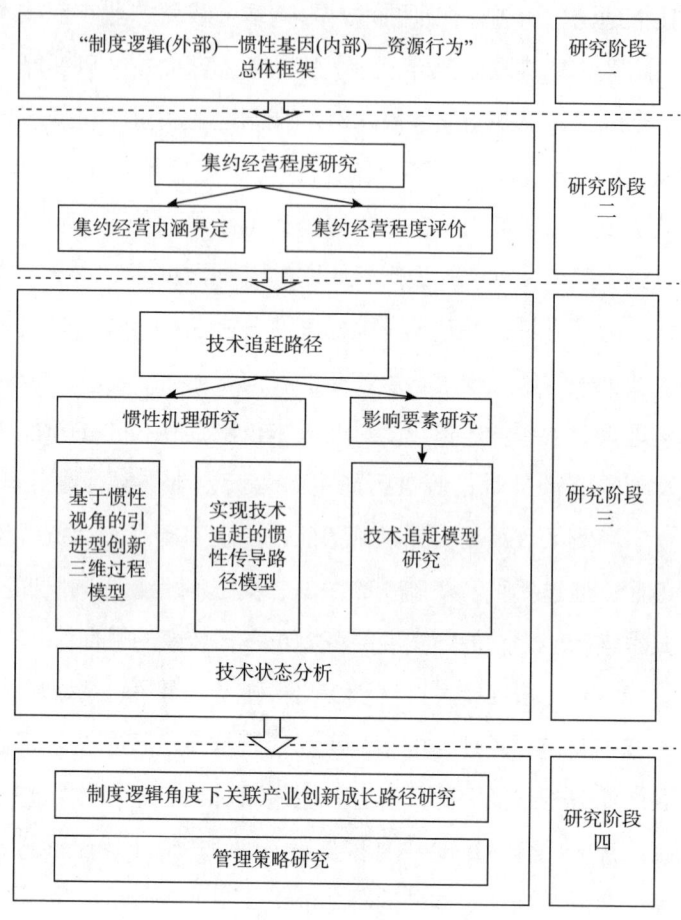

图1.3 基本研究框架

框架，对关键影响因素进行分析。研究发现中国本土彩电制造产业作为发展成熟的传统制造产业，在平板电视阶段，其技术追赶模式可被描述为多轨跟踪与越轨进入两个阶段，专利外部化模式向内部化模式转换的并购是实现越轨进入的关键因素，国际合作创新的专利合作是保证其实现技术追赶并获得持续成长的关键因素，以企业家为代表的内部变革促进者的作用贯穿于整个技术追赶过程中。并运用扎根理论的研究方法，重点对中国彩电产业的典型代表长虹公司在平板电视阶段实现技术追赶的关键影响因素，进行了扎根研究。研究验证了影响本土成熟制造业实现技术追赶的四维关键因素，其中通过国际并购方式实现技术追赶的模式创新是实现技追赶的可行策略、企业家为代表的内部创新变革促进者是彩电产业实现技术追赶的关键因素、"创新的机会窗口"是彩电产业实现技术追赶的关键切入点、"合作创新"是彩电产业实现技术追赶并获得持续的优势地位的保障；其次，通过对海信 Hiview 信芯的研制过程进行了扎根研究，旨在深入探究影响后发国家产业自主创新实践的关键因素。研究表明，政府政策平台是保障、文化创新是内在驱动力、技术创新平台是支撑、创新变革者是关键；最后，研究运用扎根理论研究方法，选取彩电制造企业长虹、海信以及海尔案例，对外部环境影响力、企业对组织内外技术的控制力、创新变革者的主导力以及创新驱动技术追赶的驱动力如何影响企业的技术追赶进行了探讨。研究发现：外部环境是企业实现技术追赶的外部影响因素，主要通过政策与市场体现；企业内部创新变革者是实现组织技术追赶的主导力，不同层次的内部创新变革者在组织技术追赶的过程中起着不同的作用；技术控制能力是企业通过不同的方式获取技术资源实现组织对技术的控制，是组织实现技术追赶的重要支撑条件；组织创新能力是组织实现技术追赶的内在驱动力。基于上述研究，提出了本土制造业实现技术追赶的四力模型，并指出组织在实施技术追赶时应综合考虑四个主要影响因素之间的适配。

（3）本土成熟制造业技术创新深层动因分析

①研究目的。进一步解释中国本土成熟制造业实现技术创新的深层动因；②研究内容。运用扎根理论的研究方法，选取本土成熟制造业进行引进型管理创新的管理实践研究。对管理创新中认知惯性、学习惯性以及组织惯性如何起作用进行了探讨。研究发现：在管理创新引进不同阶段，不同维度惯性所起作用各异。认知惯性是管理创新引进前期的主导惯性，主要通过企业家警觉、知识搜索、企业家意图、成功欲等体现；学习惯性在管理创新引进的执行期其关键作用，企业通过学习惯性完成资源的获取、实现组织对资源的控制以及内部化的过程，是组织实现引进型管理创新的重要支撑条件；组织惯性在引进后期起主导作用，是组织在原有知识体系模式的基础上，对新管理创新实践、理论的吸纳。并基于上述研究发现，

提出了引进型管理创新过程的三维模型；为解决后发国家制造业在国际范围内实现由产业链低端向高端迁移过程中，亟待解决的如何实现技术追赶问题。本书以我国成熟制造业的典型企业为样本，采用扎根理论方法对后发国家实现技术追赶的过程进行研究，并构建了后发国家成熟产业实现技术追赶的惯性传导路径模型研究发现：与多数研究结论不同，惯性因素在特定条件下不是企业实现变革的阻碍因素，而是促进企业实现技术追赶的本源性推动因素；在实现技术追赶的不同阶段，主导惯性呈现出不同的特性，并通过不同惯性间的交互作用，驱动技术追赶过程完成；作为惯性贯穿技术追赶全过程，研究所得结论补充完善并验证了本书已有的研究结论。

（4）技术竞争态势研究

①研究目的。专利作为企业技术能力资源的重要代表，通过对其进行描述，可以洞悉中国本土制造业专利现状与关键技术竞争态势；②研究内容。利用专利信息分析系统，基于国家知识产权局网站专利数据库，分析中国彩电企业专利现状；在对国内外相关研究梳理的基础上，以美国专利与商标局（USPTO）专利库收录的专利数据为基础，利用关键词检索与专利引文检索相结合的方法构建 OLED 相关主题的专利数据集，基于多维标度分析方法分析、确定和可视化表达 OLED 技术发展中的主要竞争关系与其技术机会，为彩电企业技术竞争情报分析提供有效的方法和示范。

（5）基于"制度逻辑（外部）—惯性基因（内部）—资源行为"写作逻辑，研究有助于本土制造业技术创新能力提升的关联产业协同共生机理。

①研究目的。将制度逻辑引入有助于本土制造业技术创新能力提升的关联产业即生产性服务业成长的研究中，明晰本土制造业与生产性服务业成长的外在制度因素构成、资源行为以及内在惯性基因的关系框架；②研究内容。第一，制度因素与资源行为因素的结构分析；第二，基于相关理论理论，在影响因素来源分析框架下，提出共生成长的物理模型，加以论证分析并提出对策。

第四节 本书研究方法与技术路线

本书以中国本土成熟制造业企业为研究对象，综合运用了以下研究方法：(1) 理论研究。综合运用技术追赶理论、企业家理论、制度逻辑理论、企业资源理论、惯性理论等对本土成熟制造业企业集约式经营、技术创新能力跨越问题进行研究，并构建相关理论模型；(2) 质性分析。在形成理论模型的基础上，通过对企业的深度访谈、数据分析等，完成相关质性分析环节；(3) 可视化分析。运用 SPSS22.0 统计软件以及多维标度分析方法对专利数据进行分析，识别专利竞争状态；(4) 案例研究。本书具体的技术路线和研究方法如图 1.4 所示。

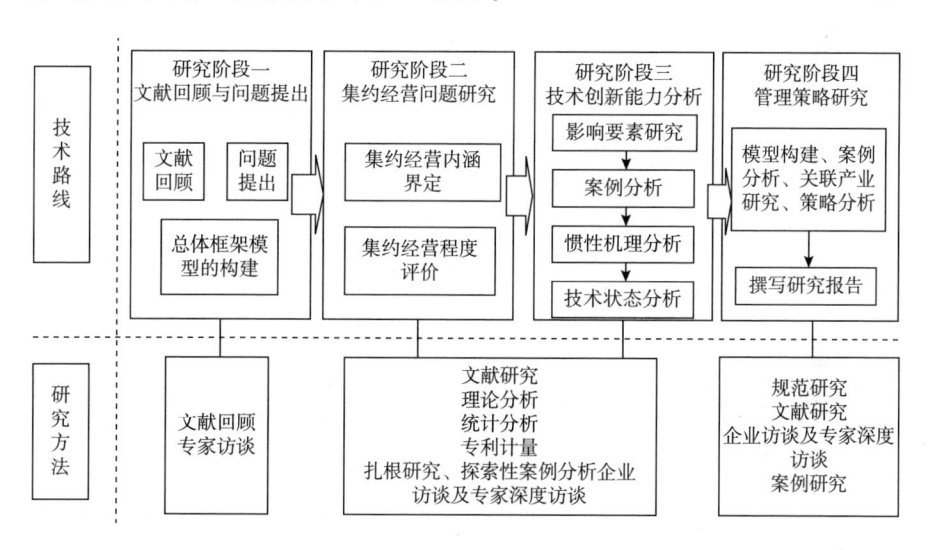

图 1.4 技术路线

本书研究工作分为四个阶段：首先，对现有国内外集约经营、技术创新、技术追赶、管理创新、创新基因、惯性等相关理论文献进行梳理与提炼。通过大范围的文献阅读，对相关理论有了全面、清楚地掌握，初步形成全书的理论研究框架，并进行研究设计。其次，文献回顾的基础之上，界定集约经营内涵并对集约经营程度进行评判。再次，进行专家访谈，并对本土成熟的制造企业进行实地访谈，进一步提炼研究主题，进一步从实践领域探查和掌握影响技术创新能力跨越式提升的因素。即从发现现实问题开始，然后文献阅读及整理，在此基础上形成理论框架，最后进行调研，这一循环往复的过程遵循管理科学研究的基本方法，在实践中发现问题，将其提升到一个理论的高度，提炼成为一个理论问题，设计相关的命题，再通过实践进行检验和修正研究。根据文献回顾和调研结果，构建关系模型，通过质性分析、扎根研究对关键影响因素进行分析。第四，对本土制造业企业技术创新的深层动因进行分析，对企业的技术状态等进行分析。最后，对有助于本土制造业技术创新能力提升的关联产业即生产性服务业进行研究，以求取得既有理论依据和理论价值，又有实践依据和实践价值的研究成果，最终完成本书提出的研究内容。

第二章 文献综述

第一节 制度逻辑理论回顾

现有制度理论认为社会和经济活动被广泛存在的规制的、规范的和文化认知方面的制度所支配、驱使和约束,进而创造社会的稳定性和相似性。制度逻辑是指任何制度秩序都会根据各自的中心逻辑——物质性实践和符号结构系列。国家政府、地方政府部门、竞争者、替代者、潜在进入者、消费者、供应商、工业制造业、服务业等利益相关者都会成为影响企业行为的主体,这些行为主体又受到各自所处位置的制度制约和利益驱使,形成了各自的制度逻辑。个体和组织行为只有在具体的社会情境中才能得到合理的解释,社会情境同样也只能通过个体和组织行为来理解,而制度正是连接社会和组织、个体之间的桥梁(Friedland R., 1991)。任何影响较大的制度主体都有一个核心逻辑,即制度逻辑(Thornton P. H., 2012),建构其组织原则与制度安排,并塑造相应主体的行动机制与行为方式。制度逻辑驱动和约束着社会行为者的行为并塑造行为,因为它们代表着对社会关系和行为的期望。Goodrick 提出了"逻辑群"的概念,极大地推动了制度逻辑研究的发展。"逻辑群"等相关研究成果说明在某一个制度场域中,多种逻辑相互作用共同构成现有逻辑,而现有逻辑反过来塑造了行为者的行为。特别重要的是这种多重制度逻辑,使得组织更加长久和富有技术创新力（Jay，2012）。在多重制度逻辑具体类型归属上，影响较大的是 Friedland 的四分法，即市场逻辑、政府逻辑、家族逻辑和宗教逻辑。Thornton 在 Friedland 研究基础上，提出了七分法，即政府逻辑、市场逻辑、合作逻辑、社区逻辑、专业逻辑、家族逻辑、宗教逻辑。

在经济全球化与逆全球化下全球价值链脱钩的双重悖行的制度逻辑挤压背景下，创新在企业核心能力形成与竞争力提升中发挥着越来越重要的作用（洪勇，2010），同时也成为国家层面的优先战略（蒋建武、赵曙明、戴万稳，2010）。尽管我国作为后发国家，取得了一定成就，但自主创新能力还不够强，在企业成长过程中遇到诸多问题，甚至发展瓶颈。企业成长缓慢严重影响了区域创新系统的构建，目前，我国经济区内经济、科技、教育水平差距逐步拉大等问题，已经严重影响到区域的发展，特别是类似辽宁这样的老工业基地。在这些区域不仅面临着本土制造业技术创新能力跨越式发展的问题，而且面临着区域产业结构不合理限制本土制造业发展的问题。尽管类似老工业基地有着深厚的积淀、独特的资源，却遇到了发展难题，而区域内资源整合的非优化安排是造成发展难题的重要原因之一。

因此，需要探寻新的视角，以整合、优化区域内资源。而"制度逻辑"视角无疑为我们检视和探究区域内制度逻辑对资源行为产生影响的决策逻辑，提供了新的视角。

第二节　惯性理论研究回顾

关于组织创新的影响因素研究，尽管国内外学者取得了富有成效的研究成果，但相关研究对究竟是什么本源性因素影响了后发国家实现自主创新的内生变量？尚未达成共识。随着研究的深入，学者们发现惯性因素具备类似生物基因的功能（Nelson, Winter, 1982；刘晔、彭正龙，2006），其对组织的创新行为，具有重要的制约作用（M. L. Tushman, E. Romanelli, 1985），是诱发组织变化的内生变量（Sull D. N., 1999）、重要原因（严若森，2001）。因此，学者们逐步从内生惯性变量的角度，关注自主创新黑箱的破解研究（孟庆伟，胡丹丹，2005）。惯性作为组织的"基因"，构成了其将来行为的基础和行为持续性的来源。企业发生变化的最通常原因来自于企业的"惯性"，且惯性是影响企业持续创新的重要原因（Tushman，1985）。因此，从惯性角度切入是破解中国制造企业管理创新基因的重要途径。国内外学者最初的研究将惯性视为对企业有危害的元素（Hinings & Greenwood, 1988），但随着研究的深化，惯性对企业独特的作用正在被逐渐揭示出来（Amburgey & Miner, 1992）。目前，惯性作为研究中国特色元素的重要途径，已经逐渐引起业界的关注，国外学者已经开展了大量的工作，对惯性的内涵（Danny & Chen, 1994；Gilbert, 2005）、惯性的作用（Hannan & Freeman, 1983；Dawn & Terry, 1991））、惯性的类型（Kim et al., 2006；Denis, 2007；Tony, 2011）、概念的测量（刘海建，2012）、影响因素（Carroll & Burton, 2000；Gavin, 2012）、惯性的形成（孟庆伟、胡丹丹，2005）以及企业惯性具体问题解决等方面（刘海建等，2010；范冠华，2012；刘岩，2009；丁德明等，2007）开展了研究。对本书研究借鉴较大的是 Baurn 的观点，其将惯性看作组织的"基因"，认为其是可预测、可见的行动和精神过程（白景坤，2009）。国内外学者最初的研究将惯性视为对企业有危害的元素（Hedberg, 1981；Hinings & Greenwood, 1988），但随着研究的深化惯性对企业独特的作用正在被逐渐揭示出来（Miller, 1982；Amburgey & Miner, 1992）。纵观国内外管理创新的相关研究已经从发达国家，延伸到发展中国家。现有研究更多的是西方理论延伸即以后发国家的管理实践补充、完善、验证国外理论研究成果，但从国际主流角度对中国制造企业管理创新基因破解的研究很少，结合中国制造企业在后发国家情景下企业管理实践的本土化研究尚不多见（刘宏程，2010；林梅，2006；欧阳桃花，2004）。

因此需要在结合本土产业实践基础上，提出指导中国企业管理实践的理论。此外，关于什么本源性因素影响了我国本土制造企业创新行为产生的破解研究，尚需要深化：（1）研究角度上，缺乏从惯性角度，系统研究中国本土制造企业的管理创新基因问题；（2）理论使用上，缺乏采用惯性理论破解管理创新基因的构成与作用机理等的研究；（3）研究方法上，目前主要使用理论分析、演绎分析、统计调查法，特别缺乏建立在扎根理论基础上，结合中国制造企业管理实践的本土化案例研究；（4）研究内容上，对管理创新内部构成的"黑箱"关注较少，特别是对不同类型基因的构成、作用机理及基因培育的对策体系等基础问题缺乏研究，导致基于中国企业的管理创新研究无法更加深入和系统的展开。特别是提高自主创新完成技术追赶的不同创新阶段，不同主导惯性之间的结构关系、运行机理等的研究尚需进一步深化，以揭示自主创新产生的根源。

第三节 企业资源理论回顾

企业资源理论（The Resoucre-based Theory of the Firm，RBT）是战略管理研究领域的一个重要流派，其思想可以追溯到 Chamberlin（1933）和 Robinson（1933）对企业专有资源重要性的认识。该理论主要建立在 Penrose 的企业成长理论基础上，后又经过 Wernerfelt（1984）、Grant（1991）、Barney（1986，1991）、Peteraf（1993）等学者的不断完善与发展，最终形成并产生越来越广泛的影响。该理论认为企业是资源组成的集合，企业的竞争优势源自于企业所拥有的内部异质性资源。

一 企业资源概念

资源是资源基础理论中最基础的概念，企业资源论对于企业资源界定各有不同，同时对企业资源应该如何分类，也存在着多种不同的划分方式。企业资源定义与分类的这种不一致，对于繁荣企业资源论有进一步的促进作用。但由于资源基础学派对资源的定义过于宽泛和庞杂，导致国内外学者在企业资源分类上存在较大分歧。主要表现在，企业资源论自身概念的不一致，学者们根据不同的研究目标，在企业资源论的发展过程中，对企业资源有不同的定义，该方面内容可以从表 2.1 的归纳中看出。

表 2.1　　　　　　　　　　　　企业资源的定义

学者	主要观点
Daft（1983）	企业能控制的所有资产、能力、组织过程、企业特质、信息、知识等等（转引 Barney1991）
Wernerfelt（1984）	任何可以被看成是构成某一特定企业优势或劣势的东西，在某给定时刻其可以被定义为那些非永久性附属于企业的资产
Barney（1986，1991）	在企业中，不是所有的资本都是与战略相关的资源（Barney，1986）。企业资源是一个企业的物质、人力、组织资本中的那些能使一个企业制定和执行提高其效率和效益的东西（Barney，1991）
Grant（1991）	资源和能力是不同的概念，资源是生产过程的要素投入：资产设备、专利、品牌和雇员的技能、品牌、资金等，其本身很少具有生产性
Amit & Schoemaker（1993）	资源是企业拥有或控制的要素，在一定的机制下，通过与其他资产的结合使用，可以转化成最终产品或者服务
Dierickx & Cool（1989）	组成企业的基本要素及基本要素间关系等的统称，即能够创造企业价值的要素及其组合关系的总称
项保华（2003）	能够由管理者所完全掌控的外显、静态、有形、被动的使役对象

二　企业资源分类

按照不同的分类标准，有很多种企业资源分类，国内外学者对资源的组成要素或指标做了大量的研究工作，但对企业资源划分并没有达成公认的分类框架，并且和企业能力论在分类上存在着内涵和边界划分不清晰的情况。关于企业资源分类的主要观点，如表 2.2 所示。

表 2.2　　　　　　　　　　　　企业资源分类

学者	主要观点
Wernerfelt（1984）	有形资产、无形资产
Coyne（1986）	组织资源分为"有"（having）的能力与"用"（doing）能力
Wernerfelt（1989）	固定资产、蓝图、文化

续表

学者	主要观点
Dierick & Cool（1989）	流量资源和存量资源
Barney（1991）	物力资本资源、人力资本资源和组织资本资源
Grant（1991）	财务资源、物力资源、人力资源、技术资源、声誉和组织资源
Collis（1991）	无形资源分为核心能力、组织能力及管理传统三类
Hall（1992，1993）	企业资源分为有形资产、无形资产、能力。无形资源分为不从属于人的资产（Asset）与从属于人的技能（Skill）两大类
Amit & Schoemaker（1993）	包括可交易的专有技术（如，专利和许可）、财务或者物质资产（如，产权、工厂和设备）、人力资本等
Hitt，Ireland and Hosikisson（1995）	企业资源主要划分为财务资源、物化资源、技术资源、创新资源、商誉资源、人力资源及组织资源等七类
Colli & Montgomery（1995）	有形资源、无形资源和组织能力
Miller & Shamsie（1996）	权利资源和知识资源
Fernandez et al.（2000）	无形资源划分为从属于人的人力资本、不从属于人的组织资本、技术资本和关系资本
Carmeli（2003）	按照是否从属于人及资源在企业中运作过程两个维度将二十二种资源分为四大类，其中包括知识、能力要素、组织关系等
Carmeli& Tishler（2004）	有形要素、无形要素
罗辉道，项保华（2005）	按资源本身及资源与企业竞争优势的关系对企业资源进行分类

第四节　生产性服务业研究回顾

国际经济合作发展组织将生产性服务业定义为"Producer services are intermediate inputs to further production activities that are sold to other firms"，即作为中间性投入提供给其他企业的关于促进生产活动服务的生产性服务业，国内外学者在相关研究中做出了卓有成效的贡献，但关于后发国家经济发展方式转变路径的研究较少。如对生产性服务业概念、内涵及本质等的研究，Machlup（1962）认为生产性服务业就是知识型产业，是知识产出的产业，Byers 和 Lindahl（1996）指出，生产性服务业是指主要提供专业性、科学性和技术性服务的产业，Browning & Singleman（1975）对服务业进行功能性分类时，最早提出生产性服务业的概念包括金融、保险、法律等为企业（顾客）提供专业性服务的行业，与"生活服务业"相对应。生产性服务业专业领域是消费性服务业以外的服务范围（Hubbard & Nutter，1982），其不是直接用来消费，直接可以产生效用的，它是一种经济中的中间投入，用来生产其他的产品或服务（Noyelle & Staback，1984）。作为中间性的投入而非最终产出，生产性服务业扮演一个中间连接的重要角色。Gruble & Walker（1989）指出，生产性服务能够促进生产专业化，扩大资本与知识密集型生产，提高劳动与其他生产要素的生产率，Toivonen（2004）进一步指出，生产性服务业的中间需求性是它与其他服务业之间的最基本区别。Healy & Ilbery（1990）区分了生产性服务与消费性服务的概念，认为生产性服务为其他产业提供服务，而消费性服务直接为消费者或家庭提供服务。生产性服务业作为货物生产或其他服务的投入发挥着中间功能。它们提高了生产过程不同阶段的产出价值和运行效率，包括上游的活动（如研究）和下游的活动（如市场）。行业角度上，Lundquist（2008）认为生产性服务业应包括以下行业：信息和通信技术服务、营销、广告、设计和其他咨询、科研、证券服务、机械设备相关租赁业、金融和法律服务、技术和工程咨询、工业批发等。Eswaran和Kotwal（2002）则指出生产性服务能够有效地降低企业的制造成本。随着研究的深入，在与其他研究领域交叉、渗透的过程中，生产性服务业的研究得到了进一步的拓展。Gillespie and Green（1987）提出了生产性服务业布局行为的逆大都市化趋势。Sassen（1991）认为，生产性服务业与制造业在地理上并非相互依赖，生产性服务业并不必然集中在制造业周围，尤其是高级生产性服务业主要满足金融和商业流通的需要，并不以制造业为中心。Jay Kandampully（2001）指出"当一个国家、地区或组织（包括城市在内）在寻求竞争优势时，包括生产性服务业在内的服务业集聚可能是增强核心竞争力的重要途径"，"生产性服务业是大都市经济支配力产生的基础"。

发达城市往往是生产性服务业高度集中的区域，许多研究已阐述了生产性服务业在空间上的不均衡发展，生产性服务业普遍都倾向于在大都市区布局，而非大都市区、甚至较小的大都市的生产性服务业则处于相对的劣势（Coffey，2000）。Werner 和 Sharpe（2003）分析得出，高度定制的生产性服务企业并非可随意定位，其区位选择受到政治、经济等众多因素的影响，趋向定位于产业专业化程度高的区域；Geo 指出，制造业企业的内部技术缺陷促使企业对相关服务的需求必须通过外部购买来实现，从而促进生产性服务业的发展；Francois、Diaz 指出，技术变化引起的"垂直分离"促使服务在新的社会地域分工中独立出来，增强了制造业与生产性服务业的相互依赖。Eswarn 和 Kotwa（2001）认为，服务业的发展可以增加制造业部门的收益，尤其是生产性服务业是制造业生产率得以提高的前提和基础。Harrington（1995）指出，影响生产性服务业区位的两个重要因子是：可能顾客的当前区位和多样劳动力的成本与获取。Illeris（1996）认为，家庭服务业和部分生产性服务业主要考虑接近客户，由于区域市场可以提供足够的收益，生产性服务业趋于分散化。

王晓玉（2006）从产出、服务对象、服务类型及服务活动四个角度分别对生产性服务业进行了界定。钟韵、闫小培（2005）认为，生产性服务业是为生产、商务活动和政府管理提供而非直接向消费的个体使用者提供的服务，它不直接参与生产或者物质转化，但却是任何工业生产环节中不可缺少的活动。李宋庆（2011）从地理学视角对生产性服务业空间布局进行了研究；郭文慧、刘琴琴从生产性服务业与经济发展的关系出发，指出发展生产性服务业是增加工业附加值、优化社会资源配置的重要途径。周丹认为，目前的生产性服务业存在凌乱单薄发展的现状，需要加强生产性服务业的集聚。陶纪明（2008）指出生产性服务业集聚研究大体上要回答两个问题，为什么要集聚与在哪里集聚。曾国宁（2006）通过生产性服务业集群和制造业集群的比较，形成了生产性服务业集聚的基本因素。陈殷、李金勇（2004）探讨了生产性服务业的区位模式和影响机制，认为聚集因素在生产型服务企业区位模式中扮演主导作用。顾乃华、毕斗斗等（2004）将生产性服务业与制造业的关系主要归纳为需求遵从论、供给主导论、互动论与融合论等四种观点。曾国宁（2006）通过生产性服务业集群和制造业集群的比较，指出了生产性服务业集聚的基本因素。顾乃华（2005）认为，不同的生产性服务业与制造业互动在不同地区的不同表现的原因是生产性服务业发展所处的市场范围和接受的政府扶持力度不同。吕政将生产性服务业发展阶段划分为种子期、成长期和成熟期，探讨不同发展阶段生产性服务业与制造业的互动关系。薛立敏等（1993）运用投入产出分析法、对比分析法研究了台湾省生产性服务业对于区域经济发展的作用。研究结果表明：台湾的生产性服务业主要服务于制造业，随着台湾制造业的向外投资，这些服务也随之扩大其地域范围。顾乃华（2005）认为，不同的生产性服务业与制造业互动在不同地区的不同表现的原因是生产性服务业发展所处的市场范围和接受的政府扶持力度不同。于惊涛、李作志、苏敬勤（2004）对东北地区装备制造企业技术外包共生关系强度及其影响因素进行了实证研究，运用共生理论研究了制造企业与其重要技术外包服务商之间的共生关系主要受到外包服务商的服务能力、本地中介机构能力、本地技术支持能力和信息共享能力的影响。

在区域经济中，一般性服务业对地区经济发展带动作用小。加快生产性服务业的发展可促进企业组织结构变革和分工的深化，可以将企业内部部分服务逐渐转移给专业服务企业。服务业的开放以及由此带来的服务效率的提高，能够向工业企业提供更多、更专业化和更高质量的服务，有助于改变工业企业将所需要的服务内部化的趋向（郑吉昌，2005）。因此，服务业与工业制造业之间并非简单的因果关系，而是一种不断加强的唇齿相依的双向互动关系。随着生产性服务业的发展、壮大，必然带来城市产业结构的变化，进而完成逐渐调整、完善城市产业结构的历史使命，从而实现产业结构调整，地区产业创新。

第五节 本章小结

通过对国内外制度逻辑理论、惯性理论、资源理论以及生产性服务业的相关理论和观点研究回顾，为进一步系统研究"制度逻辑（外部）—惯性基因（内部）—资源行为"基本理论框架、不同维度影响因素、结构关系以及内在机理等相关问题，奠定了理论基石。

第三章 本土企业集约经营程度分析

本章在构建"制度逻辑—惯性基因—资源行为"总体写作逻辑框架的基础上,从制度逻辑出发对集约经营的内涵给以界定,并对本土企业集约经营程度进行评判。

第一节 "制度逻辑—惯性基因—资源行为"逻辑框架模型

一 框架构建的基本思想

"制度逻辑"最初是社会学领域概念(Alford & Friedland, 1985),随着管理研究的扩展,该概念被引用到组织行为研究领域(Friedland & Alford, 1991)。制度逻辑作为一套描述如何影响组织现实、行为以及如何成功的准则(Thornton, 2002),能够塑造行为主体的认知和行为(Lounsbury, 2007)。

在组织层面,制度逻辑能帮助关键决策制定者把注意力集中在特定集合的问题和解决方法上(Ocasio, 1997; Thornton & Ocasio, 1999),做出合乎逻辑的决策,并且强化组织身份认同和组织战略。近年来,学者开始关注特定制度框架下的组织行为问题(Marquis & Lounsbury, 2007),组织生存在特定制度体系下,组织行为的选择离不开组织所嵌入制度体系之中的社会地位及其对自身社会地位的理解（Thornton 等，2012）。因此，要理解个体和组织行为，就必须基于他们所处的制度情境来进行分析（Thornton 和 Ocasio，2008）。既有的制度已经在组织采取行为前预先规定了适当和有效的行为类型，明确了什么样的组织会被接纳、组织应该呈现什么样的结构特征、什么样的程序能够得到社会理解等。企业作为资源组成的集合，其资源行为即企业在一定的制度逻辑下，为应对组织外部制度逻辑变化，而对包括稀缺资源在内，组织所拥有资源的优化配置行为。组织只有策略性地遵守既有制度，才能获得社会的认可与支持，提升自身的合法性，进而实现组织的生存和成长（Zimmerman & Zeitz，2002）。

基于制度的概念，本书将企业组织边界外部的政府维度、市场维度以及技术等维度定义为组织外在的制度情景。制度逻辑主体，制约着企业的行为。当制度逻辑形成后，国家政府、地方政府部门、竞争者、替代者、潜在进入者、消费者、供应者、工业制造业、服务业等利益相关者都会成为影响企业行为的主体，并被利益驱使，形成了各自的逻辑，最终形成组织外部制度逻辑。在制度逻辑影响下，组织开展资源优化的配置行为。如政府作为区域创新的组织者、契约关系来源，可以确保稳定的相互作用与交换。政府所提供的公共服务，不仅为经济组织解决发展问题，提供了制度保障。而且为企业间符合规则的竞争、要素市场的完善发展提供了政策驱动和保障；要素市场作为企业提供新知识、新技能的来源，可以维持企业市场竞争优势地位。但在不同历史发展阶段，要素市场发育程度不同，导致企业获取要素资源的决策策略差异；企业作为组织优化有限资源的场所，承担着感知外部制度逻辑，在交互过程中，调动资源，采取适当行为以适应制度逻辑变化，实现技术追赶的重任。本章构建的"制度逻辑—惯性基因—资源行为"总体写作逻辑框架，是本书展开研究的总体逻辑思路，本书基于此模型展开对其他章节的研究。

制度逻辑是本土企业所面临的、制约其生存与发展的重要外部情景，随着社会政治、经济、文化等诸多情景因素的剧烈变化，企业外部制度逻辑不仅发生着急剧的变化，而且呈现复杂性日益增加的局面。企业面对外部制度逻辑，必然导致企业内部原有的规则与程序也随之发生变化，特别是企业对所拥有资源的优化配置行为也必随之受到影响。这就需要生产性服务企业不断创新以适配企业外部制度逻辑的变化，通过不断的创新，整合自身资源，优化组织资源配置，推动着生产性服务业产业成长和持续竞争优势的产生。而企业家作为创新的承担者和组织者，是创新的主体，正是组织内企业家带领企业完成了"创造性破坏"。组织内资源是有限的、稀缺的，在现有资源要素相对有限、稀缺的情况下，企业家通过引入一种"新的生产组合"，使得企业现有的生产要素得到优化配置，从而创造出超额利润。因此，面对组织外部制度逻辑，包括企业家在内的组织资源因素是如何相互作用，以实现生产性服务业企业成长？制度逻辑与资源行为是如何适配的？制度逻辑与资源行为要达成适配，以实现本土企业创新能力的成长，究竟有哪些适配路径？制度逻辑与资源行为的适配是否存在路径依赖？作为组织内资源的调动者，行为的决策者企业家在适配中起到什么作用？特别是驱动资源行为适配制度逻辑的潜在驱动因素是什么？这些问题的解决，就成为揭示本土企业在后发国家情境下得到创新成长的关键。

二　逻辑框架模型

（一）逻辑框架模型的构建

战略形成是一个有意识、深思熟虑的思维过程。同时，作为企业重要行为的战略制定需要设计模型，以寻找内部资源和外部环境的适配（Christensen et al., 1982；转自蓝海林，2007）。已有研究成果证明适配对企业行为成功的影响（Ting-Peng Liang and Chih-Ping Wei, 2004），特别是Zaijac, Kraatz and Bresser（2000）提出的战略变革适配环境的规范模型，对后续研究企业的战略变革如何适配环境的变化产生了深远的影响。讨论如何与环境适配一直是组织行为学、组织心理学研究的重点。如 Olga Suhomilinova（2006）通过构建"组织—环境"联合进化模型来描述解释组织和环境对组织生存的联合影响。王瑞、钱丽霞（2005）从能力和环境适配的角度对企业竞争优势变迁的成因进行了分析，提出不同环境下影响企业竞争优势的主要因素是不同的,其内在成因是企业不断寻找能力和环境相适配的机制。关于适配的研究主要有供—需适配(Needs-Supplies Fit),需求—能力适配(Demands-Abilities Fit)和一致性适配(Supplementary Fit)三种(Kristof, 1996)。供—需适配与需求—能力适配属于互补性适配,需要—供给指当组织满足了个体的需要、意愿或偏好时,个人与组织之间就实现了适配。如 Brkich, Jeffs, and Carless (2002); Cable and Derue (2002)等人研究了人如何满足工作,工作如何满足人的需求以及两者适配程度;从需求—能力的角度出发,如果个体的能力可以很好地满足组织的要求,则个人与组织之间也达到了适配(Edward, 1991)。如 Higgins and Judge (2004), Lauver and Kristof-Brown (2001)等人研究了工作需求超过个人能力,个人能力不能满足工作需求以及两者的适配程度;关于一致性适配强调个体与组织具有同样的或相适配的特点(Muchinsky and Monahan, 1987),一致性适配主要考察个体与组织价值观的一致性;Kristof (1996)综合前人的研究成果,整合一致性适配、互补性适配和需要—供给、需求—能力观点,提出了一个比较完整的人与组织适配模型。

为了明晰本土企业如何适配制度逻辑的制约,需要对本土企业适配制度逻辑的过程进行研究。但国内外学者关于适配过程研究较少,与此相关的研究主要有 Zaijac, Kraatz, Bresser (2000)提出在环境和组织权变因素影响下的战略变革的意愿与实际战略变革—动态战略(战略变革的意愿与实际战略变革适配不适配)—组织绩效的战略过程模型。Birkinshaw J., Mol M. J (2008)将管理创新过程模型分为动机(Motivation)、创造(Invention)、实施(Implementation)以及理论和标签化(Theorization and Labeling)四个阶段。李晓非、张桃红和申振浩(2007)提出的目标确定→可行性论证→方案设计与选择→实施→效果测评→成果巩固阶段模型;陈建华(2004)提出组织创新过程制定—执行两阶段模型。

本书结合过往研究成果,在专家访谈与实际调研归纳总结的基础上提出"制度逻辑—惯性基因—资源行为"总体逻辑框架模型,模型如图 3.1 所示。

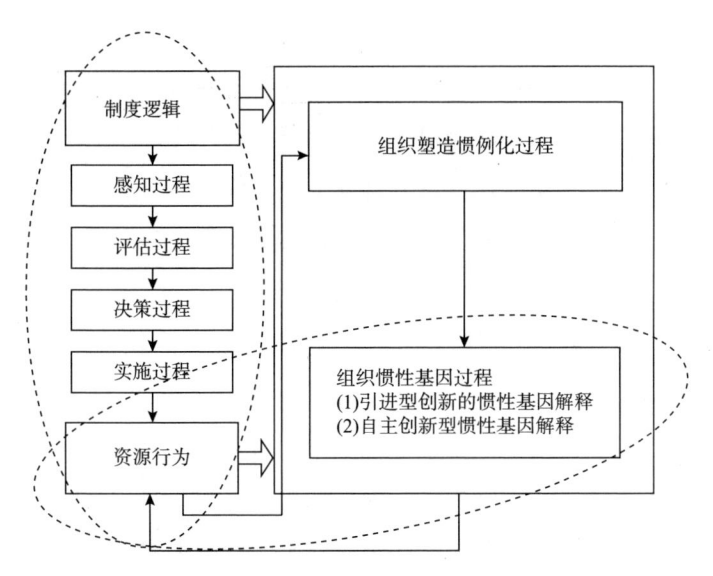

图 3.1 "制度逻辑—惯性基因—资源行为"总体框架模型

（二）"制度逻辑—惯性基因—资源行为"总体框架模型的作用过程分析

首先，在制度逻辑阶段。针对组织外部情景存在的制度逻辑，组织最高层管理者凭借自身能力、成长经验，以其认知对制度逻辑进行搜索、探寻、感知等。企业家所独具的敏感性可使企业家找到别的竞争者看不到的机会，发现其他竞争者没发现的资源价值，找出企业现状与企业目标间的差距，进而找到企业所存在的问题。企业家是经济机会的发现者，能够及时地发现在投入和产出的相对关系中潜在的、尚未被利用的机会并借此获得利润。即企业家的基本职能是在从非均衡的要素市场与产品市场运行过程中识别机会和把握机会，这是企业家禀性的本质表现。敏感是对机会和危险等问题的识别，Alvarez and Barney 提出企业家的敏感在很大的程度上是受到利润的驱使（冯炳英，2007），是受到超过预期回报的现金流的驱使而形成的。通过感知企业现有资源行为与响应外部制度逻辑要求之间的差距，意识到其制度环境和内部状况等的变化发现问题，本书将这个阶段所经历的过程标签为感知过程（Perception），企业家的敏感性在感知过程尤显重要。

其次，制度逻辑的转化阶段。组织最高层管理者面对组织外部制度逻辑的动态变化，相应要采取调整组织内部资源的行为，以适应外部逻辑变化对企业产生的约束影响。在这个过程中，需要评估组织当前资源行为状况与响应制度逻辑要求之间差距，通过此过程发现现存问题，并对如何解决问题、完善资源配置、优化企业行为进行决策。该阶段发生在企业优化配置内部资源前，本章将其标签为转化阶段，这一过程包括评估过程与决策过程（Evaluation-Decision）。第一，评估过程。企业家具有独特的认知倾向和认知图式，Stevenson 解释面临相同的资源获取机会，不同企业间资源效率产生差异的本质原因是企业家在动员、配置资源以及机会甄别效率上的认知差异造成的。企业家的认知资源禀赋直接影响决策创造性的广度和深度，因此具有独特的功能价值。当组织最高层管理者感知到差距，发现存在的问题。组织最高层管理者依靠组织自身所独有的资源，以其所独具的经验、意图和能力等为背景，对所感知到的问题进行解析，并对外部制度逻辑约束和组织内部资源等进行评估，为制定决策行为提供依据；第二，决策过程。企业家是专门就稀缺资源的配置作出判断性决策的人，由于决策结果取决于决策者的个人判断，因此决策过程中不存在任何一种明显正确的决策规则（Casson，1982）。组织最高层管理者在感知评估的基础上，对需要解决的问题展开论证分析决策，制定决策实施方案。

再次，资源行为阶段。在转化过程之后，组织在外部制度逻辑约束下，组织最高层管理者采取调动组织内部资源的行为，以适配制度逻辑变化，本书将其标签为资源行为过程，该过程包括实施过程（Implementation）与惯例化过程（Routinization）。第一，实施过程（Implementation）。组织所拥有的特定的技能、资产和能力等因素，本身并不能给组织带来经济利润，只有将这些因素通过优化配置整合在一起，才能形成组织的稀缺性资源。企业决策层做出决策后，在分析论证并制订出企业的实施方案的基础上，进入实施过程。在该阶段组织最高层管理者采取调配组织所占有的内外部资源的行为，实施方案解决存在的问题，以应对外部制度逻辑对组织的约束。整合资源是企业家对内职能的主要表现方式，在制定方案后组织最高层管理者将这些资源按照新方案进行整合，通过资源整合增加各种资源的组合效应，以保证所制定方案的实施；第二，惯例化过程（Routinization）。经过实施阶段，企业决策得以实施并取得绩效，进入惯例化过程。惯例与其他社会现象一样，并不是无须思考或者是自动化的，而是需要执行主体的努力（Giddens，1984）。因此，其嵌入的过程离不开企业家对企业资源的长期塑造，主要包括相关的人力、制度、组织结构、企业文化、技术、关系等，成为保障其运行的基础。组织最高层管理者通过对资源结构的重新排列组合、优化配置以及长期努力形成惯例。组织也在绩效反馈基础上演化出一系列相互依赖的运作和管理惯例（Nelson，Winter，1982）。经过惯例化过程，企业的新资源行为已经完全融入企业规范当中，惯例嵌入多种组织现象之中，涵盖了组织结构、规则、过程、传统、战略、技术以及企业文化等诸多方面，是组织层次的隐性知识，在此基础上组织得以构造和运作（Levitt & March，1988）。企业在新的资源结构下运作，成为企业的日常管理模式。

最后，惯性基因作用过程阶段。组织惯例嵌入组织各个层次，并经组织高层管理者的长期努力，最终形成组织惯性，并作为遗传物质反作用于组织行为。惯性作为遗传物质，是组织持久稳固的来源，并决定着组织可能的行为，起着类似于生物进化论中基因遗传的作用，尽管实际的行为同时也受到环境的决定（Nelson，Winter，1982）。当企业外部制度逻辑发生变化时，企业会对特定制度逻辑的刺激做出反应，外部制度逻辑激发因素是能影响产业未来的事件或因素，如市场逻辑的变化、收益独占性的制度安排以及技术冲击等。企业制度逻辑为组织资源行为变更提供了多样化的外部制度逻辑刺激，同时也作为经典演进理论的一种选择机制而存在，以为组织资源行为变更带来的竞争能力提供反馈信息，从而诱发新一轮的惯例演进。

综上所述，企业资源行为的外部动因是企业制度逻辑的变化，导致企业旧的资源行为与新的制度逻辑之间不适配，而出现问题。解决企业所面临生存发展危机的资源行为决策主体是企业家,企业家通过长期的制度逻辑与资源行为的互动,将各种有形、无形的资源以特定的方式组合起来,适配企业外部制度逻辑的变化并沉淀为其他企业难以模仿的组织惯例,形成企业核心竞争力(Kirzen,1973)。企业在"惯例"的惯性状态下运行,当企业制度逻辑与资源行为"不适配"发生,在企业家主导下达成适配。经过一段时间运营,该适配状态,逐渐形成企业新的惯例,组织惯例嵌入组织各个层次,并经组织高层管理者的长期努力最终形成组织惯性,组织惯性作为遗传物质反作用于组织行为。

(三)逻辑框架模型的特征分析

企业家在制度逻辑阶段、转化阶段、资源行为以及惯性基因的四个作用过程阶段中均发挥了主导性的作用,其特征是企业家资源的主导作用贯穿于全过程的每个阶段,将各个分立的阶段连接起来形成完整的制度逻辑、资源行为、惯性基因过程阶段。

企业家主导作用在制度逻辑的感知过程中,表现为对问题的发掘以及有效识别和利用机会找到别的竞争者看不到的机会,发现其他竞争者没发现的资源价值。企业家找出企业现状与企业目标间的差距,发掘企业现有资源行为所存在的问题;在转化阶段的评估阶段,企业家以经验、意图和能力等为背景解析制度逻辑问题,对外部情景约束和企业内部资源行为支撑等情况进行评估,为制定决策方案提供依据;在转化阶段的决策过程,企业家在感知评估阶段的基础上,进行论证分析,进行资源行为决策,就稀缺资源的配置作出判断性决策,制定实施方案;在资源行为阶段的实施过程中,企业家进行资源行为决策,实施方案,解决存在的问题,使企业达到新的适配;在惯性基因阶段,企业家通过对组织资源行为的长期塑造,主要包括对相关的人力、制度、组织结构、企业文化、技术、关系等的持续经营,使资源融入企业中,使惯例形成组织惯性,并作为组织内在的基因反过来作用于组织的组织行为。

第二节 工业企业集约经营含义的界定

一 集约经营内涵的基本意义

"集约经营"是相对"粗放经营"而言的,"集约"作为一个经济学概念,首先由英国古典经济学家大卫·李嘉图在地租理论中提出,意即依靠提高效率实现产出量增长。在现代西方经济学中,一般用生产函数表达生产要素投入产出之间的关系,即经济增长的关系。总产出的增长可以由两组原因产生:第一组是由各种生产要素投入增加而产生的效应;第二组是由要素生产率提高产生的效应。苏联经济学家把由第一组因素形成的产出增长叫粗放增长,而把由第二种因素形成的增长称为集约增长。匈牙利经济学家柯尔奈指出:要素投入增加和要素生产率提高"这一专门术语在西方作者中广为流行。但社会主义各国的作者却愿意采用另一对术语,即用粗放方式和集约方式来表达。这两种用语在语义上是相同的:要素增加等于外延,要素生产率提高则与内涵相当"(高敏芳、程亚琼,1997)。

在粗放经营中,主要的生产要素是劳动和土地,而机器设备等先进生产手段和农业科学技术没有广泛应用(或没有应用)。粗放经营是一种落后的经营方式,它不是依靠不断提高耕作质量,增加原有土地的投资,而是依靠扩大耕地面积的方法来增加农产品的产量,是相对低下的生产力水平的产物。集约经营指资本集中在同一土地上,而不是分散在若干毗邻的土地上,集中投入较多的生产资料和劳动,采用先进的技术措施,实行精耕细作,以提高单位面积产量的农业经营方式。

这一概念自20世纪60年代从苏联传入我国,该概念是苏联经济学家在20世纪60年代中期创造出来用以分析苏联经济增长方式的概念。苏联在1928年开始第一个五年计划以后,一直采用主要依靠动员和增加投入的办法实现生产增长,采用这样的增长方式在头几个五年计划和战后初期曾经有过相当高的经济增长率。但是1958年以后,苏联的增长率开始下降,促使苏联东欧经济学家对造成这种下降的原因进行研究。当时，苏联根据马克思在《资本论》中的提示，把增长方式分为两种基本的类型：一种是依靠增加投入实现产出量增长的粗放增长，另一种是提高效率实现产出量增长的集约增长（彭涛，2015；马强文、任保平，2010）。

二 工业企业集约式经营内涵的界定

（一）集约经营内涵的相对性特征

经济增长方式转变、技术创新能力提升对于如何理解工业企业集约式经营，如何界定工业企业集约经营的内涵目前的观点纷繁复杂，各执一词难以统一。由于粗放经营和集约经营是一对相对的概念，发展、变化的概念，具有动态性。它随着社会的发展、经济的发展、科学技术的发展，随着地域的不同、年代的不同，粗放经营与集约经营的程度和领域有着不同的变化，不是一成不变的。由于年代的不同，对国内现在看来是粗放式经营的企业，与过去比较是集约式经营企业。在国内看是集约式经营的企业，与国外的企业相比可能就是粗放式经营。现阶段对于工业企业集约经营内涵界定问题，应该树立辩证的观点和发展的观点（陆鹏，1997）。

工业企业集约式内涵是一个动态的概念，在不同的时间分布，不同的区域分布有着不同的表现。是以所在经济区经济为标准，以全国经济为标准，以世界经济为标准，以企业自身历史为标准，根据企业资本构成比例的升高与否，污染、能源消耗是否得到降低而划分的一个具有动态的、发展的、相对的概念。加入世贸组织，意味着我国企业与国外企业在世界经济舞台上将处于同一起跑线上进行平等竞争，由于我国已经加入世界贸易组织，我们和世界范围内的企业处于同一个竞技场，以同业的世界企业为标准，这又是一个绝对的概念。所以集约经营是相对的动态概念。

（二）集约经营与内涵式扩大再生产不是完全等同的范畴

集约经营与内涵式扩大再生产有相同之处，都是在既有的生产条件下通过增加技术含量，提高生产要素的使用效率，都以提高经济效益为中心。都是为了实现经济增长，促进社会生产力的发展。

内涵的扩大再生产同集约型经营，在原意上区别是很明显的。这表现在：前者是用于考察社会扩大再生产方式的，后者是用于分析农业生产经营方式的。内涵扩大再生产的原意是指依靠技术进步，用改善生产要素的质量和提高劳动生产率的办法来扩大生产规模的一种扩大再生产类型，它是以向生产的深度发展为特征的。内涵式扩大再生产是在不增加生产要素的条件下进行的，而集约经营却要投入较多的生产资料或劳动。

二者的涵盖面不同，集约型增长方式的涵盖面大于内涵扩大再生产。这主要表现在：第一，集约型增长方式包括经济增长目标、增长战略、增长规模以及产业结构优化、投入与产出的比较等内容；而内涵扩大再生产只是指增长规模扩大的类型。因此，我们认为内涵扩大再生产是集约型增长方式的内容之一。第二，由于集约型增长方式是一种生产经营方式，它除注重生产过程外，更加注重生产经营目标、经营方式、经营效果，突出面对市场开展生产经营活动，因而涉及生产经营的全部活动过程。内涵扩大再生产涉及的只是生产过程，而且是生产过程中如何实现生产规模的扩大问题，因而往往把生产过程之外的经营活动忽略了。第三，集约型增长方式既包括原有资本和它所带来的追加资本的运行，又包括新增资本（新投入创办企业的资本）的运行，是指资本运行的全过程。内涵扩大再生产只是指积累起来的资本（原有资本所带来的追加资本）如何使用的问题，它的面要小得多。

内涵式扩大再生产和外延式扩大再生产与简单再生产是一个层次的概念，反映的是社会再生产过程中生产规模的变动。而粗放经营与集约经营与社会发展阶段相联系，侧重的是生产力水平的质的变化，外延式扩大再生产与内涵式扩大再生产都可以实行集约经营。

（三）以效益为核心注重技术等异质性资源投入

集约型经济增长方式是质量效益型经济增长方式，集约型经济增长是以提高经济效益为核心，以追求速度与效益的有机结合为目标的。如果集约型经济增长的效益低于粗放型经济增长，那么这种方式的转变就毫无意义。我国企业进行经济增长方式的转变就是要从相对的高投入、高消耗、低产出、低质量的经济增长方式转变为相对的低投入、低消耗、高产出、高质量的经济增长方式，核心内容就是提高经济效益。

注重技术等异质性资源投入。我国目前科技状况在部分领域处于国际先进水平，但在很多领域相对落后，由于我国产品附加值、产品的科技含量和科技贡献率都相对较低，根据国家"十二五"科学和技术发展规划表述，科技进步对经济增长的贡献率为51.7%左右，而发达国家已经达到80%。根据国家统计局国际统计信息中心数据显示，我国的劳动生产率近年来增速较快，2015年，我国单位劳动产出只有7318美元，明显低于世界平均水平18487美元。与美国的98990美元相比，差距更大。2016年我国劳动生产率增速为6.6%，但是我国人均劳动产出是世界人均劳动产出的1/3，不足美国的1/10。所以加速科学技术进步是提高效率和质量，对我们国家工业企业来说更是重要，在一定意义上讲，集约经营就是科技进步。企业要开拓国际市场，提高参与国际竞争的能力，就必须把科技开发水平不断提高到新的层次。注重科技是我国工业企业集约经营内涵的特定的急迫要求，它要求更加重视科学技术。

在经济全球化与逆全球化下全球价值链脱钩的双重悖行的制度逻辑挤压下，本土企业要想获得长期生存、并赢得市场竞争的优势地位，就必须通过持续的创新迭代提高企业技术创新能力，缩短本土企业技术跨越的进程，尽快转变我国工业企业的经济增长方式。创新对于企业的集约经营极为重要。经济增长方式的转变，最后落实到企业，关键依靠创新，通过创新实现企业内部独有生产要素的最优结合，特别是通过科技投入、技术改造、加大科技资源投入。通过创新将过去主要依靠增加资金投入，转到主要依靠提高生产要素质量和效率上，从主要依靠资源消耗，转到依靠科技进步和提高管理水平上。由于我国工业企业发展的特定历史以及现状，我国工业企业集约经营内在的要求加强企业创新。

"人"是技术等异质性资源的载体，因此要提高企业集约经营的水平，就必须首先着力提高企业最重要的人力资源投入。重视人力资源开发是经济由粗放型向集约型转变的必然要求，也是企业经营从粗放型向集约型转变的必然要求。人力资源是最活跃、最积极的最具有主动性生产要素，是促进企业成长、推动企业创新的主要力量。早期的传统产品属"集成资源"，现代的产品属"集成知识"，企业应当更加注重人的智慧、技巧和能力的提高与全面发展。作为企业最重要资源的智能资本将会引起企业财富的转移。员工素质的提高是企业经济效益的源泉，人力资本含量与企业经济效益有直接的正相关关系，是取之不尽，用之不竭的资源，是本土工业企业转变经济增长方式的内在动力。这种高质量的资源行为活动所带来的经济效益表现为：劳动生产率的提高、产品质量的提高、原材料的合理利用、正确和合理使用设备、充分发挥生产设备效能、减少因事故发生的经济损失等等。经营管理人员素质的提高，其表现为资金运用合理、劳动组织得到改善、经营管理水平提高，从而使企业各项经济效益指标改善。由此可见，劳动者受教育程度与经济效益密切相关（李仁安、韩新伟，2000）。

（四）新兴生产性服务业是本土企业集约经营程度提升的必要条件

随着世界经济的持续发展和科学技术的突飞猛进，新兴的生产性服务业作为现代经济的重要组成部分，是产业结构升级的标志。与工业企业协同共生并为其提供生产性服务的企业，已经在西方发达国家成为主导性产业，并正在全球范围内得以迅速发展。

经济增长方式的转变要求生产性服务业向专业化方向发展，如现代物流业已被广泛认为是企业在降低物质消耗、提高劳动生产率以外创造利润的第三重要源泉，也是企业降低生产经营成本，提高产品竞争力的重要环节。我国企业长期以来"重生产、轻物流"，对生产领域内的各个环节和企业内部管理比较重视，也有一定的基础，但对生产领域以外的采购、运输、仓储、代理、包装、加工、配送等环节顾及甚少，可控能力非常有限。加上由于历史原因形成的条块分割体制，"大而全""小而全""自成体系"等观念，以致在采购中造成的损失和浪费难以计算。发展现代物流可以弥补本土企业内部管理漏洞，为企业节省资源，避免因信息不对称以及因逆向选择对组织造成损失。

中国经济的持续发展需要发展生产性服务业，当前我国经济生活中存在的首要问题是有效需求不足。进一步拉动内需，并带动社会投资和启动消费，是解决需求不足的有效措施。优化经济结构，促进产业优化升级，则是提高经济增长质量和效益的根本措施。生产性服务业在我国刚刚起步，潜在需求巨大，相对传统的生活性服务业，它属于产业结构的升级。加快本土生产性服务业的发展，有利于提高生产、流通等领域的集约化程度，改善粗放型的经营和管理方式，提高本土企业的集约经营程度。

（五）"数据化"是本土企业经济增长方式转变的必要条件

数据化是指社会经济结构以物质能量为中心，转向以数据为中心的过程，全面发展和应用现代数据技术，如信息技术、AI智能技术等，用数据技术更新、改造、装备国民经济各部门以及社会各领域，实现数据资源的高度共享，挖掘社会智能潜力，大大增强"人"的工作效率、学习效率和创新能力，推动社会和经济的优质发展。随着数据革命的兴起和数据时代的到来，世界范围内正掀起一场迅猛的大数据浪潮，世界经济因此而呈现出以数据化为根本特征的崭新面貌。在这一新的发展机遇与历史抉择面前，许多国家纷纷确立了以数据化为特征的发展战略。

数据化有利于改变我国长期以来在工业化过程中粗放型的增长方式，真正实现我国经济的可持续发展。因为数据化提供了本土产业现在乃至未来经济增长方式转变的技术基础，使资源的整合和节约成为基本的经济发展内涵。当今世界产业结构高级化的重要标志是智能化、信息化。要走集约型发展新路，未来发展别无选择的捷径，就是推进数据化，目前世界各国特别是先发国家都在极力地抢占世界经济和科技发展的先机，德国工业4.0、美国工业互联网、中国制造2025虽然表述方式不同，但本质和目的是相同的，即在世界范围内占领高端制造业的高地（李靖华、盛亚，2018）。数据化是增长方式实现根本性转变的必要条件。数据技术的支持是本土企业在国际新经济社会如何提高效率、降低成本、提高竞争力的重要技术保证。中国企业和国外企业比较，缺乏效率是最致命的弱点，所以企业必须将内部的研究与开发，生产制造、财务、人事、后勤、采购和销售与服务业务环节与企业外部的供应商、客户、合作伙伴、分支机构等紧密衔接，形成一种数据信息快速通道、业务互动的高效数据共同体。

加速数据化进程。进入21世纪数据化为本土企业发展，带来了巨大机遇，这体现在：第一，对本土传统企业进行数据化改造。通过工业互联网的大规模推广应用数据技术，可以大量节约包括能源、材料在内的各种资源，保护环境和生态，实现可持续发展。如信息化技术改造是一种高附加值、高增长、高效率、低能耗、低污染的社会经济发展手段。据调查，我国信息技术在改造传统产业方面，投入产出比，一般都以1：4以上倍增，有些甚至达到1：20以上。在当今和未来的社会经济发展中，信息技术将成为改造传统产业不可缺少和不可替代的现代化手段（郭薇，2001）。信息资源在一定意义上讲是一种"取之不尽"的经济资源。信息化是我国实现工业可持续发展、转换经济增长方式的必要条件。利用互联网发展电子商务、工业互联网，本土企业集约化经营程度的提升，绝不能离开信息的传递和网络的发展。利用先进的网络和信息技术以及其他先进的科技成果，才能改造本土传统工业；第二，数据化在工业化发展中，产生的倍增和催化作用，将大大改善产业的技术状态和管理水平，推动产业结构升级，提高经济增长的质量和效益，促进经济增长方式的根本转变；第三，采用基于智能系统的"互联网+"改造，会极大改善数据信息流通，促进全社会的资源优化配置，推动市场经济体制的形成和完善，提高政府和企业管理、决策的效益和质量，为本土企业集约化经营提供有利的外部制度逻辑供给。

综上所述，集约式经营内涵是一个动态的概念，即在不同的时间分布，不同的区域分布有着不同的表现，企业为适配外部制度逻辑迁延，以提高效率为目标、以效益为核心，注重技术等异质性资源投入，侧重生产力水平产生质的变化的一种经营方式。新兴生产性服务业与"数据化"是本土企业集约经营程度提升的必要条件。

第三节 本土企业经济增长方式转变的现状及其他国家经验

一 本土企业经济增长方式转变的现状

当今发达国家通过市场机制的作用，完成了经济增长由粗放到集约的转变，提高了经济效益。中国作为典型的后发国家，劳动生产率和生产力水平比较低，缺乏资本和技术，人均财富创造率低，社会经济文化呈现的二元结构。特别是面对经济全球化与逆全球化下全球价值链脱钩双重挤压的国际经济发展的制度逻辑，本土企业为了追赶发达国家，急迫的追求经济增长速度但付出了巨大的资源成本。从研究与开发的投入来看，2018年美国国家科学研究委员会的报告显示，美国的研发费用位居全球首位，达到4960亿美元，占全球总研发投入的26%。据日本总务省发布的"科学技术研究调查结果"报告显示，日本的研发费用日本的年研发投入已经占到了其GDP的3.42%。2017年，日本的GDP为48844.9亿美元，这就是说，日本的年研发投入为1670亿美元左右。我国2018年研发费用为4748.1亿美元，占总产值的2.19%，位居全球第二；劳动生产率方面，2015年我国劳动生产率分别约为世界平均的1/3，美国的1/11，日本的1/9。除此以外，我国的物耗指标，根据有关部门对国内12种主要原材料的国民生产总值消耗强度的比较，我国原材料消耗强度比美、日、欧洲等发达国家普遍高5—10倍以上，比印度高2—3倍。

我国经济增长方式的转变存在地区之间的不平衡，东部地区在经济增长方式转变中位于全国首位，中部地区转变缓慢，西部地区与东部、中部相比转变最慢，中国工业增长仍是靠东部地区拉动的。东部地区转变的速度较中西部快，经济增长的效果最好。西部地区转变的速度与程度最为落后。中部地区经济增长的规模、质量要好于西部，但比照东部地区还存在差距。

二 其他国家经济增长方式转变的经验

(一) 美日等发达国家经济增长方式转变的经验

从发达国家经济增长的来源看,经济增长主要依靠技术进步或全要素生产率的提高来实现。美国经济学家丹尼森发现,在美国、西欧和日本的经济增长中,全要素生产率的提高对经济增长的贡献率明显高于资本、土地和劳动这些生产要素投入增加对经济增长的贡献率。

1. 知识储备和人才优势

发达国家经济持续高速增长,经济增长结构的迅速变化等与劳动力资源素质的改善和科学知识早期积累息息相关。

2. 技术水平和工业基础优势

在20世纪前,两次产业革命主要发生在发达国家,产业革命也使发达国家经济社会发生了重大的变化。新技术的推广和改进大大提高了生产效率,提高了对资源的开发和利用能力,也使产业生产能力增加和生产费用降低,并极大地促进了工业的发展和经济结构的变革。

3. 通过市场机制实现资源的优化配置

由于20世纪30年代资本主义经济大危机,发达国家加强了对经济的干预,但是,发达国家政府一般不直接经营企业,不干预企业的生产经营决策,而且政府干预并没有改变市场机制配置资源的基础性作用。发达国家在经济增长过程中的生产效率问题主要是通过市场机制来解决,而政府只是通过各种政策和措施进行必要的宏观调控。

4. 技术进步的作用

技术进步对经济增长方式的转变起着核心作用,这种核心作用在发达国家经济增长方式的转变过程中表现得尤为突出。

技术进步加快了发达国家的经济发展。从1961年到1969年,美国出现了经济持续高速增长。制造业的年均增长率达7.5%。日本、联邦德国也利用第三次技术革命的时机,大量引进先进技术、设备,并通过学习创新,实现了经济的持续高速增长,很快就从战争废墟上崛起,跃居发达国家行列。

技术进步使发达国家经济结构发生了重大变革。三次产业革命加快了社会经济结构变革的进程。例如:在英国通讯、交通运输、金融服务业发展迅速,第二产业的比重有所减弱。其他发达国家也有同样的趋势,发达国家产业结构的这一变化过程与重大的技术变革几乎是同步的。这是因为产业的形成、分解和新兴产业的诞生都是技术进步的结果,都与科学技术的进步有关。

(二)苏联经济增长方式转变的教训

新中国成立初期,我国以苏联经济发展模式为样板,建设过程受苏联的影响很大。通过分析苏联在经济增长方式转变中的经验教训,对我国的经济增长方式的转变具有十分重要的借鉴作用。

1. 苏联经济增长方式的主要特征

苏联的高速增长主要依靠生产要素投入的增加。例如:在五六十年代的经济高速增长时期,全要素生产率的提高对经济增长的贡献率平均为35%,生产要素投入的增加对经济增长的贡献率高达65%(Barro,1991);苏联的劳动生产率较低,如在1970年和1980年,苏联的社会劳动生产率仅相当于美国的41%左右,工业劳动生产率分别相当于美国的53%和55%左右,而农业劳动生产率分别相当于美国的20—25%(Grossman and Helpman,1991);生产单位产品的物资消耗很大,浪费严重。如苏联在70年代末生产每单位国民收入用钢量比美国多90%,耗电量多20%,耗石油量多100%,水泥用量多80%,能源有效利用率为43%,损失率达57%(郭金龙,2000;史清琪,1996);科技投入的效益低。如在1960—1985年期间,苏联的科技投入提高了6.3倍,而同期国民收入仅增加了2.9倍,科技投入增长速度大大高于国民收入的增长速度。另外,苏联科技成果的转化缓慢,长期以来只有1/4的科技成果在经济中得到应用,为发达国家的2/3左右(Barro,1991)。

2. 产生弊端的主要原因

苏联的传统经济体制是在否定市场经济的理论支配下,在社会主义工业化路线指引下,为集中和统一调度全国的人力、物力、财力保证重点建设任务而建立起来的。由于其计划经济内在的重速度轻效益的经济运营机制。在这种机制下,由于国家指令性计划指标体系的核心是总产值这一数量指标,考核企业经营成果的基本尺度是产值指标的完成程度,因此企业经营活动的基本目标就是追求产值、数量以及生产发展的速度。它在计划和考核工作中,重数量轻质量,重速度轻效率。本质上是一种粗放经营管理制度。后来,虽经多次改革,但因长期没有以市场经济作为改革的目标模式,而只是在计划经济前提下寻求计划与市场的最佳结合,不能根本消除传统经济体制的弊端以及由此带来的经济增长率和经济效益不断下降的问题。

传统体制下国家统一分配资源,排斥市场配置资源的方式,忽视商品生产、价值规律和市场的作用,致使现有的产业结构、不合理的生产力布局长期难以调整,无法实现资源的有效配置,物质及各种资源不能按照效率原则分配到效益好的企业去,劳动力不能自由流动等,从而导致资源配置的低效率。

3. 启示

苏联向集约化过渡的实践表明:在影响经济增长方式转变的诸多因素中,体制问题是主要的。因此,要转变经济增长方式,就必须彻底改革传统的体制,充分发挥市场在优化资源配置中的作用。但是,市场经济也有其内在的弱点和缺陷,不能忽视其负面作用的影响(葛霖生,1997)。

第四节 制约我国经济增长方式转变的因素分析

一 受后发经济体市场经济体制不完善的制约

经济体制是企业面临重要外部制度逻辑因素,经济增长方式转变的问题自提出以来，尚未彻底解决。这其中有很复杂的原因，但最根本的原因是受后发经济体市场经济体制不完善的制约，没有实现经济体制的根本转变，这表现在以下几方面。

（一）市场机制尚不完善，资源配置回收效率低下

受传统经济体制影响，市场对资源的配置作用不能完全发挥出来，由于经济规模的不断扩大以及生产要素的投入并不是以效率的高低为准则，加之信息不完全等原因，造成资金和资源的极大浪费，导致资源配置低。首先，原有经济体制的资源配置方式导致了目前我国产业经济结构的不合理，传统经济体制下，对重工业非常重视而对生产性服务业重视不够，造成了产业结构不合理，其调整过程需要一定的时间；其次，受传统体制影响，生产要素不能合理流动，导致行业间、地区间相互封闭和经济结构比例失调，降低了资源配置效率；最后，本土企业在传统经济体制制度逻辑下，所形成的认知及组织行为具有一定的刚性，特别是老工业基地短时间内无法彻底根除，因此无法形成优胜劣汰的竞争机制，缺乏竞争的压力。竞争是资源优化配置，提高生产效率的重要手段。而受传统体制影响，本土企业更擅长于加入制造业产业链主要从事生产，而不擅长独立构建供应链、增值价值链。当本土企业加入供应商的制造业产业链中，基于对满足供应商的考虑，本土企业缺乏内在的推进技术进步动力和外在竞争的压力，导致资源配置低下。

（二）企业并未完全摆脱政府的控制，成为真正的法人实体

虽然我国进行了一系列的改革，撤销了原来的部委，改为公司，但企业仍然与政府有着千丝万缕的联系，政府与企业仍旧存在着领导和管理的关系，政府部门仍然掌握着项目的投资、审批大权，这样所造成的后果严重阻碍了国企改革的深入。加之领导干部选拔、任用、考核制度不完善，使一些领导干部热衷于铺新摊子，上新项目，盲目引进，重复引进，导致各地区产业结构雷同化，全国产业结构失调。政企不分，政府的过度干预导致本土企业无法形成优胜劣汰的运行机制。企业的法人地位未落实，企

业并没有完全摆脱行政附属物的地位,真正成为具有独立经济利益的自主决策、自负盈亏的市场主体。企业的一切服从于政府的指令、计划,企业没有破产的危机感,由于这种调节机制的不存在,所以企业没有内在的发展动力。不能充分调动生产企业的技术创新、产品改造的积极性,而且也给金融业带来了更多的不良债务。经营好的企业无法在竞争中获得优势,而经营差的企业由于政府扶持,迟迟不能退出竞争市场,既扰乱了正常的市场秩序,又不利于产业结构的升级。加之,在原有的经济条件下,行政命令的手段忽视了多元利益主体的存在,使利益结构受到扭曲,加上缺乏利益约束,政府对计划、投资等决策的失误不承担任何责任,企业对亏损也不负责,结果是利益界限模糊,导致责、权与利之间关系不对称,无法形成有效的激励机制。政府职能转换不力,政府干预企业过强,导致企业尚不能完全自主决策、自负盈亏,也不能对宏观间接调控的信号做出灵敏的反映。

(三)市场不规范,难以形成公平、公开、公正的竞争局面

计划经济向市场经济过渡的过程中,出现了扰乱经济市场秩序的现象,不仅不利于市场经济体制的进一步完善,而且阻碍了我国企业经济增长方式的转变。如我国假冒伪劣产品横行,走私现象屡禁不止,走私严重地冲击了正常贸易和国内正常的商品价格。假冒伪劣产品、走私损害了生产企业的合法利益,影响了企业利润,使得企业无力进行投入。高度集中的经济体制,使企业成为政府的一个附属部门,企业不能自主经营、自负盈亏,自我发展,使得企业普遍缺乏技术创新的内在动力和市场竞争的压力,未能真正实现优胜劣汰的竞争机制和利益激励机制,直接影响了生产要素的合理组合与资源的优化配置。加之,传统经济体制形成的条块分割,割裂了部门、地区和企业之间的经济联系,对社会化大生产的分工协作不利,阻碍了我国经济系统整体效能的发挥,制约了经济效率的提高,造成了效率低下、浪费严重等问题;劳动力市场不完善,就业竞争不充分;技术市场不发达,科技产品的商品化、市场化程度低,转化为生产力的速度慢,有的科研工作者脱离经济实践;市场配置资源的机制不健全,宏观调控乏力,因而资源浪费严重。

二　科学技术水平落后

技术投入产出指标在影响企业集约经营的潜在因素中占据重要地位，技术对集约经济增长方式转变具有重要意义。而我国现在正受到科技教育落后对经济增长方式的制约。

教育的制约。要实现集约型经济增长，教育的投入是第一位的，人才的准备是必需的。任何一个国家都不可能依靠很少的复杂劳动者实现自己的现代化。新中国成立以来，我国的科技教育取得了长足的发展，为企业集约化经营创造了一定的条件，但我国的科技教育状况与发达国家乃至一些发展中国家相比还存在很大的差距，我国人口总体受教育程度较低，接受高等教育的人数占全国人口比例小，专门从事科研工作的人口比例低，造成就业的结构性矛盾，科技、教育的滞后在一定程度上制约着企业由粗放经营向集约化经营的转变。

科技的制约。科技含量低，产品技术档次低，劳动附加值低，从而失去了科技进步所能达到的最低效益。机械制造本来应该成为国民经济科技进步的先导部门，但我们机械工业企业设备陈旧、工艺落后的问题还相当突出，我国工业技术水平低，设备陈旧老化。由于注意外延扩大，忽视对先进技术吸收、开发和创新，许多企业至今还保持着产品一贯制的格局。据国外经验，如果一个企业不抓紧产品更新换代，那么这个产品的生命周期就是这个企业的生存周期，没有生命力。如果我们不把工业转变成科技先导型，不突出科技进步在工业发展中的地位，那么就永远不可能由粗放经营转变为集约经营，也就不可能提高经济效益。

三　微资源制约

经济的发展离不开原材料、能源等资源的支持，而中国大多数资源总量虽然比较丰富，但人均资源量相对不足，如地质找矿难度增大；石油、富铁矿、铬铁矿、铜矿、钾盐等重要矿产将严重短缺，其中多数质量较差；相当一部分大中型矿山进入中晚期，可采储量与产量大幅度衰减，一些矿山和矿业城镇将面临资源枯竭。我国资源综合利用存在消耗高、浪费大、利用率低的问题，环境污染和生态破坏已对经济、社会发展构成严重威胁。这种状况如果不改变，将对中国经济的持续发展造成严重制约。由于我国资源有限且浪费严重，用高消耗来追求高速度，从而失去了合理利用资源所能达到的最好效益，这种经济增长方式是不可能持久的，照此发展我国经济可持续发展将难以为继。

四 产业结构不合理

由于过去的粗放经营，我国农业落后于工业、能源和原材料工业滞后于加工工业、交通运输滞后于整个经济等结构性矛盾，日积月累，十分严重。过去虽然也做了不少调整工作，但没有根本性改观，离产业结构协调化、合理化、高级化的要求相距更远。当前必须着力于把失调的产业结构调整过来。避免经济增长忽高忽低的大调整。把失调的产业结构从根本上扭转过来。只有这样，才能为以后的快速发展打下坚实的基础，企业才能进行经济增长方式的转变。

我国产业结构不合理，表现在第二产业工业比重过高，而第三产业比重过低特别是生产性服务业比重低，我国高新技术产业比例低，且各个行业的技术装备水平比较低。尽管我国产业政策支持高新技术优先发展，但我国高新技术产业并没有成为投资的重点。产业结构升级缓慢，传统农业仍然占据较大比重。农业结构不适应农业现代化的发展。工业生产技术更新速度慢，加工工业在工业中占的比重远远大于技术密集型企业，工业结构不能实现快速走向技术集约化，导致产品技术含量低，附加值低，不适应国际竞争的要求。第三产业发展，新兴的服务业所占比重低，能适应现代化发展需要的中介服务水平不高，信息咨询等信息产业发展滞后。

产业组织结构不合理，产业集中度低，企业规模不经济导致我国产业资源利用效率普遍低下，经济效益始终难以提高，这就使得我国经济运行中长期存在着高消耗、低效益、高投入、低产出的恶性循环，同时由于过度的、低水平的无序竞争，影响了整体经济的有序运行、产业素质逐步优化和经济的集约化。这都极大地妨碍了经济增长方式的转变。我国企业规模效益差，多数企业没有达到合理的企业规模，即使大企业也没有达到当代技术所要求的合理经济规模。这造成了各地区工业结构趋同化，从而失去了生产力合理布局、地区经济合理分工所应达到的最好效益。

产业技术结构不合理导致产业技术进步缓慢，使科技进步在我国经济增长方式中的作用远远低于发达国家，经济增长明显呈现出低效益、粗放型的特征。大力优化产业技术结构，已是推动经济增长方式由粗放型向集约型转变的当务之急。

产业区域结构不合理，重复建设，导致资源配置错位，生产能力过剩，资源浪费严重，严重阻碍了经济的持续发展。我国作为人均资源匮乏的国家，很多重要原材料长期依靠进口。资源供应不足成为制约我国经济发展的重要因素（张军立，2000）。

五 集约式经营的微观基础不牢

转变经济增长方式的根本、重点和难点都在企业。因为企业是国民经济的细胞，是推动经济增长的主体。国有企业是国民经济的微观基础，其经营方式不转变，整个国民经济增长方式就难以转变。如果企业在生产经营活动中，能从谋求自身利益和满足市场需求的内在联系出发，积极主动地采用新技术，提高经营管理水平和职工素质，才能使生产规模的扩大、经济效益的提高和经济实力的增强有一种永不衰竭的强大内趋力，才能使经济增长方式的转变落到实处。

然而我国的企业，尤其是大中型国有企业，经营机制尚未发生根本性变化，长期以来在计划经济体制下形成的重投入、轻产出；重数量，轻质量的传统观念依然存在。在人才选拔和使用上，企业难以广泛吸纳社会优秀人才。同时，企业领导人素质不高，国企人才流失严重。这些技术骨干、管理骨干一般都具有较高的专业水平，良好的业务素质和丰富的实践经验，这些人才的流失使得企业后劲不足，这些制约着我国企业集约式经营的转变。

第五节 本土企业集约经营程度评判

一 多元统计分析原理

统计分析方法是一种"透过现象看本质"的数学方法。应用该方法，可以从统计数据中发现经济活动的规律性和因果关系。因子分析是通过变量间相关性的分析，将多个变量综合为少数几个"因子"，简化观测或评价系统的一种方法。

（1）假定有 n 个观测（评价）对象，在此我们称之为样本，构成样本集 $\{N_1, N_2, \cdots\cdots, N_n\}$，$p$ 个考核指标，在此我们称之为变量，构成评价体系 $\{X_1, X_2, \cdots\cdots, X_p\}$。对 n 个样本分别计算 p 个变量的值，这样我们可以得到原始数据矩阵，为：

$$X_{pn} = \begin{bmatrix} X_{11} & X_{12} & \cdots & X_{1n} \\ x_{21} & x_{22} & \cdots & x_{2n} \\ \vdots & \vdots & \vdots & \vdots \\ X_{p1} & X_{p2} & \cdots & X_{pn} \end{bmatrix}$$

其中：X_{ij} 表示第 j 家企业第 i 个集约化经营指标变量值（$i=1, 2, \cdots, P j=1, 2, \cdots, n$）。

将原始数据进行标准化变换，即：

$$X_{ij}^1 = \frac{X_{ij} - \overline{X}_{ij}}{S_i} \quad i=1, 2, \cdots, p$$

$$S_1^2 = \frac{1}{n-1}\sum_{j=1}^{n}(X_{ij} - \overline{x}_i)^2 \quad i=1, 2, \cdots, p$$

为方便起见，假定标准化的矩阵仍记为 X，则相关矩阵

$$R = XX^T$$

（2）求解相关矩阵的特征值方程 $|R - \lambda I| = 0$，求 R 的特征值 λ_1，$\lambda_2\cdots$

λ_p，其中

$$\lambda_1 \geq \lambda_2 \geq \cdots \geq \lambda_p \geq 0$$

及相应的特征向量：$U_1, U_2 \cdots, U_p$，

设特征向量矩阵为：$V = (U_1, U_2, \cdots, U_p)$，

令

$$F = U^T \cdot X = (F_1, \cdots, F_a, \cdots, F_n)$$

则 $FF^T = U^T X X^T U = U^T R U$

$$= U^T U \begin{bmatrix} \lambda_1 & & 0 \\ & \ddots & \\ 0 & & \lambda_p \end{bmatrix} U^T U$$

$$= \begin{bmatrix} \lambda_1 & & 0 \\ & \ddots & \\ 0 & & \lambda_p \end{bmatrix}$$

F 为主因子阵，$F_a = U \cdot X_a$ ($a = 1, 2, \cdots, n$)，称为第 a 个样品主因子观测值，又称因子得分矩阵。

（3）确定主因子的个数 m，建立因子模型。在因子分析中，通常只选择其中 m ($m < p$) 主因子，它们代表总体信息大部分，从而达到简化观测评价系统的目的。

一般地选取 m 使所选取的主因子的信息量和占总体信息量的 80% 或 85% 即寻求 m，使得：

$$\frac{\sum_{i=1}^{m} \lambda_i}{\sum_{i=1}^{p} \lambda_i} = 80\% \text{ 或 } 85\%$$

这 m 个主因子将 U 矩阵剖分为：

$$U_{PXP} = [U_{PXP}^{(1)} U_{PX(P-m)}^{(2)}]$$

$$F_{pxn} = \begin{pmatrix} F_{m \times n}^{(1)} \\ F_{(12m)n}^{(2)} \end{pmatrix}$$

则由 $F = U^T X$ 可得：$X = U \cdot F$
$$= [U^{(1)}_{p \times m} U^{(2)}_{p \times (p-m)}] \cdot [F^{(1)}_{p \times m} F^{(2)}_{(p-m)n}]$$
$$= U^{(1)}_{p \times m} F^{(1)}_{m \times n} + U^2_{p \times (p-m)} F^{(2)}_{(p-m) \times n}$$

其中 $U_{pxm} F_{mxn}$ 为 m 个主因子能解释的部分。$U_{px(p-m)} F_{(p-m)xn}$ 为含信息量很少的残余部分，可设为 ε，这时有 $X = U^{(1)} F^{(1)} + \varepsilon$

上式称为因子模型，$U^{(1)}$ 称为因子载荷矩阵，$F^{(1)}$ 称为因子，ε 称为特殊因子。

略去特殊因子模型可以表示为：
$$X_1 = U_{11} F_1 + U_{12} F_2 + \cdots + U_{1m} F_m$$
$$X_2 = U_{21} F_1 + U_{22} F_2 + \cdots + U_{2m} F_m$$
$$\vdots$$
$$X_p = U_{p1} F_1 + U_{p2} F_2 + \cdots + U_{pm} F_m$$

然后，因子载荷矩阵方差最大旋转，因为因子分析的目的不仅找出主因子，更重要的是知道各主因子的意义，使得因子载荷的平方值向 0 和 1 两极转化，达到其结构简化的目的。

最后，计算每个样本的总得分
$$F_\partial = \sum_{i=1}^{m} dif_{\partial(i)} (\partial = 1, 2, \cdots, n)$$

其中，
$$D_I = \frac{\lambda_i}{\sum_{i=1}^{m} \lambda_i}$$

称为第 i 个主因子贡献率，$f_\alpha(i)$ 为第 α 个样本在第 i 个主因子的得分。

二 本土集约经营程度的算例分析

（一）关于 SAS 软件

以上是主因子分析的原理和步骤。在 SAS 统计分析软件出现之后，简化了多元统计分析的计算步骤。SAS（Statistical Analysis System，统计分析系统）是当今国际上最著名的数据分析软件系统。20 世纪 60 年代末期，由美国北卡罗莱纳州州立大学的 Barr 和 Goodnight 两位教授开发。SAS 系统始终以领先的技术和可靠的支持著称于世，经过 30 多年的不断发展与完善，目前已成为大型集成应用软件系统。SAS 系统在国际上被誉为数据处理与统计分析的标准软件，它集数据访问、管理、分析、呈现于一体为不同应用领域提供了卓越功能。SAS 系统的功能覆盖了信息处理和信息系统开发的各个环节，包括数据访问、数据管理、数据分析、数据呈现及应用开发和分布处理。

（二）算例分析

1. 集约经营评价系统指标构建原则

为了评价企业经济增长方式的状况，反映企业集约化成绩和差距，找出企业集约经营的薄弱环节。本书基于此目的建立了评价企业集约经济增长方式的指标体系，在构建企业集约经营指标评价时，遵循以下原则：第一，科学性原则。评价指标应避免非评判内容指标列入，影响评价效果。在数据收集和处理时采用科学合理的方法和手段。第二，可操作性原则。所列的指标数据应易于收集，能够从现有的统计资料中直接获得或加工后取得，便于操作，实用性强，并能保证资料来源的准确、可靠；指标数量不宜过多，尽量避免功能重叠；第三，评价指标体系全面性原则，能够较全面地反映工业企业集约经营的水平和存在的问题。第四，评价指标体系力求具有较高的定量性，能较准确地反映工业企业集约经营的现状、发展能力和潜力，易于得出综合性结论；第五，评价指标体系力求具有适用性、普遍性，能广泛地适用我国工业企业。

2. 集约经营评价指标体系

工业企业集约化程度是一个综合型的概念，评价企业集约经营程度的指标设置要充分反映企业集约经营的内涵及目标。企业集约经营的最终目标是降低消耗，提高物资资料、资金利用效率，依靠科技提高企业经营效益使经济效益与社会效益达到最优组合，实现人、自然、环境的可持续发展。集约经营评价指标体系如表 3.1 所示。

表 3.1　　　　　　　　　集约经营评价指标

序号	指标名称	指标含义
1	全员劳动生产率	反映劳动力利用效率
2	研发经费占销售收入的百分率	反映企业对科技投入力度
3	新产品收入占销售收入的百分率	反映新产品开发速度
4	高技术产品收入占销售收入的百分率	反映企业生产产品的技术含量
5	万元产值能源消耗率	表示生产中能耗的大小及对自然资源的使用效率
6	总资产报酬率	评价企业资产运营效益
7	工业成本费用利润率	反映企业收益能力大小
8	工业增加值率	反映企业物资资料利用效率
9	工业产品销售率	反映工业产品生产已实现销售的程度
10	工业资金利税率	反映企业资金运用的经济效益
11	污染处理资金占总收入的百分率	反映企业的社会效益
12	资本保值增值率	评价企业财务效益状况
13	社会贡献率	衡量企业运用全部资产为社会创造或支付价值的能力
14	资产负债率	反映企业经营风险的大小及利用债权人提供的资金从事经营活动的能力

3. 多元统计分析过程

本书应用国际上流行的 SAS（Statistical Analysis System）软件，结合多元统计分析的主因子分析法，对 S 市部分工业企业集约化程度进行排序研究。本书用 SAS 软件对收集到数据进行多元统计分析，数据标准化处理后可依次得到相关系数矩阵 R，R 的特征值及相应的百分比及百分比累计值，因子载荷矩阵 V 以及因子得分表 F。

通过案例分析，本书分析出 4 个潜在主因子，这 4 个潜在主因子从 4 个方面反映企业集约经营程度。并通过这四个指标，可以得出最终企业集约经营程度综合指标的总评价得分，借助这个综合指标得分来判断企业集约经营程度。根据特征值占总体比例表（表3.2），可以选定4个主因子P_1、P_2、P_3、P_4其累计百分比达到81.30%，即P_1、P_2、P_3、P_4四个因子所反映的信息量达到总体信息量的81.30%。从最大方差旋转后的因子载荷矩阵（表3.3）可知，第一主因子主要由F1、F6、F7、F8、F10、F12、F14构成，可定义为物资、资金及劳动力利用效率指标；是衡量物资、资金及劳动力利用效率的指标。物资、资金及劳动力利用效率指标。它从影响我国企业集约经营的企业物资、资金及人力利用效率角度衡量企业集约经营的程度；第二主因子主要由F11、F13构成，定义为社会综合效益指标，是衡量社会综合效益的指标。社会综合效益指标。企业集约经营为了实现经济的可持续发展，它从实现人、自然、环境可持续发展的角度评价企业集约经营；第三主因子主要由F2、F3、F4构成，可定义技术投入产出指标是衡量技术投入产出的指标。转变我国经济增长方式，主要依靠科技进步，通过对科技、教育的投入及对人力资源的开发、投入等来反映企业集约经营的程度；第四主因子主要由F5、F9构成，定义为能源及销售效益指标。从这个指标可以看出能源及销售效益对企业集约经营水平影响的程度。能源及销售效益及指标，它的功能是从能源消耗及企业效益的角度，综合反映企业集约经营的程度。

表3.2　　　　　　　　　　特征值及百分比表

序号	特征值	占总体的百分比	累计百分比
1	5.1877	0.3705	0.3705
2	2.7818	0.1987	0.5692
3	2.1908	0.1565	0.7257
4	1.2215	0.0872	0.8130
5	1.0104	0.0722	0.8852
6	0.6822	0.0487	0.9339
7	0.5566	0.0398	0.9736
8	0.1700	0.0121	0.9858
9	0.1189	0.0085	0.9943
10	0.0635	0.0045	0.9988

续表

序号	特征值	占总体的百分比	累计百分比
11	0.0112	0.0008	0.9996
12	0.0034	0.0002	0.9999
13	0.0018	0.0001	1.0000
14	0.0001	0.0000	1.0000

表3.3　　　　　主因子载荷矩阵（方差最大旋转后）

指标	第一主因子	第二主因子	第三主因子	第四主因子
F1	0.93242	0.05240	-0.25042	0.19435
F2	-0.06721	-0.12202	0.81645	0.07689
F3	-0.06192	0.04240	0.81969	-0.08995
F4	-0.00696	-0.17680	0.49855	-0.18443
F5	-0.10322	0.12239	-0.39004	0.63057
F6	0.91850	0.20995	0.06073	0.06095
F7	0.96792	-0.14672	-0.16042	-0.04697
F8	0.82282	0.07953	-0.02678	0.10704
F9	0.15024	-0.18572	-0.01408	0.72667
F10	0.98001	0.02415	-0.11193	0.04113
F11	-0.04949	0.92633	-0.23955	0.09269
F12	0.54363	-0.13241	0.20043	-0.07340
F13	0.14896	0.88680	-0.02898	-0.28640
F14	-0.52908	0.42492	-0.13881	-0.50738

通过案例分析结果，据此共有四个因素影响企业集约经营的评价，按照4个层次，14个指标，可以得到企业集约化程度评价体系构成，指标体系的框图结构，如下图3.2所示。

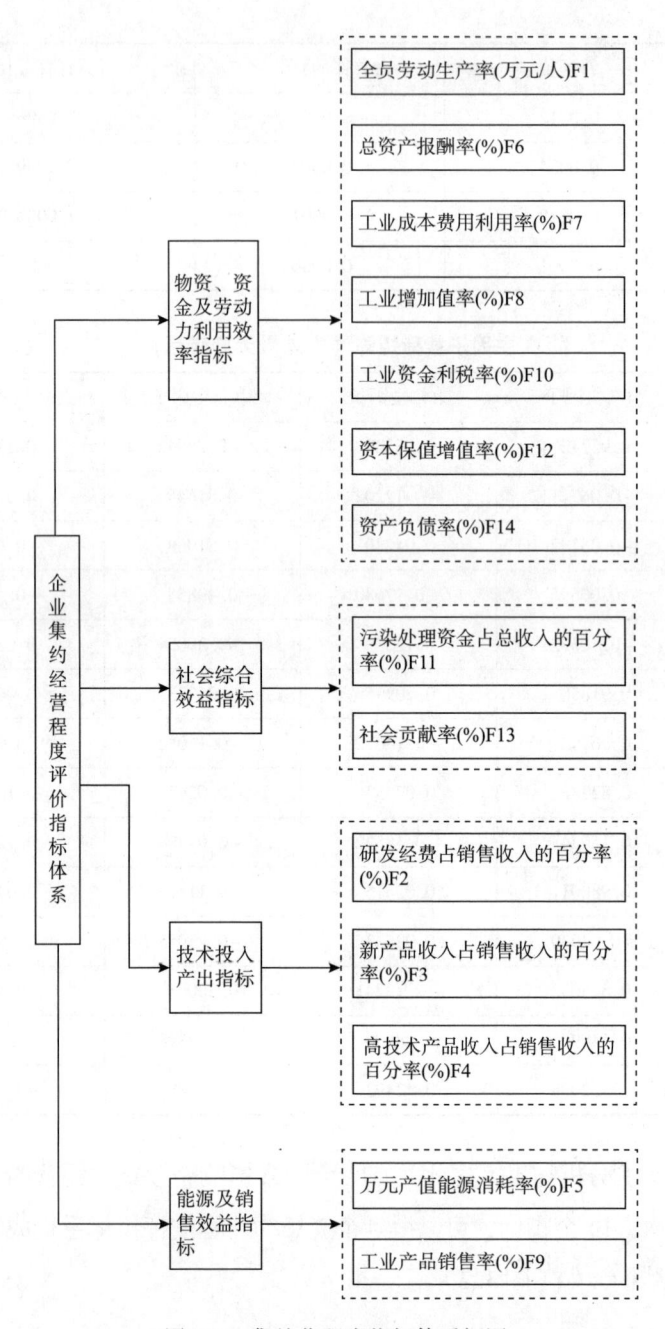

```
                                         ┌─ 全员劳动生产率(万元/人)F1
                                         │
                                         ├─ 总资产报酬率(%)F6
                                         │
                           ┌─物资、资金─┤ 工业成本费用利用率(%)F7
                           │ 及劳动力   │
                           │ 利用效率   ├─ 工业增加值率(%)F8
                           │ 指标       │
                           │            ├─ 工业资金利税率(%)F10
                           │            │
                           │            ├─ 资本保值增值率(%)F12
                           │            │
                           │            └─ 资产负债率(%)F14
                           │
                           │            ┌─ 污染处理资金占总收入的百分
  企业集约经营程度         ├─社会综合──┤    率(%)F11
  评价指标体系             │ 效益指标   │
                           │            └─ 社会贡献率(%)F13
                           │
                           │            ┌─ 研发经费占销售收入的百分率
                           │            │    (%)F2
                           │            │
                           ├─技术投入──┼─ 新产品收入占销售收入的百分
                           │ 产出指标   │    率(%)F3
                           │            │
                           │            └─ 高技术产品收入占销售收入的
                           │                 百分率(%)F4
                           │
                           │            ┌─ 万元产值能源消耗率(%)F5
                           └─能源及销──┤
                              售效益指标└─ 工业产品销售率(%)F9
```

图 3.2　集约化程度指标体系框图

表 3.4　　　　　　　　　　　　因子得分排序表

企业名称	P_1 0.2900 得分	排序	P_2 0.1964 得分	排序	P_3 0.1572 得分	排序	P_4 0.1447 得分	排序	$P_总$ 得分	排序
S市××造纸厂	-1.8486	11	0.6680	5	1.4651	5	-0.9826	11	-0.4086	10
S市××特种车床厂	-1.1730	8	-0.7781	10	2.2593	4	-0.6764	10	-0.2946	8
S市××汽车制造厂	1.0532	4	0.4436	7	2.8447	3	-0.2309	9	0.9034	2
S市××黑色金属冶炼厂	1.1415	3	1.006	3	-1.3946	7	0.6859	5	0.4633	4
S市××热电厂	1.3511	2	0.0470	8	-2.5276	14	2.7861	1	0.3573	5
S市天奇印刷厂	0.0182	7	-0.8766	11	-0.1488	8	0.2072	6	-0.1727	7
S市第一仪表厂	-1.6619	9	-2.1946	13	4.5222	2	0.1516	7	-0.3309	9
S市雨露食品厂	-4.0784	15	4.7752	1	-2.0391	12	-3.4053	14	-1.1783	13
S市××木材加工厂	-1.7244	10	0.5817	6	-0.1556	9	-2.0702	13	-0.7282	11
S市第二纺织厂	-2.4435	12	0.7251	4	-0.7150	10	-1.2886	12	-0.9846	12
S市××煤气公司	-3.6131	13	-3.4693	15	-0.8980	11	2.2489	2	-1.9724	14
S市××自来水公司	-3.7996	14	-2.3735	14	-1.0155	6	-0.0105	8	-2.0392	15
S市××电子通信设备公司	0.3218	5	-2.0603	12	4.9077	1	-5.0916	15	0.0339	6
S市××炼油厂	0.1243	6	4.1743	2	-2.8021	15	2.0333	4	0.6143	3
S市××卷烟厂	17.0608	1	-0.7423	9	-2.1622	13	2.1449	3	6.0226	1

多元统计分析结果讨论。从物资、资金及劳动力利用效率指标来看，S市卷烟厂最高，为17.0608，烟草加工企业具有非常高的总资产报酬率、成本费用利润率和全员劳动生产率，非常低的资产负债率，反映出该企业经济效益非常显著；其次是热电厂，该厂具有很好的发展前景，表现出特高的产品销售率，产品供不应求有非常好的经济效益。再次是黑色金属冶炼厂，该厂表现出：总资产报酬率、工业成本费用利润率、工业资金利税率、资本保值增值率等多项经济效益指标都比较高，具有很好的发展前景。而比较低的是S市自来水公司、S市煤气公司说明该公司处于财务困境，获利能力不强，与公司的社会福利性质有关。从物资及资金利用效率指标来看，S市雨露食品厂最低，该厂表现出：总资产报酬率、工业成本费用利润率、工业资金利税率、资本保值增值率等多项指标都比较低，该

厂发展前景不好。

从社会综合效益指标来看，S市雨露食品厂第一。俗话说"民以食为天"，该厂在该项指标的排名正充分证明了这句话，另外该厂污染较少，对社会、自然环境危害较少。S市炼油厂排名第二，虽然该厂制造出较多污染物，但很注意对污染的处理与防治，另外该厂产品对S市经济发展具有举足轻重的作用，是社会急需的产品。S市煤气公司该项排名最低，说明该公司对污染的处理、防治不够重视。

从技术投入产出指标来看，S市××电子通信设备公司，同样是高技术高科技含量为主的企业，经营业绩优良，颇具发展潜力。S市第一仪表厂在该项指标系数位居其次，明显高于其他企业。说明该企业产品具有极高的技术含量，该公司特高的高技术产品收入预示着该公司极好的发展前景，而S市热电厂、卷烟厂和S市炼油厂则处于最低水平，说明这些企业产品技术含量很低，高技术产品收入很低。

从能源及销售效益指标来看，热电厂最高，这表明该厂的能源利用销售效率均很高；其次是S市煤气公司。而S市××电子通信设备公司在此项指标处于最低，说明该公司能源利用较低。

以上各项主因子得分分析的结果，都很好地符合了实际情形。这表明，对主因子的解释以及主因子的得分值，都是客观的合理的。

根据四个主因子即综合指数所占的权重分布及相应的公司得分，可以得到S市15家企业的总评价得分及排序结果。表中所列的数据表明了综合考虑技术、社会、经济等各项指标后，15家企业集约化程度的排序比较。在这一指标体系的衡量下，S市卷烟厂综合排名第一，表明该公司在S市15家企业中集约化经营程度最高。其后依次为汽车制造厂、S市炼油厂。而总评价得分最低的为煤气公司和自来水公司，这两个企业的共同特征是：各项指标很低，属于社会性行业，其经营目的是为社会服务，而不是盈利。

另外需指出的是，烟草加工业是一个特殊的行业，虽为各国政府限制其发展，但需求、购买者依旧很多，因此，按国际惯例，对其应单独列出、评价。本文将之选入，是为了进行一些参考和探索。而卷烟厂，实际上并不是一个集约化经营程度很高的企业，该企业技术含量很低，但有非常高的总资产报酬，非常低的资产负债率，经济效益等指标显著，与集约化程度高的企业在这些指标上吻合。

4. 分析结果讨论

提高企业集约式经营水平途径的研究。对于企业集约式经营水平的研究，不是仅仅为了了解企业集约式经营水平和状况，而且更为重要的是寻求提高企业集约式经营水平的途径和措施，以更好地服务于企业的发展，让更多的企业从影响集约式经营的原因和所提出的集约式经营改进措施中明确应采取的行动。企业开展集约经营，要在观念上充分认识到，靠规模扩张的发展道路已不适配企业外部制度逻辑变化，在经济全球化与逆全球化下全球价值链脱钩的双重制约下，企业必须转变经济发展的指导思路，充分发挥各种优势，通过技术创新等资源创新行为走集约化发展道路。

第一，工业企业进行集约经营，要从实际出发。集约经营是生产力水平达到一定阶段时出现的。人类的生产活动最初是从粗放型开始的，经过漫长的岁月，随着生产力的进步和人类社会的发展，粗放型的生产活动越来越遇到生产要素稀缺性的制约，首先遇到了土地稀缺性的制约，仅靠粗放型生产越来越满足不了人们对物质产品日益增长的需要，"粗放经营的可能性，自然会逐渐消失"，从而有了从"粗放"转向"集约"的必要性。另一方面，在长期的生产实践中，人们具有了一定的生产经验，产生了比较先进的生产技术，积累了一定数量的生产资料，使这种转变具有了现实的可能性（朱碧芳，1997）。当前，我国的生产力已经有了相当程度的发展，但总的来说，生产力水平较低，而且发展极不平衡，人口多，底子薄。这就决定了：一方面，必须实现经济增长方式由粗放型向集约型转变；另一方面，在实现经济增长方式转变过程中，必须从实际出发，因地制宜，讲求实效，稳步推进。企业在坚持以技术集约经营形式为主的条件下，应当充分发挥劳动集约经营形式的作用。科学技术作为生产要素中的首要因素，在经济增长中起着愈来愈重要的作用。同时，它也是集约经营发展的方向。但企业在强调技术集约经营的同时，不能忽视劳动集约经营的作用。因为我国劳动力资源丰富，劳动就业是一个十分突出的问题。在我国经济发展中始终面临着如何正确处理和解决劳动生产率水平提高与充分就业的矛盾。这是一个不仅关系到经济发展，而且关系到社会安定团结的大问题。重视劳动集约经营，不仅有利于充分利用我国丰富的劳动力资源，促进经济增长方式的转变，而且有利于社会安定，提高人民生活水平。

第二，从制度逻辑角度出发，要完善体制，提供有利于企业集约化经营的制度资源保障。市场体系的发展与完善是我国市场经济有效运行的基础，也是深化加快本土企业改革步伐的重要环节。要从实际情况出发，进一步推进价格改革，真正形成以市场定价为主的价格制度。完善市场体系，为经济增长方式转变提供有效的激励机制和约束机制，增强激励和风险约束，促进企业注意自我积累和国有资产保值增值；发展生产要素市场。发展企业直接融资市场；完善以专业科技人员和企业家为主的人才市场及劳动力市场，建立健全企业产权交易市场；发展和规范土地、技术、信息要素市场。进一步整顿和规划市场竞争秩序，促进生产要素跨地区、跨行业、跨所有制流动，实现资源优化配置；加快企业改革步伐。充分发挥市场竞争、优胜劣汰机制作用，构筑有利于企业技术进步，加强管理、提高效益、转变经济增长方式的微观运行机制。通过改革改组与改造，形成若干个跨地区、跨行业、跨所有制的大企业集团。

第三，加快分配和社会保障制度改革，为经济增长方式的转变提供前提条件。通过对社会保障体系的法制化，使社会保障体系逐步的规范化和制度化，以克服企业社会负担过重，以及社会保障制度条块分割，多头管理、政出多门的不良现象（赵海均，2000）。社会保障事业可以通过各种有偿服务、兴办老年康复中心、老人疗养休闲中心，开展社区娱乐事业，以及发展其他第三产业，使保障基金进入市场流通。或者把保障基金投资于国债，用于基础建设，使之稳定自我增值。社会保障事业可以建立社会保障的金融机构，如逐步设立社会保障银行，将金融机制引入社会保障体系，以便通过各种渠道筹集社会闲散资金，使其用于保障事业。

第四，完善政策制度逻辑资源的供给。建立并进一步完善相关的法规，重点是科技进步法、资源节约法、固定资产投资法等法规，以尽快形成一个统一、开放、竞争、有效的市场体系，在国家的宏观调控下，让市场在资源配置方面更好地发挥作用，为转变经济增长方式提供法律保障。调整产业结构政府要加强产业政策的倾斜度和实施力度，改进产业结构的薄弱环节，加强基础设施建设，提高服务业、中介机构等方面的水平，从财政、金融等方面实行倾斜政策。支持高新技术产业和高新技术对传统产业改造以及新兴服务业的发展。加强宏观调控，转变政府职能。在保持物价基本稳定的前提下，确定合理的经济增长速度，着力提高经济的增长质量和效益。深入推进投资体制改革，强化投资风险约束机制，完善投资项目审批权管理方法，无论新建项目，还是技术改造项目，都应当注意技术起点和经济规模，制止低水平重复建设。进一步完善财政、税收和金融体制，理顺利益分配关系，促进集约经营。

建立有利于经济增长方式转变的指标体系和评价、考核标准。一是坚决取消那些盲目追求规模扩张、数量增长、攀比产值速度的指标，强化和增加有助于提高质量、降低消耗、加速技术进步、优化结构的经济指标，强化反映企业生产经营和资产运营状况的财务指标体系和价值量指标体系；二是改进企业领导干部考核评价方法。评价地区、部门、企业的发展状况和成绩大小，考核干部的政绩，应该主要看经济增长的质量和效益，不能只看数量、产值；奖励、提拔干部都要与抓经济质量和效益挂钩，不能以争取了多少项目为标准，对项目决策失误、造成严重损失浪费的，要追究责任。

第五，调整产业结构，实现规模效益，提高经济的集约化水平。以产品结构优化带动整体经济结构优化。从实践看，可以把优化产品结构作为集约经营的突破点，然后再通过协调配套逐步优化资金结构和组织结构。以优化产品结构为突破口，见效快，能够直接适应乃至影响市场的供需结构；同时又可以作为优化资金结构和组织结构的先导和基础，既可以通过产品的适销加快资金的周转率,又可以通过产品的信息反馈作用,优化资金配置,以便重点扶持优质拳头产品。在此基础上进行资金结构调整,着重扶持生产优质产品的技术改造和产品开发,这样才能提高资金效益。而企业组织结构只有以生产优质拳头产品为主线来进行调整、优化,才能适应企业的生产经营管理状况,在管理中较好地发挥各个组织的系统功能和整个功能,机制运转协调、统一。

确定适宜的规模,实现规模经济。企业的规模扩大到一定的适宜程度后,会获得递增的经济效益,而我国企业规模小而分散没有达到这种适宜的企业规模,整体效益差。为达到适宜的企业规模,首先,应该打破地区、行业、行政区划的分割,形成统一的市场。其次,应确定企业发展的适宜规模,企业规模不是越大越好。中小企业可根据自身的优势联合相似的其他企业,进行资产重组,组成企业集团,提高规模。对于能带动产业结构升级的大企业集团要通过各种措施、政策进行重点扶持。在韩国,大量的中小企业都是由大宇、三星、金星等大型企业的发展带动起来的,这是形成规模经济的一种途径。在大企业集团的带动下,中小型企业竞争力得到增强,而所需要的成本会远远低于并购的费用(Gerreffi and Wyman,1990)。

第六,提高本土企业技术创新能力。加强本土企业数据信息化建设。加快装备工业发展,推动工业技术进步。我国装备工业,设备老化、技术水平落后高技术产品比重低,严重制约了固定资产的更新和自身的发展。因此,需要加大对装备工业的技术改造力度,加快技术进步、设备更新;发展高新技术产业要提高高新技术产业在产业中的比例,解决创新机制问题,将技术创新与企业创业结合起来,将技术转化为生产力;以高科技推动产业升级,关键是推进技术创新。在加强技术创新的同时要加强技术创新的源头建设,根据现代经济增长理论,要注重知识创新,即知识创新是技术创新的源头(Lucas,1988)。要加强知识创新水平,加大对科研的投入力度,要加大人力资本投入和积累;决策技术是决策科学化的重要保证,是指决策者在决策过程中所应用的手段、方法和组织程序总和。随着市场竞争激烈程度的增加,影响企业生产的因素显著增多,市场格局不断改变,影响企业经营状况的经营环境越来越难预测,在这种情况下,决策科学化重要程度与日增加,现代企业经营决策不可能再像以前仅凭决策者的经验或主观判断进行经营决策。理性决策思维贯穿于经营决策的始终。现代企业经营决策特点和发展趋势对企业决策方法提出了新要求——科学决策。决策客体的不断复杂化,使个人对决策客体很难进行精确的主观判断。大量的信息和对决策时间的要求,使决策无法再用简单的方法处理各种信息,决策失误可能造成极严重的负面影响,决策者亦不敢贸然行事。决策科学化基本特征是应用科学的决策手段和方法;建立企业的管理信息系统、决策支持系统。大数据云平台对数据进行分类、合并、归纳、整理,并将提取的数据建立在独立的数据仓库中,通过数据挖掘/数据分析功能,组织分析数据,使得系统数据能够帮助企业决策者制定重大决策。大力发展数据信息产业,尽早奠定知识经济的基石。对数据信息产业提供优惠政策,加大对数据信息产业的扶持力度。以知识经济作为先导核心,大力发展高新技术产业,以此带动产业结构的调整,进而推动经济全面发展。随着经济的发展,必将大大推动经济增长方式向集约化方向发展。

从国家政策制度逻辑供给角度,坚持把环境保护作为基本国策。以改善大气环境质量为重点,扩大天然气用户,优化能源结构,发展集中供热,控制汽车尾气排放。固体废物实现减量化、无害化、资源化。控制城市噪声,提高林木覆盖率和绿化率。贯彻十九大决议实现人口、资源、环境、经济、社会协调发展。倒逼本土企业依靠技术进步,大力推广和采用节能、节水、节材、降低技术,使经济增长更多地依靠技术能力提升节约资源,降低消耗实现。广泛采用节能、节材的新设备、新技术、新工艺、新产品,限制淘汰、消耗多、耗材多、耗水量大的落后工艺、技术和产品。深入开展资源节约和综合利用工作,坚持资源开发与节约并重,节约放在首位。生产、建设、流通、消费等领域都要尽力减少资源的占用与消耗,提高能源、原材料的利用效率。加强环保产业发展,加大对环保的技术改造和技术开发步伐,推广节能潜力大的技术和产品,充分发挥科学技术在资源综合利用中的巨大作用。从增加国家政策制度逻辑资源供给角度转变经济增长方式关键是实施科教兴国战略。为此在今后科技工作重点是把各方面的科技力量整合起来，开展科技攻关，把科技成果转化为生产力，深化科研院所体制改革，加强企业技术开发能力，积极支持民营科技企业发展，充分发展各类横向科技组织的作用，多渠道增加科技投入。

建立企业技术创新机制，加强企业技术开发工作。要进一步加强学习，转变观念，提高对建立企业技术创新机制的要求，搞好企业技术进步工作的认识。坚持择优扶强，向重点产业和优势企业倾斜原则，培养一批资产营运效益好，生产经营好，有效益、有后劲的大企业、大集团，通过重点抓好这些"关键少数"，带动我国产业整体技术水平提高。坚持引进技术、消化吸收与自主开发、创新相结合，努力形成自己的技术优势，拓宽技术来源。要继续大力推动"产学研"联合，加速科技成果转化，促进企业不断提高技术开发能力。鼓励大中型企业建立技术开发机构，并与科研机构和高等院校进行多种形式的合作。允许科研单位、高等院校科技人员以技术入股形式参与企业分配，或担任技术顾问并保护其合法收入。企业技术开发要围绕技术创新、工业设计、关键生产技术和竞争性情报等方面开展工作。认真研究其他各种投资方式，积极谨慎地进行多渠道筹集资金支持技术创新的试点。对组织各类投资基金、发行债券、股票以及利用贴息、信用担保和风险投资等经济杠杆引导国内现有资金投向企业技术创新的试点，要积极进行，认真总结，充分考虑与现有管理体制的衔接，逐步确定切实可行的操作管理办法。要进一步完善、落实推进企业技术创新的政策，为企业技术创新机制的形成和发展提供政策保障（徐鹏航，1999）。

大力推进技术创新。由于当代科学技术的迅猛发展，经济发展越来越建立在知识的生产、扩散和广泛应用的基础上，知识（包括科学、技术和信息）导入生产过程，使劳动力、资本、原材料和能源发挥更大作用，达到节约或提高产出的效果，使科技进步对经济增长的贡献率超过资本和劳动力的作用，科技真正成为第一生产力。知识经济时代的到来，将使人类从根本上摆脱经济发展所带来的大量资源的消耗和生态环境的破坏，实现经济与资源、环境协调发展，进而实现经济社会的可持续发展。在市场经济条件下，科技产业投入的倍增方式形成了高回报率。大力推进技术创新，企业应逐渐成为应用技术开发和技术创新投入的主体（张建华，2000）。逐步建立以企业为主体的技术创新体系，鼓励引导一批优秀企业和企业集团建立技术开发中心，增强企业技术开发和储备新技术的能力。推进企业与科研院所、大专院校实行长期紧密合作，逐步形成产学研协作机制和面向市场的新产品开发和新技术创新机制。加大政策扶持力度，通过安排重点技改项目贴息资金和工业发展专项资金，对国家、省、市确定的重点技改项目，采用国际或国内先进工艺、先进设备、新技术的技改项目，国家认定的新产品技改项目和企业用自有资金进行的技改项目实行贴息。选择一批对提升产业整体技术水平、工艺水平起关键作用的标志性项目，鼓励技术要素以多种形式参与收益分配，促进技术创新激励机制的形成。加强对产业发展导向的指导，坚决制止低水平重复建设。加强知识产权保护。

第七，注重人力资本的积累和开发。改革办学体制，加大教育投入。目前教育投入的主要依靠政府和家庭，应当拓展投入主体，基础教育以政府为主吸引更多的企业、集团、个人投资办学，这样既缓解了政府的财政压力，又可弥补政府投入不足的缺陷。其次，教育投入的结构存在不足。长期以来，我国注重高等教育投资，对基础教育的重视程度相对不够，应当引导教育投资重点向基础教育和职业技术教育倾斜。基础教育和职业技术教育，培养的大部分是社会急需的专业人才。由于高等教育规模的不断扩张，造成各类单位和部门偏向雇佣高学历的人才，从而出现学历高于职业需求，造成了教育浪费，因此要大力发展基础教育和职业技术教育，采取多种形式的职业教育，把有限的投资引向基础教育和职业技术教育，使劳动者按照实际需要提高自身素质和专业技能。适度发展高等教育，提高规模效益和教育质量。我国这几年各地不断扩大办学规模，不同层次的学校向高一级的学校发展，造成了经费分散，实际效益不大。而我国急需的专业人才又得不到发展，因此必须适当控制高等教育规模，改善教育结构，提高教育质量。大力发展成人教育，重点加强不发达地区的基础教育，增加投入，努力扫除青壮年文盲，只有整个国家的人力资源水平得到提高，我国的经济增长才能进入良性循环。

改进人才政策，吸引国内外高级优秀人才。要打破年龄、学历、资历限制，不拘一格聘用人才；在分配政策上向科技人员倾斜，要适当提高他们的物质待遇；允许科研单位、高等院校的科技人员到企业兼职，并保护他们的合法收入；从国内外吸引急需的高级优秀人才，对他们可以采取更为特殊、更加灵活的政策；开设留学回国人员创业基地。

提高企业家、知识型员工以及普通员工的素质。建立社会主义市场经济体制，从理论到实践都需要探索和发展。从根本上讲，要不断提高全民族的科学文化和思想道德为主要内容的综合素质。因此，必须依靠现有的文化教育设施，科学技能培训中心，造就一支适应社会主义市场经济的高水平企业家队伍，培养一支具有一定文化技能水平的工人大军，逐步提高企业的综合素质，这对于尽快实现工业经济增长方式的转变，提高经济运行质量和效益，具有根本的战略意义。因此要提高对人力资源重要意义的认识，确定人力资源开发和人力资本发展与人才竞争战略，并将其纳入企业发展战略之内。建立完善人力资本投资及其保障、保护机制与组织机构，强化职工的继续教育与加大智能资本的投资，使企业的人力资本保值增值。建立企业人力资源的资产评估、审核制度，以便有效地控制人力资本的发展、使用、补充或追加投资。在企业内外创造人才辈出的良好机制与环境。建立和完善人才市场，通过市场实现人才资源的优化配置，营造温馨、融洽和谐的人文氛围，实现人才的竞争、流动和提拔的公正、公开与透明化（李仁安，韩新伟，2000）。

第八，发展生产性服务业。大力发展第三产业，特别是生产性服务业。生产性服务业是产业结构高级化的重要标志，近几年来我国的第三产业虽有较大发展，但总量仍然不足，内部结构也不尽合理。今后要重点发展为生产服务的新兴的技术密集型的生产性服务业，扩大经营范围，有些要打破行业垄断，加强竞争，在竞争中优胜劣汰。首先，制定生产性服务业产业发展规划。生产性服务业作为新兴产业，其发展离不开政府产业政策的制度逻辑。完善生产性服务业划分体系，加快对生产性服务业结构调整，促进生产性服务业的完善，在参考国外对生产性服务业统计核算方法的基础上，通过逐步调整，将生产性服务业全部纳入国民经济核算体系。实现对生产性服务业的宏观调控；其次，制定生产性服务业发展战略，确定我国生产性服务业发展目标、政策和措施，加大生产性服务业相关的基础设施建设投资力度，加强生产性服务产业的建设。如在完成企业物流建设与现代化的过程中，使社会物流与企业物流水乳交融地结合起来，彻底改变我国生产领域物流水平低下的状况，使工业企业物流成为整个供应链物流中加快流通的起搏器，从而为我国生产性服务业的发展打开局面；再次，要制定生产性服务业产业有关技术标准和服务质量标准。规范企业的运作，逐步实现与国际生产性服务业的接轨。加快生产性服务业技术创新，提高生产性服务业产业技术含量；再次，继续深化科技体制改革，加快科技服务业、第三方技术源等新型生产性服务业的建设。从根本上改变科技与经济的脱节状况，改革的重点是调整科技系统结构，形成包括企业技术开发机构、精干的独立科研机构、重点高等学校、农村技术服务机构、民营科技企业在内的社会技术进步体系。除少数从事公益性、基础性、长远性科研活动的机构外，大部分技术开发、技术服务机构，逐步由事业法人转为企业法人。有些可以直接进入大中型企业或企业集团，成为企业技术开发机构。有些可以整建制转型为科技企业，有些可以通过联营、参股、控股、兼并、承包等多种形式组建科技企业集团。地方重大科研开发项目，逐步实行社会公开招标，允许中央院所参与竞标；最后，政府要提供政策制度资源，为生产性服务业技术创新创造良好的环境。加大对生产性服务业基础理论研究的力度，进一步消化和转化国外生产性服务业经营方式和管理经验，提高整个生产性服务业产业的效率；对生产性服务业企业给予财政、税收和金融方面的扶持，鼓励生产性服务业企业进行技术创新和资产重组。生产性服务业企业要深化改革，通过内部制度创新，进行资本扩张。同时，生产性服务业要积极提高自身创新意识，提高技术开发与经营管理能力，增加科研投入，积极营造培养、重用物流人才的良好环境，提高企业人才的生活待遇等。

5. 企业集约经营程度综合性多元评价方法探讨

为了进一步对企业集约经营程度进行评价并进行分级，本书在现有研究的基础上将主成分分析法、最优分割法与最临近分类法相结合，给出一种综合性评判研究方法对工业企业集约经营程度进行客观、公正的综合评价以反映企业集约经营水平，并对工业企业的集约经营水平划分等级。具体分析过程如下：

（1）使用主成分分析方法计算样品的主成分总得分值

主成分分析法基本原理，是在多变量的分析中，为了完整地搜集信息，对每个样品要测量许多项指标，然而从统计的角度来看，这些变量可能存在着很强的相关性，增加了分析问题的复杂性，因此自然想到用少数几个不相关的综合变量反映原变量提供的大部分信息，从数学的角度来看，这就是降维思想。主成分分析法能消除指标间信息的重叠，而且能根据指标所提供的信息，通过数学运算而自动生权，具有客观性。主成分分析法计算过程如下。

首先，数据标准化。不同评价指标的量纲不同，数值差别较大，使得各个指标的作用常难于比较，因此需要对原始数据进行标准化处理。设有 n 个待评价样品，每个样品有 p 个评价指标，Z_{ij} （$i = 1, 2, \cdots, n; j = 1, 2, \cdots, p$）为第 i 个样品的第 j 个评价指标，标准化计算公式如下。

$$x_{ij} = \frac{z_{it} - z_j}{s_j} \ (i = 1, 2, \cdots, n; j = 1, 2, \cdots, p)$$

其中：

$$s_j^2 = \frac{1}{n-1} \sum_{i=1}^{n} (z_{ij} - \overline{Z}_j) \ (j = 1, 2, \cdots, p)$$

$$\overline{Z}_j = \frac{1}{n} \sum_{i=1}^{n} z_{ij}$$

其次，由标准化数据求相关系数矩阵 R。

$$R = (r_{ij})_{p \times p}$$

其中：

$$r_{ij} = \frac{\sum_{k=1}^{n}(x_{ki}-\bar{x}_i)(x_{kj}-\bar{x}_j)}{\sqrt{\sum_{k=1}^{n}(x_{ki}-x_i)^2 \sum_{k=1}^{n}(x_{kj}-x_j)^2}} \quad i=1,2,\cdots,n; j=1,2,\cdots,p$$

再次，求相关系数矩阵特征值 λ 与特征向量 L。

求相关系数矩阵的特征值 λ_i（$i=1,2,\cdots,p$），并记作：$\lambda_1 \geq \lambda_2 \geq \cdots \lambda_i \geq \lambda_p \geq 0$，同时求得的相应特征向量为：$\beta_l = (\beta_{l1}, \beta_{l2}, \cdots, \beta_{lp})^T$，$l=1,2,\cdots,p$

再次，计算主成分得分值。

第 i 个样品在 p 个主成分方向上的得分值 $Z_{i1}, Z_{i2}, \cdots, Z_{iP}$ 为：

$$\begin{vmatrix} Z_{i1} \\ Z_{i2} \\ \vdots \\ Z_{ip} \end{vmatrix} = \begin{vmatrix} \beta_{11} & \beta_{12} & \cdots & \beta_{ip} \\ \beta_{21} & \beta_{22} & \cdots & \beta_{2p} \\ \vdots & \vdots & \vdots & \vdots \\ \beta_{p1} & \beta_{p2} & \cdots & \beta_{pp} \end{vmatrix} \begin{vmatrix} x_{i1} \\ x_{i2} \\ \vdots \\ x_{i4} \end{vmatrix}$$

$$i=1,2,\cdots,n$$

最后，计算样品的主成分总得分值。

第 i 个样品的总得分值

$$F_i = \sum_{j=1}^{p} f_j \times Z_{ij} \quad (i=1,2,\cdots n)$$

式中，f_j 第 j 个主成分原始数据总信息量的比重，即：

$$f_j = \frac{\lambda_j}{\sum_{i=1}^{p}\lambda_i} \quad (j=1,2,3,\cdots,p)$$

样品的稳定性顺序按总得分值由大到小排列。

（2）使用最优分割原理，对样本排序得分总值进行聚类

最优分割法的聚类步骤如下：设有序样本依次为 $X_{(1)}, X_{(2)}, \cdots\cdots, X_{(N)}$（$X_{(i)}$ 为 m 为向量）

首先，定义类的直径。

设一类 G 包含的样品有 $\{X_{(i)}, X_{(i+1)}, \cdots\cdots, X_{(j)}\}$ 其中，$j>i$，记为

$G = \{i, i+1, \cdots, j\}$，该类的均值向量 $\overline{X}_G$ 为

$$\overline{X}_G = \frac{1}{j-i+1}\sum_{i=1}^{j} x_{(t)}$$

用 $D(i,j)$ 表示这一类的直径，常用的直径有：

$$D(i,j) = \sum_{t=i}^{j} (x_{(t)} - \overline{x}_g)'(x_t - \overline{x}_G) \tag{1}$$

当 $m = 1$ 时，也可定义直径为

$$D(i,j) = \sum_{t=1}^{j} |x_{(t)} - \tilde{x}_G| \tag{2}$$

其中 $\tilde{X}_G$ 是这一类数据的中位数。

其次，定义分类的损失函数（或称目标函数、误差函数等）。

用 $b(n,k)$ 表示将 n 个有序样品分为 k 类的某一种方法，常记分法 $b(n,k)$ 为：

$$G_1 = (i_1, i_1+1, \cdots, i_2-1)$$
$$G_2 = (i_2, i_2+2, \cdots, i_3-1)$$
$$\vdots$$
$$G_k = (i_k, i_k+1, \cdots, n)$$

其中分点为 $1 = i_1 < i_2 < i_3 < \cdots < i_k < n = i_{k+1} - 1$（即 $I_{k+1} = n+1$）。

定义这种分类法的损失函数为

$$L[b(n,k)] = \sum_{t=1}^{k} D(i_t, i_{t+1}-1) \tag{3}$$

当 n, k 固定时，$L[b(n,k)]$ 越小表示各类的离差平方和越小，分类是合理的。因此要寻找一种方法 $b(n,k)$，使分离损失函数 L 达最小。记 $P(n,k)$ 是使（3）达到极小的分类法。

Fisher 算法最核心的部分是利用以下两个递推公式：

$$L[p(n,2)] = \min_{2 \leq j \leq n} \{D(1, j-1) + D(j, n)\} \tag{4}$$

$$L[p(n,k)] = \min_{k \leq j \leq n} \{L[p(j-1, k-1)] + D(j, n)\} \tag{5}$$

最后，求最优解。

若分类数 k（$1 < k < n$）已知，求分类法 $P(n,k)$，使他在损失函数

意义下达最小，其求解过程如下：

找分点 j_k，使（4）达极小，即

$$L[p(n, k)] = L[p(j_k-1, k-1)] + D(j_k, n)$$

于是得到了第 K 类 $G_K = \{j_k, j_k+1, \cdots, n\}$，然后找 j_{k-1} 使它满足：

$$L[p(j_{k-1}, k-1)] = L[p(j_{k-1}-1, k-2)] + D(j_{k-1}, j_k-1)$$

得到第 $k-1$ 类 $G_{k-1} = \{j_{k-1}, j_{k-1}+1, \cdots, j_k-1\}$，类似的方法依次可得到所有类 $G_1, G_2, \cdots G_K$，这就是我们欲求的最优解，$p(n, k) = \{G_1, G_2, \cdots, G_k\}$。求最优解，主要是计算 $\{D(i, j): 1 \leq i \leq j \leq n\}$ 和 $\{L[p(i, j)] 1 \leq i \leq n, i \leq j \leq n\}$。

第三，使用 k 最临近分类法，对新选择样本进行判断，判断其集约经营程度属于哪类。k – 近邻判别分析方法（k-Nearest Neighbor，简称 k-NN）作为一种常用的非参数模式识别（Pattern Recognition）方法，最初是由 Cover 和 Hart 于 1968 年提出来的，通常被用来解决概率密度函数的估计和分类问题。

k – 近邻判别分析方法的基本思想是：假定有 c 个类别为 $w_1, w_2, w_3, \cdots, w_c$ 的样本集合，每类有标明类别的样本 N_i 个，$i = 1, 2, \cdots, c$。

设样本的指标有 z 个，则样本点的指标将可以构成一个 z 维特征空间，所有的样本点在这个 z 维特征空间里都有唯一的点与它对应。则对任何一个待识别的样本 x，它也放到这个 z 维特征空间里，通过构造一个距离公式（一般采用欧氏空间距离式），可以找到样本 x 的 k 个近邻。又设这 N 个样本中，来自 w_1 类的样本有 N_1，来自 w_2 类的样本有 N_2 个⋯来自 w_c 类的样本有 N_c 个。若 $k_1, k_2, k_3 \cdots k_c$ 分别是 k 个近邻中属于 w_1, w_2, w_3, w_c 类的样本数，则我们可定义判别函数为：$g_j(x) = k_i, i = 1, 2, \cdots, c$

分类规则是，若 $g_j(x) = \max k_i$ X 属于 Wj 集合，广义平方距离建立判别函数的参数判别方的前提是假设各类总体分布为正态分布，非参判别法则无须明确各类总体的分布，使用非参数法估计各类的概率密度，据此建立判别准则 K 最临近算法又被称为"instance-based"或者"lazy leaners"因为它把所有的训练样本储存起来，并且在对一个未知个体分类以前不建立任何分类模型。这一方法的直观解释相当简单，对未知样本 x，我们只要比较 x 和 N 个已知类别样本之间的距离，并判定 x 和离它最近的样本同类。

将以上三种方法结合起来形成综合性系统评价方法，不仅可以对本土企业集约经营程度进行评价，而且可以在排序基础上对集约经营程度进行聚类。并在聚类的基础上，对新选择样本或需要评判的企业进行归类分析。因此，可以更好地对企业集约经营程度进行评判。

第六节 本章小结

在外部制度逻辑约束变化下，企业必然要适配制度逻辑变化以获取生存合法性。这种适配导致企业内部原有的规则与程序也随之发生变化，特别是企业对所拥有资源的优化配置行为也必随之受到影响。这就需要本土企业不断创新以适配企业外部制度逻辑的变化，通过不断的创新，整合自身资源，优化组织资源配置，推动着组织的成长和持续竞争优势的产生。

本章综合以上研究成果、专家访谈及调研实际情况提出"制度逻辑—惯性基因—资源行为"总体框架模型，该模型主要包括制度逻辑阶段、制度逻辑的转化阶段、资源行为阶段以及惯性基因作用过程阶段。本章对逻辑框架模型的特征进行了分析企业家在制度逻辑阶段、转化阶段、资源行为以及惯性基因的四个作用过程阶段中均发挥了主导性的作用，其特征是企业家资源的主导作用贯穿于全过程的每个阶段，将各个分立的阶段连接起来形成完整的制度逻辑、资源行为、惯性基因过程阶段。经济增长方式的转变是关系我国长期稳定发展的重大课题，尽管对经济增长方式的研究已经得到了理论界、经济学界和企业界的广泛注意，但对这个问题进行深入研究的尚不多见。我国现在正处于经济回落阶段，如何促进经济的持续、稳定的增长，关系到我国下一步战略目标的实现。基于此，本书首先从对集约经营内涵的界定入手，集约式经营内涵是一个动态的概念，在不同的时间分布、不同的区域分布有着不同的表现，企业为适配外部制度逻辑迁延以提高效率为目标，以效益为核心注重技术等异质性资源投入，侧重生产力水平产生质的变化的一种经营方式。新兴生产性服务业与"数据化"是本土企业集约经营程度提升的必要条件。为建立一套评价集约经营的指标体系，对集约经营指标体系进行确定，本书参考了国内外评价集约经营的指标及制约企业集约经营的因素，选出 14 个指标构成评价指标体系。通过运用多元统计分析方法对工业企业集约化经营进行案例分析，对企业集约经营程度进行了排序研究，定量分析出影响我国企业集约经营的潜在因素。通过研究、分析影响我国集约经营主要因素，结合国外经济增长方式转变的经验教训，对如何转变我国的经济增长方式的途径进行了探索性研究。并将主成分分析方法、最优分割方法以及 k 最临近分类法相结合，给出了一种新的评价本土企业集约经营程度的方法。

第四章 本土制造业技术追赶路径研究：长虹公司

第一节 技术追赶理论回顾

产业技术追赶是指技术水平相对落后的后发国家产业在一定时期内、通过技术努力缩小或消除与先发国家产业之间技术差距的过程。目前，国内企业在国际技术竞争领域总体上居于落后地位，国内企业力图通过进行技术吸收和二次创新（吴晓波、李正卫，2002），实现技术追赶，并致力于高新技术的研究以实现全新技术领域的突破。在国际化竞争环境中，技术追赶对于后发国家企业的重要性愈加凸显，那么影响技术追赶的关键因素是什么，影响因素之间的关系究竟是如何呢？国内外的专家对此进行了大量卓有成效的研究。

回顾以前的文献可以发现，有很多学者针对技术跨越进行了研究，包括对于技术跨越概念提出（Luc，1985）、内涵外延界定（付玉秀，张洪石，2004）、技术跨越的可行性分析（姚志坚，2003）、技术跨越过程的细分（张鹏，朱常俊，2007）等等。如，最先提出"技术跨越"概念的 Luc Soete（1985）认为，机会窗口存在于技术经济范式中，发展中国家只要具备适当的条件，就可能在新技术领域取得跨越式的发展。Hobday（1992）

从过程角度指出,技术跨越是技术落后国家追赶上技术发达国家的过程。Sharif（1999）认为,落后国家所采取的技术跨越式发展,是从原有 S 曲线跃到新 S 曲线的过程。关于后发国家如何实现技术追赶的模式问题,主要有两种：一种方式是通过引进、消化和吸收先发国家的过时技术来追赶先发国家,在此意义上,技术追赶就被考虑成是在一个固定技术轨迹上发展的相对速度问题,这里技术被理解为单向的累积过程（Perez,1986）。另外一种方式可以通过技术跨越方式,即后发国家可以跨过旧有技术、绕过对早期技术体系的巨额投资,并追赶上先发国家的过程和方式（Hobday,1995）。甚至后发国家可以创造出不同于先发国家的技术路径去实现技术追赶。Posner,Vernon 和 Gerschenkron 分别提出并建立了技术差距模型、产品生命周期模型和后发优势理论,说明了发展中国家可以通过引进发达国家的技术或利用其技术的扩散机会实现技术能力的快速提升（Posner,1981；Venon,1966）。Perez and Soete（1988）的研究支持了这种观点,提出在技术扩散早期,具有足够条件的后发国家将得益于机会窗口,并实现产业技术追赶。Lee 和 Lim（2001）基于对韩国汽车、消费电子以及 PC 等产业的分析,认为韩国产业技术追赶存在三种模式,分别是路径跟随式（Path-Following catch-up）、阶段跳跃式（stage-Skipping catch-up）以及路径创造式（Path-Creating catch-up）。

  国内外学者对于技术追赶的研究,尽管取得了丰富的研究成果。但结合中国企业实践的本土化研究还不多,特别是立足行业的角度探究自主创新影响因素的研究相对不足。企业的行业属性不同,带来了产品特征、市场结构及产业技术等的差异,而这些因素影响到不同行业的自主创新模式,相关研究还需从行业角度进一步地深入研究。尤其是在市场全球化、资源配置全球化及中国新兴市场国家的情境下,深入研究影响我国成熟产业技术追赶的关键因素具有现实的必要性和重要性。因此,研究从产业技术创新能力跨越式提升的视角出发,选取我国彩电制造业中最典型的企业长虹公司进行详尽的解析,进而揭示出影响我国彩电企业实现技术追赶的关键因素。

第二节 研究设计

一 研究方法选择

尽管统计调查在信度和效度方面强过案例研究,但统计调查在理论构建和理论检验等方面,较案例研究弱。只有通过案例研究方法才能对"如何"以及"为什么"等问题,进行论证。两种研究方法的互补性,促使混合研究方法兴起(Tashakkori & Teddlie,1998)。而本部分的研究属于回答"如何"问题的理论构建范畴,因此适用案例研究方法进行分析。就案例研究数量问题,Marshall & Rossman(1995)和Yin(2003)认为案例研究不同于统计调查,在案例研究中,案例样本数量的确定达到研究目的即可,而单案例研究能够深入、深度地揭示案例所对应的经济现象的背景,以保证案例研究的可信度。研究为了保证研究的科学性和严谨性,本研究严格按照以下步骤进行:

(1)案例样本的选取。研究选取了彩电制造领域的典型企业,长虹案例,案例样本具有较强的代表性,让论证更有说服力。

(2)案例数据的收集。研究以企业技术追赶典型事件,作为国际化导向下我国成熟传统产业技术追赶的线索与主轴,重点关注企业的官方网站,年度报告以及企业高层管理者的演说陈述等相关记录,并对外界的报道、网络资料、论述专著以及各种媒体文章、采访及各种期刊数据库(如万方数据库、龙源数据库,CNKI)等来获得企业的情况。

(3)案例数据分析和报告撰写。研究通过案例深度分析,得出研究的结论。

二 案例典型性分析

本土家电制造业中电视机制造业按 GB/T4754—94,其产业代码为4171。报告选择家电制造工业行业的彩电产业进入课题研究领域是因为彩

电工业在我国的产业发展中极具典型性,其典型特征性主要是体现在如下几个方面:

第一,国际化特征。彩电产业在全球化竞争激烈,包括本土市场与全球市场)。在全球市场,我国彩电企业在全球市场同国外竞争对手展开激烈的竞争,但在全球市场竞争中基本处于中低端,上游产业基本由境外公司控制,经过多年发展我国彩电产业正向高端发展,如京东方。在本土市场,国内彩电企业竞争更加激烈,价格战成为最主要竞争手段。目前,我国的彩电业已经具有较强的出口竞争力,在国际上具有一定的地位。2005年我国彩电出口量首次超过内销市场,国外市场趋于主导(由此开始,我国彩电产业国际化趋向成功),占当年彩电总产量的55%。出口收入已超过了彩电销量总收入的70%。Display Search 发布的《2009 年 3 季度全球电视市场报告》显示,国产彩电销售台量全球市场份额同比增加 4.5 个百分点,达到 21.4%,首次突破 20%。

第二,行业特征。彩电产业在行业类型上属于制造业中消费电子类,产业集中度较高,在国民经济中占据重要地位。消费电子产品制造业,涉及民生(消费,就业等)得到普遍关注。随着电子技术的迅速发展,人们对彩电的要求更加偏重先进的技术所带来的享受,彩电产品更新换代速率加快,导致彩电的使用年限变短,市场需求较大。此外,作为劳动密集型产业,彩电产业是我国工业化和信息化的一个重要组成部分,彩电业的发展对解决中国现有劳动力就业具有重要作用;彩电产业具有其他替代产业无法比拟的商品特征,电脑及其他新媒体无法从根本上动摇其产业地位。电子信息行业受到国家重视,在国家"十二五"规划中明确提出电子信息行业要提高研发水平,增强基础电子自主发展能力,引导向产业链高端延伸。

第三,阶段性特征。从发展历程上看,彩电产业经历了产业发展的多个阶段,属于全阶段产业,其全阶段特征为系统总结、提炼产业发展规律,提供了良好的产业样本基础。

第四,彩电产业属于成熟产业,产业成熟度高。20 世纪 80 年代,国家组织实施了以产业链为核心的彩电国产化"一条龙"工程，在"引进、消化、吸收"的基础上实现创新，建立起以 CRT 彩电整机为主体、配套元器件为支撑、品种规格齐全、技术水平不断提高的完整的工业体系和国家优势产业。彩电产值占电子工业比重高达 56%。为了发展我国的彩电工业，电子工业部采取定点方式，在全国范围内确定了 112 条生产线，共生产五十多个品牌的彩电产品，并先后引进了为彩电国产化配套的电子元器件生产线共 286 条。大量引进的国外生产线和进口 SKD（全套零部件）、CKD（关键件）虽然满足了国内市场的需求，提升了我国彩电工业的水平，但并没有从根本上解决我国彩电业的发展问题。我国彩电工业经过三十多年的发展，已建立起以 CRT 彩电整机为主体、配套元器件为支撑、品种规格齐全、技术水平不断提高、具有一定规模的较完整 CRT 的工业体系。彩电国产化带动电子工业走向集约化大生产，建立了以 CRT 彩电整机为主体、配套元器件为支撑，品种规格齐全、技术水平不断提高，具有一定规模的较完整的工业体系（传统 CRT 电视产业链条除核心芯片外全部立足国内），成为全球彩电产品的加工、制造基地。随着技术升级、更新加速，限于巨大的产业投资的阻碍，潜在进入者较少。并积累了相当丰富的企业实践，形成了部分归纳和总结，如倪润峰对彩电产业的认识等，这为总结提炼其特点和规律对其他产业具有借鉴意义。

第五，技术特征：国内彩电企业在 CRT 时代，基本掌握了相关技术并形成了极具规模的技术实力与产业规模。但在新技术范式变革条件下，平板时代的到来，使国内产业企业在技术上重新落后，目前相关技术、专利基本为国外公司掌握，国内企业虽在技术领域稍有突破，但并未实现技术跨越。尽管如此，但其毕竟在技术上曾经实现跨越，因此对其展开研究，归纳总结其经验、规律，可以为中国新兴产业、力图实现技术追赶、技术跨越的产业提供借鉴。

三 框架模型

在 Lee 和 Lim（2001）提出的韩国三种产业技术追赶模式后，各国学者从各自角度对后发国家技术追赶、跨越等问题进行了研究（陈德智，2003；Mu & Lee，2005；Lee，2005；唐春晖、唐要家，2006；Fan，2006），但涉及具体模式时，都未能超越 Lee 和 Lim 所提出的三种技术追赶模式。因此，研究以 Lee 和 Lim（2001）提出的三种产业技术追赶模式为原始框架模型，并基于此模型，对我国平板彩电行业技术追赶模式展开探索性案例分析。其中，路径跟随式即后发者沿着相同的技术路径跟随着先发者发展其技术的路径，该模式使后发者缩短了在相同路径发展技术时所使用的时间；阶段跳跃式是指采用相同的发展路径，后发者跳跃了先发者发展技术的某些发展阶段；路径创造式是指后来者沿着不同的技术路径，发展其技术，表现为后来者首先采取跟随式然后转向新的技术发展路径，最终形成另一种产业技术。

四　案例描述

在长虹公司董事长赵勇的记忆深处，有关专利的东西刻骨铭心。一次赵勇和一位同行讨论，赵勇对国外企业的技术专利做了一个形象的比喻：当中国家电企业还是孩子的时候，国外的家电企业已经是大人，他们有机会登上黄山，一路上看见黄山松便圈了起来。等中国企业有机会登上黄山的时候发现，要看黄山松就得掏钱，这就是游戏规则。专利壁垒已经成为中国彩电行业向价值链高端跨越的关键性战略障碍之一。中国彩电业如何才能冲出国门，避开专利壁垒？为解决这一问题，加强自主创新是解决问题的关键所在。中国彩电业要想实现可持续发展，就必须坚持自主创新，加大投入，研发属于自己的核心技术。同时中国彩电企业还应加强对知识产权的研究，提高知识产权水平。但企业仅靠独立自主的自主创新、增强原创能力是不够的。通过引进型创新可以缩短同技术发达国家的技术差距，但在技术的引进过程中，还要加强对知识产权的研究。

中国企业在引进国外技术的过程中，要学会合法避开外国公司设下的知识产权"壁垒"，这样才能在激烈的竞争中立于不败之地。而通过并购获取技术、知识产权，是缩短与外企技术和时间差的最佳选择。平板电视时代，由于中国平板显示核心技术的缺失，中国彩电企业在全球产业链分工中处于附加值最低的末端组装制造环节。长虹对国际彩电领域进行了多年跟踪，液晶市场份额逐年增加，等离子增速很慢，因此等离子领域厂商逐渐往液晶领域转移。"不上屏就放弃电视制造"，以赵勇为代表的长虹公司高层对此意志很坚决。而造屏的关键是技术。国际彩电领域发生的新变化，为长虹引进等离子屏技术，带来了机会窗口。欧丽安成为长虹并购的目标，长虹高层表示"我们看中 Orion 全球独家拥有 M-PDP（多拼接等离子显示器）技术背后蕴含的等离子高端技术的研发能力和行业技术趋势的开发能力，以及一大批拥有多年经验的等离子研发人才团队"，欧丽安等离子，原隶属于韩国大宇集团。2003 年，欧丽安因大宇破产而被债权人接管。2005 年，美国投资基金 MP（MatlinPatterson Global Opportunities Partners II）通过一家荷兰公司 Sterope Investments B. V. 持有了其全部股权。其拥有一支超过 200 人的等离子研发团队和管理团队，并已形成完备的最新多面取的等离子量产技术，拥有有效专利和专利申请达 353 件，其中有 12 项核心专利是所有 PDP 厂商都在使用的。按照国际通行惯例，拥有某一产品核心专利的企业间形成了"专利俱乐部"，它们联合起来对其他企业收取专利费，而相互之间实行"专利交叉许可"，不再相互付费。对长虹来说，并购成功就意味着可以通过专利交叉许可的方式解决专利付费的问题。

2006 年 12 月，世纪双虹投资 9990 万美元，从美国投资基金公司 MP 手中收购了荷兰一家投资公司 Sterope Investments B. V 75% 的股权，从而作为控股股东，实际控制了韩国等离子制造商欧丽安（ORION）公司，长虹变成了 Orion 等离子核心技术和 300 余项专利的产权人。长虹并购欧丽安等离子之后，通过整合彩虹、欧丽安等离子的技术资源，形成了以虹欧公司为核心、北京 PDP 研发中心和韩国 PDP 研发中心为技术支撑的等离子研发体系，通过北京研发中心进行产品设计和研发，韩国研发中心参与研究，虹欧公司进行产品的量产开发和验证，实现了等离子技术的整合创新，彻底解决了技术来源和技术升级问题。Orion 专利数从并购当时 300 多项突破400项,长虹实现从100多项技术专利增长为超过400项,涉及新型等离子显示屏结构、工艺流程、原材料、电路的软硬件设计等,其中多项属于基础核心专利。长虹已经开始牵头进行多项等离子国家标准的制订、立项工作,领先构筑起中国平板电视上下游完整的产业链。

第三节 案例分析

一 技术追赶整合框架

（一）多轨跟踪

在平板电视阶段之前,大量主流电视机都是由同一种技术制造的,也就是阴极射线管(简称CRT)。近年来,新一代光电显示技术(液晶、等离子),标志着技术范式的跳跃,主导的CRT产品逐渐被平板电视取代。在新兴技术范式下,国内彩电产业再度落后,不得不进行新的追赶(蒲欣、李纪珍,2008)。

从2002年开始,等离子电视开始抢占市场并成为更新换代的主要产品之一。不过从2004年开始,液晶电视开始发力,市场上形成了这样的格局:大屏幕买等离子,小屏幕买液晶。但是从2006年开始,液晶电视开始超越等离子电视。长虹一直坚守着"紧跟技术的变化、把握产业技术的方向、战略资源上重大的举措,对产业链进行整合、观念上的变化、变被动为主动"信念,为适应平板电视的市场需求,长虹在国外企业产品的带动下,对包括液晶和等离子在内的平板彩电,迅速跟进进行了多轨道跟踪,并寻求获取核心技术、进入供应链上端的机会。

（二）越轨进入

从2005年开始,索尼、东芝、日立、先锋等纷纷退出等离子电视或等离子显示屏制造。这里有企业的主动撤退,也有被动撤离。主动撤退的企业,典型的代表为索尼、东芝,主要是因为缺少上游等离子屏,在等离子领域不掌握话语权，不掌控核心技术，这些企业主要靠购买等离子屏，无法获得成本优势。被动撤离的企业，典型的代表为日立和先锋，这类企业虽然拥有技术上的优势，但是难以发挥规模效应，在销售价格上不具优势。由于以上原因，国际彩电企业纷纷调整市场策略。

国际平板彩电市场发生巨大变化，为长虹实现越轨进入提供了机会窗口。长虹董事长赵勇提出生产等离子屏的提议曾遭到了其他董事的一致反对，几乎所有的国内企业都在大力推液晶电视，而等离子电视增长相对较慢。这时赵勇力排众议，与同样有意建设等离子屏生产线的彩虹集团展开了合资谈判。彩虹电子集团2004年底在香港联交所上市时，当时的董事长马金泉曾表示，上市募集的22亿元资金将有17亿元用于建设国内第一条等离子屏生产线。彩虹集团从1997年就开始进行等离子屏核心技术的研发，并做好了技术储备。然而彩虹集团上市不久，其主业彩管2005年就进入全行业的衰退和亏损期，彩虹集团将主要精力放在了进行产能压缩和产品调整上，建设等离子屏生产线的计划开始搁浅。赵勇这时找到彩虹集团，并与成都的高等院校进行了技术合作，三方联合进军等离子的计划正式确定。国际彩电领域，发生的新变化，为长虹引进等离子屏技术带来了机会窗口。长虹并购欧丽安等离子之后，变成了Orion等离子核心技术和300余项专利的产权人。长虹越轨进入等离子领域，并领先构筑起了中国平板等离子电视上下游完整的产业链。

综上所述，可以将长虹技术追赶模式，描述为多轨跟踪和越轨进入两个阶段，不同于Lee和Lim（2001）所提出的经典技术追赶模式。在实现追赶前阶段，所进行的跟踪是多轨道跟踪；而在跃进阶段，以技术为导向，逆市场表现，在跟踪的基础上，做出越轨进入的决策，完成技术追赶，如图4.1所示。在第一个阶段，长虹主要是"干中学"在生产组装过程中，跟踪国际彩电业前沿发展动态，进行多轨跟踪，不仅将关注点放在液晶产品上，也将关注点放在等离子产品上。第二个阶段，越轨进入。在国际市场变动，出现"机会窗口"时，长虹把握机会，越轨进入了等离子链条前端，完成了技术追赶。

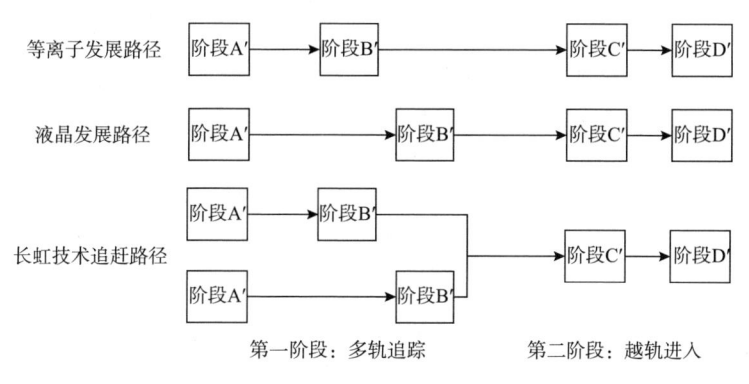

图 4.1 本土制造业技术追赶模式

二 本土制造业技术追赶模式的关键影响因素分析

本研究在对长虹多轨跟踪和越轨进入的两个阶段技术追赶模式构建基础上，提出本土成熟制造业企业长虹技术追赶模式的作用机制（见图4.2所示），具体分析如下。

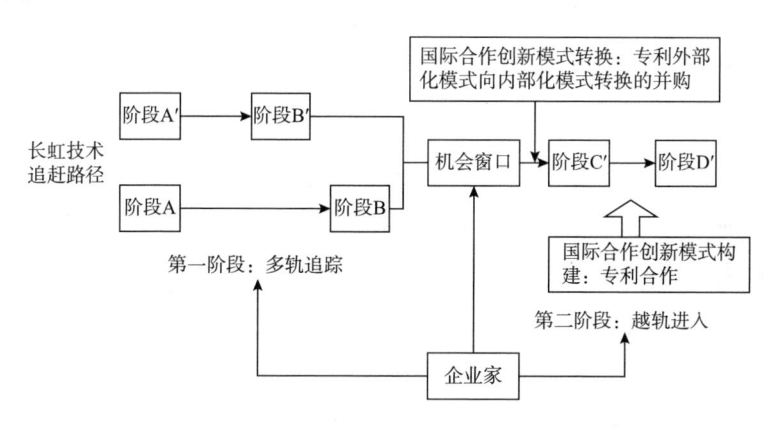

图 4.2 技术追赶模式的作用机理

（一）机会窗口

通过对韩国 DRAMs 和 CDMAs 技术追赶的研究，Mathews、Lee 等学者认为，技术跨越的机会窗口，发生在产品变更期阶段。Lee 和 Lim 进一步认为，要充分利用新旧技术范式转换期，实现技术的跨越，才能拥有持续的市场竞争力。Perez 和 Soete 分析了技术生命周期不同阶段因素的变化，认为在技术生命周期的导入期，并不需要大量的资本以及经验，但需要较丰富的科技知识和地点优势等。而在成熟期，需要巨额的投资等。吴晓波和李正卫通过对技术演进过程的研究，提出实现技术跨越的最好时机出现在技术演进的混沌期，尽管该时期面临着极大的风险，但同样存在着实现技术跨越巨大的机会（吴晓波，李正卫，2002）。此外，Brezis，Krugman以及Tsiddon的国家技术领先地位更迭的周期论也说明，新旧技术范式更迭期是落后国家实现绝对技术跨越的最佳时机（李正卫，2005）。

以上学者对产业实现跨越追赶机会进行了研究，并得出了不同的进入时机观点。在中国特殊情境下，我国彩电产业作为成熟产业，在平板时代选择"机会窗口"与以上研究有其不同之处。技术上，液晶与等离子各有优势。市场上，液晶优于等离子，导致一系列厂家退出等离子领域，不是技术原因，而是市场原因，为长虹"越轨进入"带来了"机会窗口"。

（二）国际合作创新模式转换：专利外部化模式向内部化模式转换的并购

企业家把握"机会窗口"后，通过何种路径实现技术跨越？成为企业和企业家所面临的，实现技术追赶问题的下一个"瓶颈"。长虹等离子屏是中国彩电企业在平板时代第一次涉足上游部件研制。一个不容忽视的事实是，全球等离子屏有效专利数量达到1568项。2006年以来，三星、松下、LG、日立等等离子巨头之间的专利纠纷已有10多起，中国企业加入这一阵营后如何摆脱专利纠纷？长虹通过国外并购、国内整合的方式掌握了600多项专利技术，可以有效规避跨国企业的专利壁垒。长虹公司董事长赵勇在内部干部大会上曾坦言，知识产权是长虹收购欧丽安的关键原因。有了欧丽安的核心专利，长虹可以采用专利交叉许可的方式，减少专利费的支出。

欧丽安公司拥有300多项核心专利，其中拥有多项基础核心专利，全球其他PDP厂商都在使用。长虹等离子屏的另一个专利来源是合资方彩虹集团，彩虹1997年就在北京建立了PDP研发中心，这是我国唯一进行PDP研究的专业研发机构，申请了130多项PDP专利技术。这样一来，长虹的专利总数接近600项，大约占据了全球PDP有效专利数的1/3，可以通过专利交叉授权的方式绕过国际专利壁垒。同时，由于 PDP 专利处于高速发展过程中，长虹可以继续研发申报新的专利，加强自身在全球 PDP 产业的话语权。长虹不仅成为国内最先拥有等离子屏制造技术的企业，而且进入了等离子"专利俱乐部"，为产业的国际化拓展扫除了技术障碍。

对合作创新模式的研究，学术界取得了丰富研究成果（姜照华，1996；李廉水，1998），如一体化模式、全面合作模式等。苏敬勤（1999）将合作创新模式分为内部化、外部化以及半内部化等三种模式。内部化模式，将合作创新活动纳入组织内部进行。如，校办、所办以及共建等科技企业；外部化模式，是通过市场机制进行创新活动的模式；半内部化模式，是介于两者之间的一种模式，合作创新各方存在一个松散式的组织。如，高科技、无形学院以及战略联盟等模式等均属此类。从长虹等离子发展历史可以归纳出，长虹突破了技术跨越的瓶颈，是通过专利外部化模式向内部化模式转换的并购方式实现的。该方式超越时空的局限，从市场变化的本质即技术能力竞争角度出发，为提升长虹自主开发技术能力，并购了对象公司的技术能力并使之与自身要素相整合，最终实现了技术跨越。

（三）国际合作创新模式构建：专利合作

全球产业的竞争方式已发生深刻变化，技术专利与标准控制成为最重要的竞争工具，劳动力等基本生产要素退居其次。全球市场份额的扩张已经不单纯是产品的流动，而演变成以产品为载体的专利与技术标准的扩张。专利是知识产权化的高科技创新成果和传统产业的科技创新成果，作为衡量技术创新能力和水平的重要指标，已被世界所公认。

专利的数量与质量是评价和衡量一个企业和产业国际竞争力的重要参照指标。只有具有创造性、新颖性和实用性的技术成果才能够获得专利权。而专利之争实际上就是市场份额的争夺，如果不拥有专利、标准就意味着失去产业竞争的资格。企业在越轨进入，实现技术追赶后，如何保持在等离子领域的技术专利地位，实现自主创新，避免"引进落后，再引进再落后"的陷阱？长虹通过国际合作创新模式的构建：专利合作方式，实现了自主创新。

崇尚技术治企的赵勇把等离子电视作为长虹的核心业务，并打造国内唯一一家真正拥有屏制造核心技术的家电企业。赵勇认为，拥有核心技术品牌的天下。开展新型等离子显示器件的关键技术研究并实现产业化，切合国家电子信息产业振兴规划，在推动行业发展、加速彩电工业转型以及增强我国彩电产业可持续发展能力，具有重大作用和意义。

2007年6月，松下电器（中国）有限公司顾问张仲文明确表示，松下的等离子电视技术正在向长虹全面开放："松下和长虹是竞争对手。不过，只要有共同立场，大家也可以成为合作伙伴"（邓孝政，2007）。上海松下等离子显示器有限公司副总经理田孝齐认为，目前在中国生产液晶电视的厂家比较多，既有合资品牌，也有国产品牌，造成了"液晶比等离子先进"的市场假象。在此状况下，等离子技术的发展前景被严重低估，面对这一现状，松下决定与长虹开展深度合作，集中在三大领域：供销合作、技术合作、市场流通合作。2009年5月，松下制造事业部长野先生一行造访长虹，就推进PDP技术进行新一轮的高层交流。双方就生产工艺及生产制造方面的诸多问题进行探讨，以此推动生产制造技术的进步。长虹公司董事长赵勇表示，长虹和松下作为既有屏生产能力又有整机制造能力的企业，应该加大PDP显示屏的生产及推广工作，促进PDP产业的良性竞争达到全面多赢的局面。松下制造事业部长野先生非常赞同赵勇的看法，表示长虹是松下坚实的合作伙伴，希望双方有更加深入的交流，为等离子电视的发展提供更多的支撑。

（四）企业家为主导的内部变革促进者

内部变革促进者按分类标准不同（如按组织结构地位、高层团队理论等），有不同的分类，此外，也包括部分能对管理创新产生影响的企业外部人员，如企业顾问和学者等。不同的内部变革促进者塑造了企业不同的管理创新过程，当然，个人和无意识行为等也会对此过程产生影响。通常情况下，内部变革促进者的典型行为有发起、创造、实施以及标示。发起者对管理创新，能做到产生兴趣、发现问题以及把握机会；创造者努力探索问题的新解决方案、解决方案的决策；实施者主要进行新方案试验，并给予管理者反馈；标示者主要确认方案的有效性、争取解决方案得到组织内外认可。企业家精神核心为创新性（刘昌年，梅强，2006），目前的研究已经证实企业家精神与创新之间的正相关关系（Donald，2008；Anokhin & Schulze，2009）并在推动技术创新的同事，推动并形成了管理创新。

  数据显示，2005年，中国市场等离子电视和液晶电视的市场占有率之比是3∶7。而到2006年，等离子电视在中国市场的销量已不及液晶的1/10。2010年，等离子电视市场占有率继续下滑，液晶电视则继续上升。由于等离子的市场推广和宣传力度与液晶相比较弱，消费者基本形成了"液晶代表平板电视发展方向"的基本观念。加之原等离子的生产厂商退出该领域，导致等离子领域出现了产业技术赶超的"机会窗口"。经过对多种平板产品的多轨跟踪，面对平板市场出现的等离子的"机会窗口"，长虹如何决策，企业家主导作用凸显出来。"我这个人是喜欢挑战的。"在2004年7月9日，赵勇在长虹上任伊始，就在"组阁会议"上如此介绍自己。那一年，长虹身陷APEX债务风波，企业亏损达37亿元，外界质疑少壮派赵勇是否有能力重振长虹。临危受命于长虹的赵勇，首先确定了以"技术为支点"的竞争战略，此后，技术成本更高的等离子屏受到他的青睐，他本人甚至被称为"长虹等离子教父"。立项以后，赵勇马不停蹄地整合等离子产业链，与彩虹合资成立北世纪双虹显示器件有限公司，并与批量生产等离子屏的韩国欧丽安（ORION）公司展开谈判。2007年4月6日，长虹拿到国家发改委的批复，获准建立中国第一条等离子生产线，总投资超过20亿美元。按不同阶段发挥的作用不同，内部变革促进者可分为发起者、创造者、实施者以及标示者等四种类型。长虹以企业家赵勇为代表的内部变革促进者，在长虹越轨进入阶段作为发起者跟踪并发现国际市场变动带来的技术追赶机会，作为创造者对投资等离子屏决策进行决策，通过并购方式完成了国际合作创新模式转换，即专利外部化模式向内部化模式转换，作为实施者扩大合作创新网络，同松下进行专利合作，标示着通过各种形式如对未来3D彩电的预测，确认发展等离子平板彩电的有效性、争取公司内外部认可。企业家为代表的企业内部变革促进者的作用贯穿于整个追赶过程，特别是其视野以及把握"机会窗口"的能力是实现"技术追赶"的关键因素。

第四节 本土制造业实现技术追赶的关键影响因素分析：长虹公司

为验证前文分析所得到结论，本节运用扎根理论的研究方法，选取中国彩电产业的典型代表长虹公司进行验证性分析，对其在平板电视阶段实现技术追赶的关键影响因素，进行了扎根研究。研究结论验证了影响长虹公司实现技术追赶的四维关键因素，其中通过国际并购方式实现技术追赶的模式创新是实现技术追赶的可行策略、企业家为代表的内部创新变革促进者是彩电产业实现技术追赶的关键因素、"创新的机会窗口"是彩电产业实现技术追赶的关键切入点、"合作创新"是彩电产业实现技术追赶并获得持续的优势地位的保障。

一 研究设计

案例样本的选取，为验证前文所得结论。研究采取扎根理论研究的手法，以彩电产业最具典型代表意义的企业长虹公司作为研究样本。为了保证研究的科学性和严谨性，严格按照以下步骤进行：

(1) 样本的选取。研究选取了彩电制造领域的典型企业，长虹公司。样本企业具有较强的代表性，让论证更有说服力。

(2) 样本数据的收集。研究以企业技术追赶典型事件，以我国成熟传统产业技术追赶的线索与主轴，在资料收集上，采用了多角验证方法，研究者参与"创新国际化研讨会""管理学在中国年会"等会议与专家进行深入探讨；重点关注企业的官方网站，年度报告以及企业高层管理者的演说陈述等相关记录；大量收集媒体的新闻评论和期刊的学术研究外界的报道、网络资料、论述专著以及各种媒体文章、采访及各种期刊数据库（如，万方数据库、龙源数据库，CNKI）等来获得企业的情况。资料收集导向是我国成熟的彩电产业实现技术追赶的关键影响因素，以期通过扎根的深度研究，识别出影响成熟的彩电产业实现技术追赶的关键要素，拓展、深化现有的研究成果。

（3）样本数据分析和报告撰写。研究通过内容分析法，得出研究结论。研究通过多角度收集到文本数据资料一共98份，5.6万字。并基于扎根理论的内容分析法，对样本企业的文本资料进行编码，再通过对概念的组合、比较及分析，以从庞杂的文本资料中建立理论（Glaser，1992）。在同现有研究成果进行深入比较、分析的基础上，探究我国彩电产业技术追赶的关键影响因素。

二 研究过程

（一）案例信度与效度检验

构念、内部以及外部三个效度指标与信度指标，共同构成了衡量案例研究质量的标准（郑伯埙、黄敏萍，2012）。本章为保证研究质量在案例的设计、研究资料数据的收集、数据的分析阶段均严格遵循以上的四个衡量标准，具体如表4.1所示。

表4.1　　　　　　　　案例信度与效度检验策略

衡量标准	策略选择	实施阶段	实施方法
构念效度	数据来源	数据收集渠道多源	长虹公司官网、门户网站、专业论坛等网络媒体渠道，中国知网、读秀、万方期刊网等多源数据渠道，三角验证的多源数据交叉验证
	证据链的建立过程	所收集资料数据的分析	原始数据→一级编码→二级编码→三级编码→构建模型→模型与原始数据检验与修正
	辩护师	所收集资料数据的分析	使用未参与编码工作的团队成员对经过三级编码的过程、所得出的分析结果进行无干涉讨论，并对模型构建过程、结论等提出意见
内部效度	建立解释	所收集资料数据的分析	将研究所得出的分析结果与已有研究进行对比分析，得出合理的解释
	序列分析	所收集资料数据的分析	按照冲公司技术追赶的全过程发展阶段进行剖析，以保证不同阶段主导型惯性在传导路径模型中的先后顺序

续表

衡量标准	策略选择	实施阶段	实施方法
外部效度	可复制性	研究的设计	案例样本具有典型代表意义，可以涵盖家电制造产业，确保研究结论的普适性
信度	细致的研究计划	研究的设计	研究正式开始前，研究团队通过多次头脑风暴、专家访谈，对研究草案进行的多次的探讨与修正，可以保证研究过程具备可复制性
	重复实施	所收集资料数据的分析	研究以系统的方式对原始资料进行细致分析，可以保证研究过程具备可复制性

（二）一级编码

文本质分析前期，主要的研究工作是对文本资料进行一级编码。其主要目的是处理文本信息的聚敛，这主要是由于文本信息的采集是在未经事先设定的前提下开展编码的（Glaser，1992）。

为规避主观因素对分析结论的影响，本研究使用 ROST CM6.0 对收集到的 98 份文本数据开展一级编码工作。并通过语义网络分析工具对长虹公司质性资料进行分析，绘制影响长虹技术追赶影响因素的语义网络分析结果图，如图 4.3 所示。

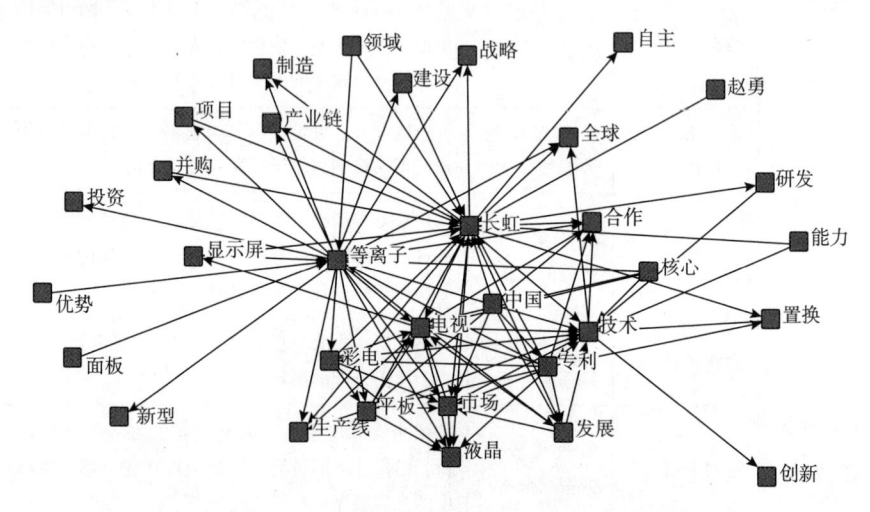

图 4.3 长虹技术追赶影响因素的语义网络分析图

第四章 本土制造业技术追赶路径研究：长虹公司

研究基于 ROSTCM 语义网络分析工具，将搜集到的文本资料进行分解，然后绘制网络分析图，该图主要是依据高频概念之间的关联性进行绘制，该图由 33 个概念构成。从统计分析的结果来看，需要对无效的概念做规范化的处理。通过剔除与归并等方式，对需要规范化处理的对象进行处理，主要是针对定语、叙述与联结名词、与研究主题无关的名称以及近义词。作者分别对 33 概念，展开全面阅读，将各自结果进行比对、讨论，最终达成一致，剔除 19 个与研究主题无关的关键词，其中，中国、全球属于范围化定语；长虹、电视、彩电、核心、发展、生产线、显示屏、面板、制造、项目、优势、自主、新型、建设、领域、能力、产业链与技术追赶无关，属于与研究主题无关的叙述性名词或者形容词及副词；在多次研讨的基础上，进行规范化处理，得到 14 个核心概念，累计频次 4253，占总频次的 43.35%，平均频次 303.79 次，研究对影响长虹技术追赶的 14 个有效概念进行一级编码，如表 4.1 所示。

表 4.2 影响长虹技术追赶关键因素的一级编码词频统计

概念词编码	词频	百分比	概念词编码	词频	百分比
并购	108	2.54%	技术	800	18.81%
战略	129	3.03%	创新	82	1.93%
等离子	580	10.11%	研发	114	2.68%
投资	79	1.86%	合作	235	5.53%
平板	425	9.99%	专利	674	15.85%
市场	467	10.98%	置换	97	2.28
液晶	381	8.96%	赵勇	82	1.93
编码词频总计 4253 个			编码词频占有率 43.35%		

（三）二级编码

研究在已抽取一级编码概念的基础上，开展二级编码，其主要目的是对抽取概念进行更深入的浓缩、归纳及抽象，以获取隐含在抽取概念内的维度与性质（Sharif, 1999）。研究主要根据如下三原则，进行初级概念的提炼。

第一，根据一级编码共词词频的关联性进行归纳、抽象并加以提炼的。如，"等离子"和"投资"共词频率79次等；第二，根据一级编码抽取出概念间的内在联系及类型关系进行联结。如，"并购"和"战略"联结成"并购战略"；第三，对抽取出的概念进行"剖析性"的描述和"综合性"归纳，通过综合考量，以明示其内涵。如，"市场""液晶"和"平板"联接成"消费需要变化"，液晶平板彩电的市场。据此，研究从以上三个角度，对文本资料进行一级编码所抽取的14个概念，做深入的抽象与提炼，并按概念的内在联系及类型关系，结合彩电产业技术追赶的实际情况，进行初步联结。

研究将一级编码抽取出的概念"并购"和"战略"联结的子类别，归纳为"并购战略"；研究将"等离子"和"投资"联结的子类别，归纳为"厂商供给变化"，强调彩电产业在激烈的市场竞争过程中，厂商主导产品的变化；研究将"市场""液晶"及"平板"联结的子类别，归纳为"消费需求变化"，表现在平板市场上液晶产品的市场占有率逐步提升；研究将"技术""创新""研发"及"合作"联结的子类别，归纳为"技术合作"；研究将"专利"和"置换"联结的子类别，归纳为"专利置换"；研究将"赵勇"归纳为子类别"企业家"。通过归纳、提炼，研究一共得到6个二级编码联结的子类别（subcategory），如表4.2所示。

表4.3　　　　　　　　　　二级编码

二级编码联结的子类别（subcategory）	一级编码抽取出的概念	二级编码联结的子类别（subcategory）	一级编码抽取出的概念
并购战略	并购｜战略	技术合作	技术＊创新｜研发｜合作
厂商供给变化	等离子＊投资	专利置换	专利＊置换
消费需要变化	市场＊液晶｜平板	企业家	赵勇

注：＊表示两词存在较高的共词词频；｜表示词与词之间存在内在联系

（四）三级编码

研究在二级编码概念抽取的基础上，进行三级编码的抽取，其主要目的是浓缩提炼出更抽象、更能揭示隐藏在编码背后的有价值的、规律性的类别。研究提炼三级编码的方法主要有两种：第一，从现有二级编码的子类别中选择，主要是通过对编码的合并实现；第二，主要是从现有研究样本企业的信息出发，通过对编码的归纳和凝练实现二级编码的进一步抽象化。

在二级编码归纳的子类别基础上，研究通过整合，一共得到四个主类别。其中，"并购战略"和"企业家"，直接上升为主类别"模式创新"和"创新变革者"。"模式创新"主要是指彩电行业，通过并购战略，实现技术追赶模式的创新。"模式创新"是实现技术追赶的策略；"创新变革者"是指企业家作为创新的主导力量，在整个创新过程中所起到的不可替代的主导作用，如对创新的机会窗口把握，技术追赶创新模式的选择等。创新变革者是彩电实现技术追赶的关键因素；将"厂商供给变化"和"消费需要变化"两个子类别整合为主类别"创新窗口"，厂商和消费者的市场互动，为实现技术追赶提供了创新的机会窗口。创新的机会窗口是彩电产业实现技术追赶的关键切入点；将"技术合作"和"专利置换"两个子类别整合为主类别"合作创新"，"合作创新"是彩电产业技术追赶获得持续的优势地位的保障。

据此，研究在二级编码联接子类的基础上，结合"自主创新与国家创新体系国际化"学术研讨会与会学者的述评以及国内外现有研究成果。研究最终确立"模式创新""创新窗口""合作创新"和"创新变革者"为我国彩电企业实现技术追赶的四维关键影响因素，如图4.4所示。

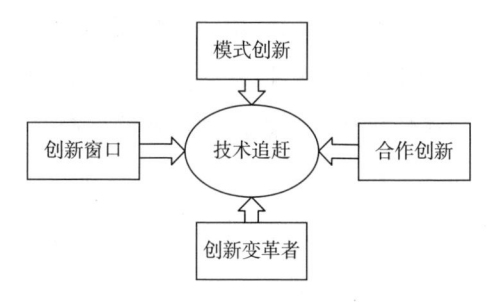

图4.4 本土企业实现技术追赶的四维关键影响因素

（1）国际上有关等离子屏的专利数量已达 1568 项，而等离子专利持有组织之间的专利纠纷不断，作为国内彩电行业的龙头长虹公司将如何避免陷入专利纠纷之中？欧丽安拥有 300 多项等离子的核心专利，多项属于等离子基础的核心专利，并被等离子显示屏的生产厂商广泛使用。通过海外并购欧丽安的方式，长虹变为 Orion 等离子核心技术和 300 余项专利的产权人。通过并购，实现了技术追赶模式的创新。据此，长虹可以有效规避国际等离子专利的壁垒。赵勇作为长虹公司董事长，曾经在公司干部会上坦言，长虹之所以并购欧丽安的关键原因，是因为知识产权。并购使长虹拥有了欧丽安的等离子核心专利，在此基础上，公司就可通过专利交叉许可，减少长虹在专利费上的支出。

（2）随着，阴极射线管（CRT）技术逐渐被新一代光电显示技术取代后，电视由 CRT 产品升级到平板时代，彩电市场发生了重大变化。彩电行业从 2002 年始，等离子电视最先抢占平板市场并成为彩电市场的主导产品。2004 年，液晶电视逐步取代等离子电视的市场地位，并在消费者中形成了大屏幕买等离子，小屏幕买液晶的格局。从 2005 年到 2010 年，等离子电视的市场占有率逐年递减，从 30% 降到 4%，而液晶电视则上升到 88%，加上生产等离子电视的厂商与生产液晶的厂商相比，在产品的推广与宣传力度小。消费者在观念逐步认同了"液晶代表平板电视发展方向"，消费者对等离子接受度越来越差。2006 年，等离子电视的市场优势逐渐被液晶电视超越。从 2005 始，部分企业由于缺乏核心技术，开始撤出等离子领域如索尼与东芝等。也有部分企业是由于其他原因，如市场销售价格难以确立优势等原因，退出该领域，这样的企业如日立与先锋等。消费者的偏好变动与国际等离子电视或显示屏的制造生产厂商市场策略变化，为长虹进入提供了实现创新的机会窗口。

（3）2007 年，松下公司表示，愿意将公司的等离子技术向长虹进行全面的开放。2009 年，松下公司就推进 PDP 技术同长虹公司共同进行了高层交流，并就生产的工艺和制造等方面问题进行探讨。松下表示作为长虹的合作伙伴，希望双方加深了解，深入交流，藉此更好地支撑等离子电视的发展。

此外，长虹还与彩虹集团进行合作。彩虹作为我国唯一的 PDP 专业研发机构，拥有 130 多项专利。通过合作，长虹的等离子专利接近 600 项，约占国际 PDP 专利的 1/3。据此，长虹进入等离子专利俱乐部，增强了利用专利交叉授权的方式避开国际专利壁垒的能力，并为公司等离子产品的国际化成长扫除了技术上的障碍，合作创新为长虹维持其等离子的优势地位提供了保障。

（4）作为长虹董事长，赵勇制定了建立在技术支点上的竞争战略，但在提议公司生产等离子屏时，遭到了公司全体董事反对，其力排众议，并开始与彩虹集团开展合资的谈判。此后，赵勇不断地整合等离子产业链，与彩虹合资成立双虹公司、与欧丽安开展并购谈判。2007 年 4 月，长虹得到了发改委的批准，建立起我国第一条等离子生产线。

（五）研究的理论饱和度检验

目前，进行理论饱和度检验的成熟方式可以分为两种，包括第一种采取数据预留的方式，将初始收集资料除用于理论分析之外，留存部分资料作为理论饱和度检验数据；第二种采用动态方式，对要分析样本资料采取跟踪、补充的处理方式对理论饱和度进行检验。这种方式符合通过多次资料收集以完成资料获取的意见（苏敬勤、刘静，2013；曹振杰，2012）。第二种处理方式，根据部分学者，可以在理论构建后，采取追踪、补充的方式检验是否有新的范畴出现，实现对理论饱和度的检验。本章预留了部分数据资料，并结合第二种处理跟踪补充方式，综合的对研究所提出模型进行理论饱和度的验证。

针对本章三级编码所分析出的"模式创新""创新窗口""合作创新"和"创新变革者"四维关键因素，还要进一步对模型进行理论饱和度检验。研究综合采用理论饱和度检验方法，先用研究预留的数据资料对模型进行检验，为确保模型的可靠又用追踪、补充的方式对模型进行检验，以验证是否有新的范畴出现。通过两种检验方式的综合检验，结果显示：从研究所采用资料中发现的理论范畴已经非常丰富、完整，对于影响后发国家实现技术追赶的四个主范畴（"模式创新""创新窗口""合作创新"和"创新变革者"）之间不存在未发现新的重要关系，研究所发掘的四个主范畴，各范畴的内部也未见新的构成因子。通过以上分析可知，影响后发国家实现技术追赶的"模式创新""创新窗口""合作创新"和"创新变革者"影响因素在理论上饱和的，该模型可以有效地解释后发国家实现技术追赶的影响因素。

第五节　本章小结

在知识产权领域，特别是专利领域，我国彩电行业整体上处于弱势地位。我国自20世纪70年代末起引进国外彩电技术后，彩电制造业有了较快发展。但从整体上看，我国彩电制造业的发展依然主要依靠技术引进，自主开发和创新能力还不强。目前我国彩电整机设计水平虽已接近国际水平，但在关键元器件和核心技术方面，特别是核心技术上，尚缺少自主专利技术。在数字电视领域，大量基础性核心专利技术被国外跨国企业或企业联盟所垄断，我国企业很少甚至没有能与之匹敌的重要专利成果。因此，技术专利的缺失是影响中国彩电业实现产业快速爬升的关键制约因素，专利侵权指控成为我国彩电出口的最大障碍。长虹最终通过产学研合作创新，在抓住国际市场变得带来的机会窗口，实现技术追赶。并依靠产学研合作创新（苏敬勤，1999），构建了确保技术领先地位的国际合作创新模式。本节得出的具体结论如下：

（1）技术追赶整合框架。通过对彩电产业的典型企业长虹，开展探索性案例分析，构建了后发企业技术追赶模式，该模式被描述为多轨跟踪和越轨进入两个阶段，不同于Lee和Lim（2001）所提出的经典技术追赶模式。在实现追赶前阶段，所进行的跟踪是多轨道跟踪；而在跃进阶段，以技术为导向，逆市场表现，在跟踪的基础上，做出越轨进入的决策，完成技术追赶。

（2）本土成熟制造业技术追赶模式的关键影响因素。第一，机会窗

第四章 本土制造业技术追赶路径研究：长虹公司

口。其出现的原因，可以是技术原因，也可以是市场原因。为长虹带来的"机会窗口"不仅是技术原因，更主要的是市场原因。机会窗口，为后发企业在"多轨跟踪"后进行"越轨进入"阶段，提供了机会；第二，专利外部化模式向内部化模式转换的并购实现了国际合作创新模式的转换。企业家把握"机会窗口"后，通过国际合作创新模式的转换的路径实现了技术跨越，突破了企业和企业家所面临的，实现技术追赶问题的"瓶颈"；第三，专利合作，国际合作创新模式的构建。企业在越轨进入，实现技术追赶后，通过国际合作创新模式的构建，保持在等离子领域的技术专利地位，实现自主创新，避免"引进落后，再引进再落后"的陷阱；第四，企业家为主导内部变革促进者作用贯穿于整个追赶过程中，起到发起者、创造者、实施者以及标示者的作用。

研究采用三级编码的扎根理论研究方法，对我国彩电业典型企业长虹等离子技术追赶过程展开扎根研究，并在此基础上深入探讨，研究验证了影响长虹实现技术追赶的四维关键因素。

第一，通过国际并购方式实现技术追赶的"模式创新"是实现技术追赶的可行策略。企业家凭借其知识、经验以及视野等，在对创新的机会窗口觉察、把握后，究竟通过何种策略才能实现技术跨越？并购作为合作创新模型转化的一种策略，成为彩电业实现技术追赶的可行策略。关于合作创新，国内外相关文献已经积累了丰富的研究成果，如将合作创新模式分为内部、外部及半内部化三种。长虹以国际并购的模式，实现了专利外部化模式的内部化模式转换。此种并购方式超越时空的局限，从市场变化的本质即技术能力竞争角度出发，为提升长虹自主开发技术能力，并购了对象公司的技术能力并使之与自身要素相整合，最终实现了技术跨越。

第二，"创新变革者"是彩电产业实现技术追赶的关键因素。内部创新变革促进者，根据现有文献研究，按不同的分类标准，其分类各异。其包括的范围，不仅是企业内部人员，而且包括能对企业产生影响的外部人员。创新是企业家精神的核心，现有研究已经表明创新同企业家精神之间，存在着正相关关系，企业家精神不仅推动了组织的技术创新，而且推动了组织的管理创新。企业家作为组织内部起主导主用的内部创新变革促进者，塑造了企业技术追赶的独特过程。赵勇跟踪并发现了平板市场变动，为组织实现技术追赶，带来的机会窗口。做出了投资等离子屏的决策，并以国际并购的方式完成了合作创新模式的转换，为维持企业的竞争优势地位，积极扩大同松下的专利合作。总是可见，在组织实现技术追赶的过程中，企业家作为"创新变革者"的作用贯穿始终，是组织实现技术追赶的关键因素。

第三，"创新的机会窗口"是彩电产业实现技术追赶的关键切入点。实现技术跨越的机会窗口，出现在产品发生变更的阶段。要充分利用新旧技术范式的更迭期，这个时期是落后的欠发达国家在技术实现追赶，实现跨越的良机。虽然技术演进的混沌期是实现技术跨越的最好时机，但同时也面临着巨大的风险。企业只有利用好这个机会窗口，其市场竞争力才能得到维护。彩电产业作为我国的成熟产业，当我国彩电企业进入技术范式发生改变的在平板时代后，液晶和等离子作为具有代表性的平板产品在技术上各有优势。市场上，液晶产品的市场表现优于等离子，加之部分等离子生产厂商的退出，为长虹通过并购实现技术追赶，带来了"创新的机会窗口"。

第四，"合作创新"是彩电产业技术追赶获得持续的优势地位的保障。目前，家电制造业已经成为我国成熟产业。但比较国外，我国彩电制造产业整体上仍旧处于劣势。最突出的表现是创新能力弱，特别是在专利领域。在彩电的关键件与核心技术上，专利被国外垄断，我国缺乏自主的专利成果。在专利成为国际产业竞争最重要的工具背景下，国内彩电产业如果在专利，特别是核心专利的数量与质量上，远远落后于国际彩电制造公司，就意味着我国彩电制造业将失去国际彩电产业竞争的资格。特别是国内彩电业，通过并购战略实现技术追赶后，如何维持其优势地位，避免落入"再落后"的陷阱之中？成为保障企业获得持续优势地位的关键问题。长虹通过技术合作、专利合作等合作创新的方式，实现了自主创新能力的持续增强。

本节识别出本土成熟制造企业实现技术追赶的四维关键因素，对于我国家电制造企业的自主创新以及我国正处于产业技术追赶阶段的产业具有一定的借鉴和参考价值。此外，本节的研究结论，在普适性问题上仍旧存在一定局限，未来可通过多案例分析、实证研究等方法，以对影响彩电制造业自主创新因素做进一步的验证，以便研究成果更具说服力。

通过本章的研究，一定程度上可以揭示本土企业实现技术追赶的规律，为补充完善现有理论创新研究提供借鉴，为后续研究研究提供理论依据，并打下研究基础。

第五章 本土产业自主创新的关键影响因素研究：海信公司

自创新理论被熊彼特提出以来，学术界便从不同角度对其影响因素进行了阐释与分析，形成了大量卓有成效的研究成果。如，网络对技术创新扩散的影响（Muniz et al.，2010；Delre et al.，2010）；合作伙伴的竞争合作对创新扩散程度的影响作用（Bwalya，2006）；组织的氛围（Zairi & Mashari，2005）、组织的类型（Calantone et al.，2002）对创新的作用；技术学习对自主创新的影响（金麟洙，1998）。我国制造业早在"十一五"期间，就已经取代日本，成为全球第二大的工业制造国，并在部分制造领域，已经成为世界第一大的工业制造国。但由于大部分的国内制造工业并不掌握核心技术，技术的对外依存度高，达到50%以上，而国外通常在30%以下（毛蕴诗、汪建成，2006）。导致本土产业整体创新能力弱，处于价值链上游的高端制造业匮乏，产业"空心化"趋势愈发严重。自主创新能力不从整体上获得提高，中国就不可能成为制造业强国。那么，在全球化背景与独特的新兴市场国家环境下，后发国家产业实现自主创新受哪些关键因素影响？研究从彩电产业切入研究主题，力图探究其中规律，是因为我国彩电产业已经是成熟产业历经了产业发展的各个阶段，且对国民经济有重要影响。对其自主创新过程进行研究，对我国新生产业或正处于产业化进程成长中的其他产业具有重要的借鉴意义。2005年6月，高清晰、高画质数字视频媒体处理芯片——信芯（Hiview）在海信诞生，作为我国第一

第五章 本土产业自主创新的关键影响因素研究：海信公司

块拥有自主知识产权并产业化的芯片，结束了中国彩电核心技术被国外垄断的历史。作为信息产业部重点支持项目，"信芯"成为国家自2000年以来鼓励集成电路核心技术开发的又一重大突破，该芯片目前已获得三十多项专利，其中发明专利九项，完全拥有自主知识产权。可广泛应用于各类平板电视和各种显示器设备中，完全可以替代国外同类产品。目前，该芯片已实现产业化规模，并于2006年获得中国信息产业重大技术发明奖。

研究运用扎根理论的研究方法，探究我国彩电产业成功实践自主创新的关键影响因素，能够为我国致力于实现自主创新的彩电产业与其他产业提供有价值的建议。

第一节 相关理论回顾

创新理论代表人物熊彼特首次提出了"创新"的概念及理论，熊彼特认为创新就是建立一种新的生产函数，即实现生产要素和生产条件的新组合，且创新是企业家对生产要素所做的新的组合（德鲁克，2019）。此后，Ray Stata，Pierre-JeanBenghozi 等很多学者对创新理论进行了继承和发扬。自主创新作为技术创新的重要方式之一（Kelly & Kranzberg，1978），指企业关键技术的突破，凭借自身能力完成，并完成研发成果的商品化、完成市场化的创新活动（Gemser & Wijnberg，2001）。目前，关于自主创新的研究已经成为研究的热点。相关研究，以组织边界为划分标准，可分为外部影响因素和内部影响因素。外部影响因素对自主创新的影响，如 Adam（1982）从政策的角度，Morton（1982）从市场的角度，阐释了企业外部环境对自主创新的影响。内部影响因素对自主创新的影响，如 Yannis 等（2004）从企业吸收知识能力的角度，Burgelman（1983）从资源配置的角度，论述了其对自主创新水平的影响。Mark 等（2008）从战略的角度，分析了其对创新战略实施的影响。

虽然学者们对影响自主创新的因素开展了大量的研究，取得了丰富的研究成果。但是从行业视角来探讨影响自主创新因素的研究尚需进一步深入。不同行业属性，具有不同的工艺技术、产品属性、市场结构，而这些因素的差异直接影响着不同行业企业的自主创新模式。

中国本土彩电制造产业属于我国成熟制造产业，市场化运作程度较高。已有学者开展了卓有成效的研究，如相关学者从创新扩散（刘宏程，2010）、战略学习（林梅，2006）和竞争能力（欧阳桃花，2004）等视角对这一行业进行了研究。尽管，这一领域研究资料相对较多，但在研究主题上，与创新相关的研究并不多见。本书检索了1999—2020年《中国期刊全文数据库》文献。检索方案为，按摘要检索一次检索"彩电"，二次检索"创新"，查到文献391篇，论文数量较少。研究方法上，大多使用定性研究。因此，在全球化竞争程度加剧和独特的中国情境下，深入探讨影响我国本土彩电产业自主创新的关键影响因素，对中国情景下创新理论的发展，对本土制造产业的发展具有现实的必要性和重要性。

第二节　研究设计

一　案例样本选择

研究选择样本企业的原则为所处行业为彩电制造业，企业成立时间在十年以上，此外，样本企业必须拥有自主研发拥有自主知识产权的产品。据此，就可以保证选取的样本企业符合行业属性、具备典型性，且具备较强的自主创新能力。遵循以上样本选取的原则，研究选择了海信作为样本企业。海信公司成立于1969年，公司始建以来，一直坚持"技术立企"战略，公司以创新为动力，优化产品结构。经过持续的技术创新，公司已经名列中国电子信息百强企业前茅，并已研制成功彩电制造的关键芯片"信芯"。

二　资料收集

研究采用档案记录、文件、公开报道及期刊文献等多种数据收集方法。为规避研究者偏见，研究团队包括一名教授、一名博士后及两名博士生，团队成员的不同视角和知识背景有利于收集丰富的数据并发现不同的问题。

通过期刊、媒体和中国知网等多种途径搜索关于彩电制造行业发展、海信集团的相关资料，经过整理最终形成供研究使用的质性研究资料（相关的示范性材料从略）。最终，经统计共收集到 3.4 万字的文本数据。

三 资料分析

研究采用内容分析法对海信质性研究资料进行分析，编码是内容分析法的核心，主要是通过资料的分解与概念化，在不断比对的基础上，对概念进行重新组合。最后，从庞杂资料中，完成理论的构建。编码过程，从一级编码到三级编码，共分为三个重要步骤。

第三节 案例分析的研究过程

一 案例信度与效度检验

构念、内部以及外部三个效度指标与信度指标，共同构成了衡量案例研究质量的标准（郑伯埙、黄敏萍，2012）。本章为保证研究质量在案例的设计、研究资料数据的收集、数据的分析阶段均严格遵循以上的四个衡量标准，具体如表 5.1 所示。

表 5.1　　　　　　案例信度与效度检验策略

衡量标准	策略选择	实施阶段	实施方法
构念效度	数据来源	数据收集渠道多源	海信官网、门户网站、专业论坛等网络媒体渠道，中国知网、读秀、万方期刊网等多源数据渠道，三角验证的多源数据交叉验证
	证据链的建立过程	所收集资料数据的分析	原始数据→一级编码→二级编码→三级编码→构建模型→模型与原始数据检验与修正
	辩护师	所收集资料数据的分析	使用未参与编码工作的团队成员对经过三级编码的过程、所得出的分析结果进行无干涉讨论，并对模型构建过程、结论等提出意见

续表

衡量标准	策略选择	实施阶段	实施方法
内部效度	建立解释	所收集资料数据的分析	将研究所得出的分析结果与已有研究进行对比分析，得出合理的解释
	序列分析	所收集资料数据的分析	按照海信集团技术追赶的全过程发展阶段进行剖析，以保证不同阶段主导型惯性在传导路径模型中的先后顺序
外部效度	可复制性	研究的设计	案例样本具有典型代表意义，可以涵盖家电制造产业，确保研究结论的普适性
信度	细致的研究计划	研究的设计	研究正式开始前，研究团队通过多次头脑风暴、专家访谈，对研究草案进行的多次的探讨与修正，可以保证研究过程具备可复制性
	重复实施	所收集资料数据的分析	研究以系统的方式对原始资料进行细致分析，可以保证研究过程具备可复制性

二 一级编码

资料分析的前期阶段是处理聚敛问题，主要工作为一级编码，目的在于对现象的指认、对概念的界定、发现范畴，在这一阶段的编码是完全开放的，数据分析者事先没有任何的设定（Donald，2008）。为规避分析者的主观因素，研究使用 ROST CM6.0 词频分析和语义网络分析工具对收集到的文本数据进行一级编码，该软件是一种基于扎根理论进行质性数据分析的软件。研究使用 ROST CM6.0 的语义网络分析工具对海信集团公司质性资料的分析结果如图 5.1 所示。

通过 ROST CM6.0 的语义网络分析，将资料分解后依据高频概念之间的关联性组成由 39 个概念构成的自主创新语义网络分析图。从分析结果来看，存在部分无效概念，需做一步规范化处理。为了保证此环节的科学合理性，研究统一了规范化处理原则：（1）剔除范围化定语；（2）剔除与研究主题无关的、没有特殊意义的叙述性名词及虚词、形容词、连词、介词等；（3）归并近义词，将含义相似的词归并同类项；（4）剔除专有联结名词，该类名词作为词组，是由一个或一个以上的形容词与一个名词构成的。三位作者分别对39个概念全面阅读，将各自结果进行比对、分析、讨论，最终达成一致，剔除23个与研究主题无关的关键词，其中，国家、中国、海信属于范围化定语；成功、电视、数字、设计、集团、成果、信芯、核心、自主、芯片、开发、电子、企业、重点、发展、项目、人员、鼓励与技术创新无关，属于与研究主题无关的叙述性名词与形容词；集成电路、知识产权属于专有联结名词；经过规范化处理，得到16个核心概念，累计频次1504，占总频次的43.88%，平均频次94次，概念表述及编码如表5.1所示。

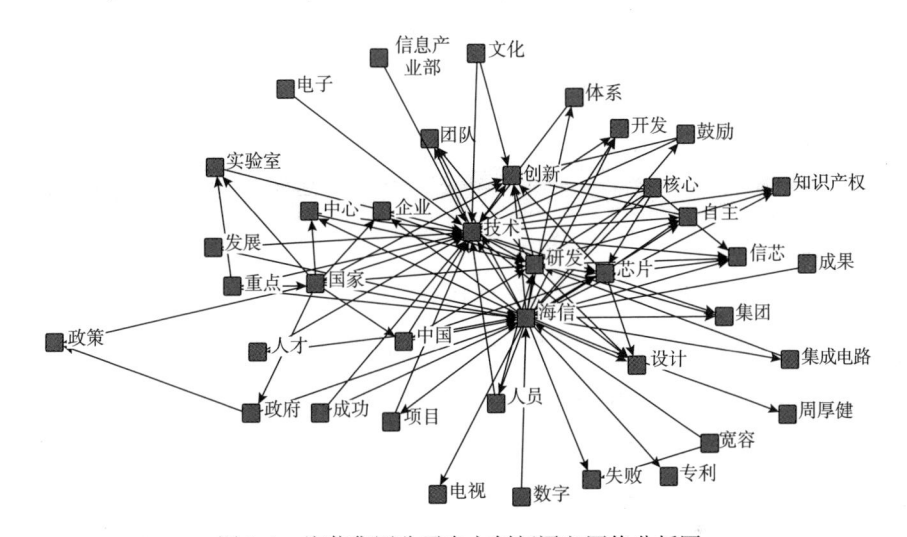

图5.1 海信集团公司自主创新语义网络分析图

表5.2 海信集团公司自主创新核心概念一级编码的词频统计汇总

概念词编码	词频	百分比	概念词编码	词频	百分比
政策	52	3.5%	体系	58	3.9%
政府	39	2.6%	研发	271	18.0%
信息产业部	51	3.4%	中心	87	5.8%
创新	152	10.1%	实验室	46	3.1%
失败	66	4.4%	专利	61	4.1%
文化	55	3.7%	团队	72	4.8%
宽容	40	2.7%	周厚健	46	3.1%
技术	367	24.4%	人才	41	2.7%
编码词频总计1504个			编码词频占有率43.88%		

三 二级编码

在一级编码的基础上,通过对资料所蕴含的性质和维度进行浓缩,获得二级编码(Figueiredo,2003)。第一,根据一级编码共词词频的关联性进行归纳、抽象并加以提炼的。如,"技术"和"创新"共词频率143次等;第二,根据一级编码抽取出概念间的内在联系及类型关系进行联结。如,"政府"和"政策"联结成"政府政策";第三,对抽取出的概念进行"剖析性"的描述和"综合性"归纳,通过综合考量,以明示其内涵。如,"创新""文化""宽容"和"失败"联接成"文化创新"。据此,研究从以上三个角度,对文本资料进行一级编码所抽取出的16个概念,做深入的归纳、抽象与提炼,并按概念的内在联系及类型关系,结合海信自主创新的实际情况,进行初步联结。

研究将一级编码抽取出的概念"政府""政策"和"信息产业部"联结的子类别,归纳为"政策平台";研究将"创新""文化""宽容"和"失败"联结的子类别,归纳为"文化创新"强调彩电产业在实现自主创新过程中,技术力量背后的潜在力量;研究将"技术""创新""体系""研发""中心"和"实验室"联结的子类别,归纳为"技术平台",强调彩电产业实现自主创新的软件方面的技术创新体系与硬件方面支撑,如研发中心;研究将"技术""创新"与"专利"联结的子类别,归纳为"技术创新";研究将"人才"和"团队"联结的子类别,归纳为"技术创新变革者";研究将"周厚建"归纳为子类别"管理创新变革者"。据其内在联系及类型关系,通过归纳、提炼,研究对这16个概念进行了初步联结,一共得到6个二级编码联结的子类别(subcategory),具体如表5.2所示。

表5.3　　海信集团公司自主创新核心概念一级编码的词频统计汇总

二级编码联结的 子类别(subcategory)	一级编码抽取出 的概念	二级编码联结的 子类别(subcategory)	一级编码抽取出 的概念
政策平台	政府｜政策｜信息产业部	技术创新	技术＊创新｜专利

第五章 本土产业自主创新的关键影响因素研究：海信公司

续表

二级编码联结的 子类别（subcategory）	一级编码抽取出 的概念	二级编码联结的 子类别（subcategory）	一级编码抽取出 的概念
文化创新	创新＊文化｜宽容｜ 失败	技术创新变革者	人才｜团队
技术平台	研发＊中心｜实验室｜ 技术＊创新＊体系	管理创新变革者	周厚建

注：＊表示两词存在较高的共词词频；｜表示词与词之间存在内在联系

四 三级编码

在二级编码的基础上继续发展更加抽象的类别形成三级编码，一共有两种方法进行三级编码，分别从已有的子类别中选择与根据解释样本企业现象的需要在更抽象的层面进行提炼。

研究结合"自主创新与国家创新体系国际化"学术研讨会上，与会学者对汇报的彩电产业自主创新阶段性研究成果的反馈与述评。在前期研究的基础上综合专家意见对二级编码得出的 6 个子类别进行反复比较分析，将子类别进行整合，得到四个主类别。其中，"政策平台"和"文化创新"分别直接上升为主类别"政策平台"和"文化创新"；"技术平台"和"技术创新"两个子类别整合为主类别"技术创新平台"；将"技术创新变革者"和"管理创新变革者"整合为主类别"创新变革者"。由此，我们得出彩电产业自主创新的四维关键因素，即政策平台、文化创新、技术创新平台和创新变革者（见图 5.2）。

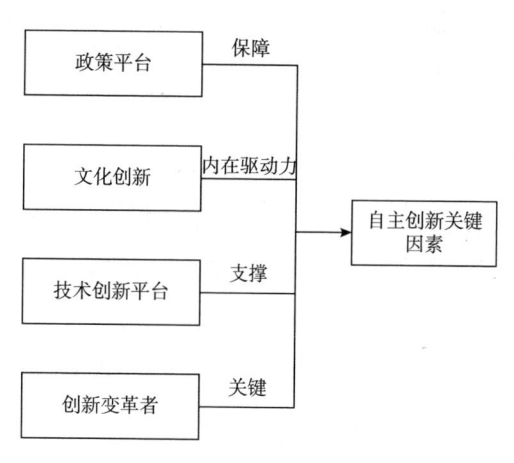

图 5.2 海信自主创新四维关键影响因素

（一）政府政策平台是保障

与欧、美、日等国家世界一流彩电产业的制造企业相比，海信集团在彩电技术、专利等方面存在巨大差距，同国内彩电制造企业相比，在产业资本和技术储备等上同样存在一定的差距。为何能够研制成功具有世界先进技术并拥有自主知识产权的信芯呢？作为信息产业部"电子信息产业发展基金"重点支持的项目，该信芯成为国家2000年来鼓励集成电路核心技术开发以来的一项重大突破。信息产业部副部长娄勤俭等出席发布会并对此给予充分肯定：这是中国音视频领域第一款可以正式产业化的芯片。此外，政府也适应提升国家创新能力的迫切需求。对此，进行了政策倾斜。如，2000年，国务院公布了业内称之为"18号文件"的《鼓励软件产业和集成电路产业发展的若干政策》（国发〔2000〕18号），中国芯片产业五年间销售收入应声年均增长30%以上，政府"看得见的手"大大激励了民族品牌的自主创新能力，海信准确把握政府提供的机会窗口，进入芯片研发领域并终于研制成功中国彩电业第一块有独立知识产权的芯片。

（二）文化创新是彩电制造企业实现自主创新的内在驱动力

海信研发人员平均收入是整个集团员工平均收入的3倍，优秀研发人员的薪酬水平甚至可以与集团副总裁的收入等同。这一政策在企业内部营造了重科技、重人才的浓厚文化氛围。周厚健曾经说过："要是个创新性的企业，必须要有创新性的文化"，"我们首先用激励机制打破了这种分配制度，从而激励了我们技术人员的斗志。由于长期的这种管理，形成了企业文化氛围，文化是通过管理积淀起来的，通过这种作用，又反作用于我们的员工"。一个企业的成长，必须也必然有独特于其他成功企业之处，这便是企业文化和核心竞争力。海信有自己独特的企业文化，为了鼓励技术创新，海信文化宽容失败。在"信芯"正式流片前，周厚健曾给负责研究开发的副总裁打电话："即使流片失败，我们也认了。这次失败我们可以再来一次"。这种宽容失败的氛围激励着信芯团队的信心。

(三) 技术创新平台是支撑，实现自主创新，离不开一定的物质载体，技术创新平台

海信早在2003年就率先提出了在企业构建国家级重点实验室的设想，并得到了国家科技部的大力支持。2003年，青岛市在海信建设智能信息系统重点实验室；2004年5月，科技部实施国家创新体系企业研发中心建设试点工作，海信成为首批试点企业之一，主要试点内容之一是探索在企业建设国家级重点实验室。2007年7月，科技部正式公布了首批企业国家级重点实验室名单，国内唯一一家国家级数字多媒体重点实验室花落海信。除了中国，海信还在欧洲以及美国、南非等地设立了7大技术研发中心，通过多种形式实现了众多国际一流技术人才的加盟，共同进行行业高端技术的开发，形成了24小时不间断研发的技术全球化格局。

(四) 创新变革者是彩电制造企业实现自主创新的关键影响因素

与技术创新平台（国家级研发平台）等，相配的是创新变革者。包括，技术创新变革者的高水平研发团队和管理创新变革者的企业高层领导。早在研发芯片之初，周厚健让年轻的战嘉瑾率领着比他更年轻的团队，奔赴上海，开始研发工作。周厚健一次次在讲话中说"我们的芯片研发团队多年来耐住了寂寞，敢于涉足一个失败可能性极大的新领域。这种做法和精神让我敬佩"。在海信集团ASIC中心开发部部长战嘉瑾带领下，研发团队迅速成长为优秀的芯片设计团队。"信芯"团队一流的研发水平和永不放弃的精神与海信上下不变的"技术立企"信仰相得益彰，最终获得海信在核心技术上的重大突破；"我们是搞电视机的，不能坐以待毙。成功的跨国公司没有一家不拥有核心技术。在核心技术的跑道上，起点可以不同，超越无处不在。"周厚健决心蹚出一条民族工业自主创新的路子。周厚健曾表示："从海信的实践来看，我们能够避免很多国有企业那种步入困境、倒闭的厄运而健康发展到今天，最重要的原因是，我们始终坚持技术创新是企业稳健发展的唯一选择。也正是'技术创新'，从根本上保证了企业优势的市场竞争地位，为海信奠定了成为国际大企业的基础。"

"有了技术做支撑,品牌才会有内涵,就能掌握自己的命运",技术创新变革者与管理创新变革者,一起推动着海信自主创新。

(五)研究的理论饱和度检验

目前,进行理论饱和度检验的成熟方式可以分为两种,包括第一种采取数据预留的方式,将初始收集资料除用于理论分析之外,留存部分资料作为理论饱和度检验数据;第二种采用动态方式,对要分析样本资料采取跟踪、补充的处理方式对理论饱和度进行检验。这种方式符合通过多次资料收集以完成资料获取的意见(苏敬勤、刘静,2013;曹振杰,2012)。第二种处理方式,根据部分学者,可以在理论构建后,采取追踪、补充的方式检验是否有新的范畴出现,实现对理论饱和度的检验。本章预留了部分数据资料,并结合第二种处理跟踪补充方式,综合的对研究所提出模型进行理论饱和度的验证。针对本章三级编码所提炼出的政府政策平台、文化创新、技术创新平台、创新变革者影响因素,还要进一步对模型进行理论饱和度检验。研究综合采用理论饱和度检验方法,先用研究预留的数据资料对模型进行检验,为确保模型的可靠又用追踪、补充的方式对模型进行检验,以验证是否有新的范畴出现。通过两种检验方式的综合检验,结果显示:从研究所采用资料中发现的理论范畴已经非常丰富、完整. 对于影响后发国家实现技术追赶的四个主范畴(政府政策平台、文化创新、技术创新平台、创新变革者)之间不存在未发现新的重要关系,研究所发掘的四个主范畴,各范畴的内部也未见新的构成因子。通过以上分析可知,政府政策平台、文化创新、技术创新平台、创新变革者影响因素在理论上是饱和的,该模型可以有效地解释后发国家实现技术追赶的影响因素。

第四节　本章小结

随着,组织外部经济全球化发展,竞争主体的竞争逻辑从区域竞争走到全球竞争,在制度逻辑约束下,为深入研究竞争行为主体调动资源的创新行为受哪些因素影响。研究采用三级编码的扎根研究法对海信集团"信芯"的研制过程进行扎根理论研究，深入探讨海信集团实现自主创新的关键因素。研究得出我国彩电制造企业实现自主创新的四维关键因素：

（1）政府政策平台是保障。以国家信息产业部、山东各级政府为主的政策平台是彩电制造企业实现自主创新的保障性因素。国家信息产业部根据世界信息技术的发展、国内彩电市场供需关系的变化，制定了推动我国彩电工业发展若干政策、技术规范及标准等。Hiview "信芯"的芯片成为"电子信息产业发展基金"重点支持项目。彩电制造企业实现自主创新，需要人才、技术、资金等各种资源。而政府政策平台，为资源集聚提供了条件。国家及各级政府在组织、市场等方面的配套支持，为彩电制造企业实现自主创新提供了多重保障。对于彩电制造业这一已经发展成熟且在国民经济中有重要影响的产业，国家给予的扶持政策是非常明确的。如何有效利用政府政策平台，吸纳资源，实现自主创新，完成技术追赶，并最终实现彩电产业的真正国际化，是彩电制造企业和政府应认真思索的现实问题。从彩电制造业本身观察，国家政策资源更大的影响了企业的自主创新进程。

（2）文化创新是彩电制造企业实现自主创新的内在驱动力。企业文化是其在生产经营管理活动中不断提炼、总结、培育和发展，通过长期积累形成的。作为一种价值观念，企业文化是企业成员的共同信念、共同愿望，激励着员工，实现企业目标。海信集团独特的文化创新形成了技术创新的文化氛围，作为一种独特资源成为企业实现自主创新的内在驱动力，而其创新文化的形成、培育、发展与集团总裁分不开。公司最高领导坚持"技术立企"的核心价值观念，并不断地通过"以人为本"，"宽容失败"，"重视创新人才"，"构建面向市场的研究开发系统"等手段，将其逐步惯例化到企业组织日常行为中，并最终成为企业实现自主创新的内在驱动力。芯片研发是个艰难的过程，需要冒巨大的市场风险，投资风险。正是在这种创新文化驱动下，企业才能克服有可能面对的巨大机会成本损失（长时间研发、大量资金投入等）与极大失败率等一系列困难，最终完成信芯的研发。

(3) 技术创新平台是支撑，技术创新平台是彩电制造企业实现自主创新的支撑性因素。技术创新平台上诞生的"Hiview 信芯"打破彩电芯片的外国垄断，其意义不只在于市场，其关键意义更在于自主创新能力的提升。自主创新是彩电制造企业完成国际化成长的核心竞争力，无论从设备工艺更新和技术升级换代，到产品质量保证都离不开企业的自主创新能力。如，"Hiview 信芯"的数字视频处理器采用国际先进的 0.18 微米 CMOS 集成电路生产工艺，内部集成了近 200 万个逻辑门，700 多万个晶体管，芯片设计达到了百万门级的超大规模集成电路设计水平，陆续获得 30 多项专利（其中发明专利 9 项），信芯自主创新的成功离不开企业技术创新平台的支撑，其为企业自主创新提供了支撑条件。离开技术创新平台的自主创新，由于技术积累质量效率低，导致对自主创新成果的控制力变弱，企业无法真正承担对产品的设计、开发过程的责任。技术创新平台不仅强调对技术的系统规划、标准化管理、积累技术创新能力，进行自主创新、优化创新，而且强调产品的开发，满足市场对企业产品创新的需求。目前，海信集团的"Hiview 信芯"第二代已经研发成功。

(4) 创新变革者是彩电制造企业实现自主创新的关键影响因素。创新变革者按分类标准的不同，有不同的分类，其所含的范围也不尽相同。在"信芯（Hiview）"的研发过程中，不同类型的创新变革者对自主创新的作用各不相同。技术创新变革者直接影响自主创新环节，其通过技术环节的控制，实现其功能。如果，没有技术创新变革者的设计、开发，即便企业拥有高级的技术创新平台，同样无法完成彩电制造企业的自主创新过程。

企业家精神内核的是创新（刘昌年、梅强，2006），现有研究表明，其与创新之间存在正相关关系（Donald, 2008 & Anokhin and Schulze, 2009），推动了组织的技术创新和管理创新。企业家作为创新变革者，塑造了企业实现自主创新的独特过程。海信总裁跟踪并发现了国家政策倾斜与平板市场变动，为企业实现自主创新，带来的机会，并做出了研发"信芯"的决策。在企业实现自主创新的过程中，企业家作为"创新变革者"始终在引领企业自主创新的走向，并通过企业文化的塑造间接乃至直接影响自主创新的过程。

研究识别出彩电制造企业自主创新的四维关键影响因素，由于彩电制造业是我国为数不多的已经发展成熟且比较成功的产业。因此，其对于我国其他正处于发展中的产业的自主创新就更有重要的参考价值。同时，研究在研究方法上，提供了软件结合人工智能方法的三级编码扎根研究方法。但本研究尚存在一定局限，在研究结论的普适性方面，未来可通过多案例分析、实证研究等方法，对影响彩电制造业自主创新因素做进一步的验证，以便研究成果更具说服力。

第六章 本土成熟制造业实现技术追赶影响因素的四力模型

从全球范围观察,目前我国制造业已经取代日本,成为第二大工业的制造国。但由于核心技术缺失,导致我国技术对外依存度接近达到国外通常水平的两倍,国外通常在30%以下,而我国技术的对外依存度通常达到50%以上(毛蕴诗,汪建成,2006)。在这种紧迫的现实情况下,如何实现对发达国家的赶超成为亟须解决的重要课题(Lal,1985),创新活动(Figueiredo,2003)成为确保后发国家技术追赶实现的现实保证。基于后发国家的技术追赶研究已经成为研究焦点,国内外学者从不同的角度开展了全面系统研究。但在全球化背景与独特的新兴市场国家环境下,究竟是哪些关键因素影响着中国企业的技术追赶?尚没有达成一致的结论。

本书从本土彩电制造产业切入研究主题,力图探究其中规律主要是因为中国传统彩电制造产业是中国重要家电制造工业,对国民经济有重要影响。彩电制造业不仅在工业基础,产业规模等指标上,已经追赶上国际彩电制造业的水平,在技术追赶方面同样积累了重要的本土企业经验。而且中国本土彩电制造产业经历了产业发展的全过程,是我国为数不多的历经完整产业发展阶段的产业,特别是我国彩电产业曾经在产业技术上达到世界先进水平,实现了后发国家产业技术的赶超。在技术范式变革后,我国彩电产业重新落入低谷,产业技术再次落后,但中国彩电产业毕竟曾经实现了产业技术的追赶，因此，在后发国家背景下，究竟是什么因素，推动本土制造业实现了产业技术追赶？值得我国新生产业以及正处于产业技术追赶阶段的产业思考、学习和借鉴，这就成为本研究的最重要意义所在。研究对其实现技术追赶的过程进行回顾性研究，在实践上，不仅能够为家电制造业自身，而且对我国正处于产业化进程中的新生产业或其他产业具有重要的借鉴意义。在理论上，可以丰富发展已有的研究成果。

第一节 理论分析框架构建

在国际化竞争环境中，技术追赶对于后发国家企业的重要性愈加凸显，国内外的专家对此进行了大量卓有成效的研究。有很多学者针对技术跨越进行了研究，包括对于技术跨越概念提出（Luc，1985）、内涵外延界定（付玉秀、张洪石，2004）、技术跨越的可行性分析（姚志坚，2003）、技术跨越过程的细分（张鹏、朱常俊，2007）、后进企业技术追赶的影响因素（刘宏程等，2009；王方瑞，2011）等等。综观目前国内外学者的研究，我们发现已有的研究有如下几个特点：（1）研究手段上，以理论研究为主，对技术追赶的影响因素、追赶路径、追赶机理等进行了研究，但采用扎根理论的质性研究方法作为主要研究手段的较少；（2）研究内容上，主要为影响技术追赶的要素研究与实现技术追赶的内在追赶路径、追赶机理等的研究，在要素研究方面，单要素研究多与多要素研究，但多要素研究正逐渐成为研究的趋势；（3）研究层面上，以宏观层面研究和中观层面的研究为主，微观层面的研究较少。特别是结合中国企业实践的本土化研究还不多。尤其是在市场全球化、资源配置全球化及中国新兴市场国家的情境下，深入研究影响我国企业技术追赶的关键因素具有现实的必要性和重要性。研究聚焦后发国家企业技术追赶影响因素这一尚需深化研究的问题，运用扎根理论的研究手段，适应多要素研究趋势，以彩电制造企业为研究样本，对后发国家技术追赶要素展开研究。从微观的企业层面分析究竟哪些因素在后发国家企业技术追赶决策中起到了重要的、决定性的影响。本研究目的在于通过揭示后发国家企业技术追赶的重要影响因素，构建中国企业技术追赶影响因素理论框架，指导后发国家企业在新经济环境下的技术追赶决策与实践。

已有相关研究表明，企业实施技术追赶的主要影响因素可以从企业外部影响因素和企业内部影响因素两个方面来分析。企业外部影响因素，即企业的环境影响因素。企业外部环境是存在于组织边界之外，可能对组织总体或局部产生影响的所有因素 Daft（1998），是所有外在于被研究的总体，并能对被研究的总体发生实际或潜在影响的因素 Hawley（1968），是组织中做出决策的个体或群体所需要直接考虑的物理和社会因素的总合 Duncan（1972）。伴随着世界政治、经济、科学技术等的深刻变革，企业面临的外部环境正在经历着重大的变化。因此，关于企业外部环境问题的研究倍受关注，国内外学者从不同的角度对其进行了研究。

20世纪60年代诞生了哈佛商学院的设计理论，以安德鲁斯（Andrews）为主要代表，主张外部环境对企业制定战略的制定具有决定性的作用，企业高层管理者应是企业战略设计师，并将战略结构区分为两大环节包括制定和实施。该理论对企业战略理论的发展产生了极其深远的影响，以后的战略理论或是对SWOT框架的进一步充实与深化或是以该理论为基础开展创新（Andews，1980，1981a，1981b）。以安索夫（Anosoff）等人为代表计划理论，认为战略制定是一个有意识有控制的计划过程，企业战略行为是一个组织对其所处环境的交感过程以及由此而引起的内部组织结构变化的过程，而环境是不可更改的决定要素，组织要随环境的变化做出相应的调整，直至达到新的组织与环境的适配（李晓明，2009）。20世纪80年代以后，波特（Porter）为代表，形成了结构学派，该学派将企业外部环境分析的重点定位于已选择的和即将选择的产业，提出了五力模型并认为这五种基本作用力决定了产业内部竞争状态（陈丽芳，2014）。随着对环境研究的丰富，产生了不同的环境视角，如客观视角、感知视角与塑造视角等。其中，从客观视角出发的学者，将环境因素视为现在存在的可获取的客观事实；从有限理性出发，感知视角认为环境是决策者主观认识的产物；塑造视角提出组织与外部环境是交互影响的（王兰云、张金成，2003）。

企业内部创新变革者对技术追赶的影响。组织内部创新变革者是组织产生变革动机的主要影响因素（Cohen，March，Olsen，1972）。企业要在技术追赶上实现变革，受企业内部变革者的影响。内部变革者按不同的分类标准有不同的分类，按组织地位的不同可分为高层管理者型（或称企业家型）、中层管理者型和基层管理者；按发挥角色的作用不同可分为发起者、创造者、实施者和标示者；按高层团队理论的思想可分为个体型和高层团队型（Hambrick & Mason，1984）。而由于企业家具有创新精神、先动精神和风险承担精神等异质性的特征（Lumpkin & Dess，1996），因此组织内部创新变革者以企业家为代表。在我国企业中，长期存在的家长式管理（郑伯壎，周丽芳，樊景立，2000）与较大的权利距离（Hofstede et al.，1990），这就更增强了内部创新变革者以企业高层管理者为代表。企业家发现技术追赶过程中的问题，并提出新的解决方法，其作为主要的发起者，对组织内部产生最直接的作用，其自身所具备的独特的知识、能力等就成为决定技术追赶方案的质量、追赶路径选择的关键。

技术控制能力对技术追赶的影响。一定的技术能力是落后地区实现技术追赶的必备条件（Castellacci，2002），落后区域技术能力的提高确实能够促进技术差距的缩小（Lankhuizen，1998；Kirchert，2001）。技术能力是指企业从外界获取先进的技术与信息，并结合内部的知识，创造出新的技术与信息，实现技术创新与扩散，同时又使技术与知识得到储备与积累的能力（魏江，1996），企业技术能力即是一种生产和管理技术变化所需的资源（Pavitt，1990；Bell & Pavitt，1993；魏江，2002），技术控制能力是企业通过不同的方式获取技术资源实现组织对技术的控制，是企业对组织内外部技术资源的整合能力。如，企业通过并购等可行策略实现对外部技术资源的获取，实现技术追赶。

组织创新能力对技术追赶的影响。自主创新作为技术创新的重要方式之一（Kelly & Kranzberg，1978），指企业凭借自身能力完成关键技术的突破，并完成研发成果的商品化、完成市场化的创新活动（Gemser，2001）。自主创新虽然主要指科技，但并不等同于技术创新，还包括管理、制度、品牌等方面（周光召，2005）。组织自身的创新能力对后发企业实现技术追赶起重要作用，谢伟（2006）通过案例研究，指出后进企业利用创新网络实现技术追赶。陈德智等研究后提出，基于自身不断的积累与技术创新能力的增强，最终完成技术跨越；通过引进技术，在消化吸收的基础上进行第二次技术创新，最终实现技术跨越（陈德智，2005）的两种技术跨越模式。

综上所述和现实观察，研究认为，外部环境、企业内部创新变革者、技术控制能力及组织创新能力是后发国家实现技术追赶的重要影响因素。因此，研究提出如图 6.1 所示的基本理论分析框架。

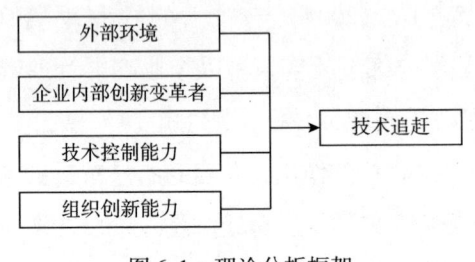

图 6.1　理论分析框架

第二节　研究设计

研究旨在回答后发企业，在外部环境因素的影响力制约下，依托企业在产业发展过程中积累的企业内部变革者的主导能力、技术控制能力和组织创新能力实现技术追赶。为揭示中国管理实践背景下，本土企业实现技术追赶的内在规律、特点。研究采用扎根理论的研究手法，并选择典型的样本企业进行研究。研究为了保证研究的科学性与严谨性，遵循规范程序进行，严格按照以下步骤进行：

（1）样本选择。选取了彩电制造业的典型企业，长虹、海信和海尔，样本企业曾经进行过成功的技术追赶，在技术追赶上均具有明显的典型事件。因此，具有较强的代表性，论证更有说服力。

（2）数据收集。以企业技术追赶典型事件，作为线索与主轴，在资料收集上，依据多角验证方法，研究者同"创新国际化研讨会""管理学在中国年会"等参会的专家、学者进行深入探讨；重点关注企业公司的官方主页，企业的年度报告、公司年鉴以及公司高层领导人的书籍、演说等记录；各种新闻媒体的评论、文章以及相关报道；学术期刊，如CNKI、维普等；中国共享案例库。

（3）数据分析和结果解释。研究通过三级编码进行内容分析，得出研究结论，并对结果进行解释。

第三节 案例的扎根分析过程

研究扎根分析过程，首先是对样本企业的深度分析，然后是样本企业的跨样本比较分析。在基本理论框架的基础上，进行样本企业的深度分析，根据访谈资料以及文本数据，对样本企业数据进行三级编码。通过描述性编码，归纳总结出企业在实施技术追赶时，外部环境影响力因素、企业内创新变革者主导力因素、技术控制能力因素、组织创新能力因素以及技术追赶效果。在单样本分析基础上，进行跨样本企业比较分析，通过分析，总结归纳出企业在实施技术追赶时，外部环境影响力因素、企业内创新变革者主导力因素、技术控制能力因素、组织创新能力因素影响后发企业实现技术追赶的四个理论命题，同时这四个命题也构成了本研究的二级编码。

一 案例信度与效度检验

构念、内部以及外部三个效度指标与信度指标，共同构成了衡量案例研究质量的标准（郑伯埙、黄敏萍，2012）。本章为保证研究质量在案例的设计、研究资料数据的收集、数据的分析阶段均严格遵循以上的四个衡量标准，具体如表6.1所示。

表 6.1　案例信度与效度检验策略

衡量标准	策略选择	实施阶段	实施方法
构念效度	数据来源	数据收集渠道多源	长虹公司、海信公司、海尔公司的官网、门户网站、专业论坛等网络媒体渠道，中国知网、读秀、万方期刊网等多源数据渠道，三角验证的多源数据交叉验证
	证据链的建立过程	所收集资料数据的分析	原始数据→一级编码→二级编码→三级编码→构建模型→模型与原始数据检验与修正
	辩护师	所收集资料数据的分析	使用未参与编码工作的团队成员对经过三级编码的过程、所得出的分析结果进行无干涉讨论，并对模型构建过程、结论等提出意见
内部效度	建立解释	所收集资料数据的分析	将研究所得出的分析结果与已有研究进行对比分析，得出合理的解释
	序列分析	所收集资料数据的分析	按照长虹公司、海信公司、海尔公司技术追赶的全过程发展阶段进行剖析，以保证不同阶段主导型惯性在传导路径模型中的先后顺序
外部效度	可复制性	研究的设计	案例样本具有典型代表意义，可以涵盖家电制造产业，确保研究结论的普适性
信度	细致的研究计划	研究的设计	研究正式开始前，研究团队通过多次头脑风暴、专家访谈，对研究草案进行的多次的探讨与修正，可以保证研究过程具备可复制性
	重复实施	所收集资料数据的分析	研究以系统的方式对原始资料进行细致分析，可以保证研究过程具备可复制性

二　一级编码

一级编码主要根据理论分析框架模型所提出的研究维度，通过描述性编码分析完成，编码的形式如表 6.2、表 6.3 和表 6.4 所示。

表6.2　　　　　　　　　　长虹公司的描述性编码分析

	外部环境	企业内创新变革者	技术控制能力	组织创新能力
	21世纪初，电视技术范式的变革，平板电视逐渐呈现出替代CRT彩电的趋势。2005开始，索尼、东芝、日立、先锋等纷纷退出等离子领域，等离子电视市场占有率继续下滑，国际平板彩电市场发生巨大变化。欧丽安等离子股权的转让，为长虹实现技术追赶提供了机会窗口（市场） 作为制约平板电视产业发展的关键核心器件，新型平板显示屏的研制已成为国家振兴电子信息产业、推进彩电工业转型的重大战略举措（政策）	作为长虹董事长，赵勇发现了平板市场变动，制定了建立在技术支点上的竞争战略。2006年，其力排众议，提议公司生产等离子屏，开始与彩虹集团开展合资的谈判，与欧丽安开展并购谈判，在实施过程中扩大合作创新网络，同松下进行专利合作，并通过各种形式如对未来3D彩电的预测，确认发展等离子平板彩电的有效性、争取公司内外部认可	长虹通过并购欧丽安的方式获取等离子核心技术资源实现组织对等离子核心技术的控制	长虹在与彩虹集团进行合作的同时，2009年，松下公司就推进PDP技术同长虹公司共同进行了高层交流，长虹开始同松下进行专利合作。长虹通过构建国际合作创新模式，保持在等离子领域的技术专利地位，实现自主创新，避免"引进落后，再引进再落后"的陷阱（合作创新）
技术追赶	长虹通过技术引进、消化、吸收、再创新，围绕新型等离子显示屏，掌握了大量核心技术和约600项专利，大约占据了全球PDP有效专利数的1/3，可以通过专利交叉授权的方式绕过国际专利壁垒。长虹已经开始牵头进行多项等离子国家标准的制订、立项工作，领先构筑起中国平板电视上下游完整的产业链			
效果	2010年初，绵阳长虹工业园，由长虹集团投建的国内首条42时以上新型平板显示面板生产线——虹欧等离子面板生产线正式宣布全面量产，这标志着长虹完全掌握了"八面取"等离子面板制造技术			

表 6.3　　　　　　　　　海信公司的描述性编码分析

外部环境	企业内创新变革者	技术控制能力	组织创新能力
电视技术范式的变革，平板电视逐渐呈现出替代 CRT 彩电的趋势。平板彩电市场高端产品飞速发展，中国彩电市场因平板时代的到来而面临重新洗牌（市场）；国家信息产业部根据世界信息技术的发展、国内彩电市场供需关系的变化，制定了推动我国彩电工业发展若干政策、技术规范及标准等。Hi-view "信芯"的芯片成为"电子信息产业发展基金"重点支持项目，得到各级政府在的配套支持（政策）	海信总裁跟踪并发现了国家政策倾斜与平板市场变动，做出了研发"信芯"的决策，并采取各种措施支撑企业技术追赶（高层变革者）。以战嘉瑾为代表的研究团队，2001 年年底，进驻上海的国家集成电路产业化基地，2004 年 11 月 27 日，完成 MPW 流片，获得成功（技术创新变革者）	2003 年，海信建设智能信息系统重点实验室。除了中国，海信还在欧洲以及美国、南非等地设立了 7 大技术研发中心，通过多种形式实现了众多国际一流技术人才的加盟，共同进行行业高端技术的开发，形成了 24 小时不间断研发的技术全球化格局。在其技术创新平台上诞生的"Hiview 信芯"打破彩电芯片的外国垄断	公司最高领导坚持"技术立企"的核心价值观念，并不断地通过"以人为本"、"宽容失败"、"重视创新人才"、"构建面向市场的研究开发系统"等手段，将其逐步惯例化到企业组织日常行为中（文化创新）。公司具有自主创新能力，在短时间内在彩电芯片核心技术上取得突破（技术创新）
技术追赶	"Hiview 信芯"打破彩电芯片的外国垄断，陆续获得 30 多项专利（其中发明专利 9 项）		
效果	"Hiview 信芯"可广泛应用于各类平板电视和各种显示器设备中，完全可以替代国外同类产品。目前，该芯片已实现产业化规模，并于 2006 年获得中国信息产业重大技术发明奖		

表6.4　　　　　　　　海尔公司的描述性编码分析

外部环境	企业内创新变革者	技术控制能力	组织创新能力
平板彩电市场高端产品飞速发展，中国彩电市场因平板时代的到来而面临重新洗牌（市场）。18号文件被作为集成电路发展的一个基本的政策平台（政策）	海尔集团首席执行官张瑞敏坚持自主创新，并采取各种措施支撑企业在芯片上进行技术追赶（高层变革者）。以徐加全博士为代表的研究团队，经过不断钻研、攻关，经过短短1年的时间，就研制成功海尔"爱国者Ⅰ号"（技术创新变革者）	海尔集团于2000年投入巨资成立了北京海尔集成电路设计有限公司，专门从事数字电视领域核心技术的研究。通过自主创新，推出爱国者系列芯片，并于2004年，凭借雄厚的研发能力，海尔人再接再厉，又成功推出"爱国者Ⅳ号"芯片和QPSK解调芯片	海尔集团坚持创具有自主知识产权的自主品牌，"重视创新人才"重奖创新人才，为爱国者Ⅲ号芯片研发团队颁发100万元的科技奖励基金，形成了独具特色的海尔创新文化（文化创新）。公司具有自主创新能力，在短时间内在彩电芯片核心技术上取得突破（技术创新）
技术追赶	爱国者系列芯片，是中国大陆第一颗可以大规模批量生产的、具有自主知识产权百万门级规模数字电视解码芯片，其性能价格比优于国外竞争对手，打破了核心芯片一直被国外公司垄断的局面，提升了民族工业竞争力			
效果	2004年，凭借着海尔雄厚的研发能力，海尔人再接再厉。又成功推出"爱国者Ⅳ号"芯片和QPSK解调芯片，而且在市场上再创辉煌成绩，销量一举突破1000万片，成为中国唯一的企业销量突破1000万片的大规模自主芯片			

三　二级编码

在一级编码的基础上进行二级编码，通过对上述三个样本企业进行归纳比较分析，研究得出了由外部环境、创新变革者、技术控制能力、组织创新能力与技术追赶五个因素构成的四个理论命题，如表6.5所示。

表 6.5　　　　　　　基于跨样本企业分析得出的理论命题

理论构念		研究分析	研究发现
影响关系		事实依据	理论命题
自变量	因变量		
外部环境	技术追赶	长虹、海信、海尔	Ⅰ
创新变革者		长虹、海信、海尔	Ⅱ
技术控制能力		长虹、海信、海尔	Ⅲ
组织创新能力		长虹、海信、海尔	Ⅳ

（一）外部环境对技术追赶的影响

研究的样本企业中，外部环境对企业实施技术追赶的影响，主要表现在两个方面：第一，市场变动，对企业产生的竞争压力。随着平板时代的来临，彩电产业技术范式的更迭，导致原本已经实现CRT技术赶超的中国彩电企业再次落后。平板电视专利技术大多垄断在国外少数公司手中，专利屏障、专利陷阱，逼迫中国彩电制造企业，支付高昂的专利技术费用，严重的削弱了产业竞争力，长虹、海信及海尔三家公司面临着同样的市场环境的复杂性、动态变化以及敌对性的影响，遭受行业内技术变化、顾客行为与需求变化、国际竞争者专利保护行为对企业产生的不利影响。同时平板市场的剧烈变化，为长虹带来了技术追赶的市场机会窗口；第二，政策导向变化，驱动彩电制造企业实施技术追赶。作为制约平板电视产业发展的关键核心器件，新型平板显示屏的研制已成为国家振兴电子信息产业、推进彩电工业转型的重大战略举措。国家发布的《电子信息产业调整和振兴规划》明确指出，国家加大财税、金融政策支持力度，加大引导资金投入，实施"新型显示和彩电工业转型"重大工程，鼓励地方给予资金支持，积极引导社会资源参与，增强显示产业的自主发展能力。该政策导向，助推了长虹公司在等离子屏领域的技术追赶。

芯片被发达国家视为"工业粮食"，国务院于 2000 年公布了《鼓励软件产业和集成电路产业发展的若干政策》（国发〔2000〕18 号）的 18 号文件，极大地激励企业的自主创新能力，海信、海尔在政策驱动下，进入平板电视芯片研发领域,并取得良好的成绩。

根据以上分析,研究得出第一个命题:

命题一:外部环境因素是后发企业实现技术追赶的约束与驱动因素,主要通过市场与政策两方面体现。

(二)企业内创新变革者对技术追赶的影响

研究的样本企业中,企业内部创新变革者对企业实施技术追赶的影响,主要表现在两个方面:第一,以企业家为代表的企业高层管理者,其宏观指导作用贯穿技术追赶全过程。长虹、海信、海尔三家公司的企业家,尽管感知到外部环境不尽相同,但在外部环境的驱动下,均实施了技术追赶。其作用贯穿于技术追赶的过程中,企业家均在发现了平板市场变动情况下,并分别做出了投资等离子屏或开发自主知识产权芯片的决策,并通过构建技术平台、提升组织创新能力等措施直接或间接地助推技术追赶的实施;第二,以研发团队为代表的技术变革者,其作为技术追赶的直接力量,主导着技术追赶的历程。尽管长虹、海尔、海信三家公司研发团队各有不同,但均通过科研努力获得了具有自主知识产权的专利,实现了技术追赶,跨越了国际专利壁垒。

根据以上分析,研究得出第二个命题:

命题二:企业内部创新变革者是后发企业实现技术追赶的主导因素,主要通过企业高层管理者与技术研发团队两方面体现。

(三)技术控制能力对技术追赶的影响

研究的样本企业中,技术控制能力对企业实施技术追赶的影响,主要表现在两个方面:第一,通过国际并购方式,实现对技术的控制。平板电视时代,由于中国平板显示核心技术的缺失,中国彩电工业饱受"缺屏"之苦,中国彩电企业在全球产业链分工中处于附加值最低的末端组装制造环节。长虹以专利外部化模式的内部化模式转换(苏敬勤,1999)实现了合作创新,完成了对等离子技术的掌控,实现了等离子屏技术追赶;第二,通过自主创新,实现对核心技术的控制,完成技术追赶。海信、海尔投巨资到研发部门，建立企业技术平台，通过自主创新，进行高端技术开发，实现芯片核心技术的追赶。而长虹在内部化模式转换的基础上，进行二次创新，保持其在等离子领域对技术控制的优势地位。

根据以上分析，研究得出第三个命题：

命题三：技术控制能力是后发企业实现技术追赶的关键因素、重要支撑条件，主要通过国际并购策略与自主创新两方面体现。

（四）组织创新能力对技术追赶的影响

研究的样本企业中，自主创新能力对企业实施技术追赶的影响，主要表现在两个方面：第一，合作创新带动了企业技术追赶。长虹通过合作创新成为我国唯一的PDP专业研发机构，拥有130多项专利。通过合作，长虹的等离子专利接近600项，约占国际PDP专利的1/3。据此，长虹进入等离子专利俱乐部，增强了利用专利交叉授权的方式避开国际专利壁垒的能力，并为公司等离子产品的国际化成长扫除了技术上的障碍，合作创新为长虹维持其等离子的优势地位提供了保障；第二，文化创新、技术创新驱动企业实现技术追赶。周厚健曾经说过："要是个创新性的企业，必须要有创新性的文化"，海信有自己独特的企业文化，为了鼓励技术创新，海信文化宽容失败。同样海尔支持创新的企业文化，驱动着企业对彩电领域世界领先技术的追赶；海信通过技术创新，实现了技术追赶，作为信息产业部"电子信息产业发展基金"重点支持的项目，信芯成为国家2000年来鼓励集成电路核心技术开发以来的一项重大突破。同样海尔爱国者系列芯片，在芯片领域取得了突破。技术创新从根本上保证了企业优势的市场竞争地位，为海信、海尔奠定了成为国际大企业的基础。

根据以上分析，研究得出第四个命题：

命题四：组织创新能力是后发企业实现技术追赶的内在驱动力，主要通过合作创新、文化创新与技术创新三个方面体现。

四 三级编码

研究通过一级编码与二级编码发现了外部环境、创新变革者、技术控制能力与组织创新能力对后发企业实施技术追赶的影响作用,为了更清晰地把握上述四个因素对技术追赶的影响作用,在扎根理论分析的基础上,提出了影响本土制造业技术追赶的四力模型,如图6.2所示。

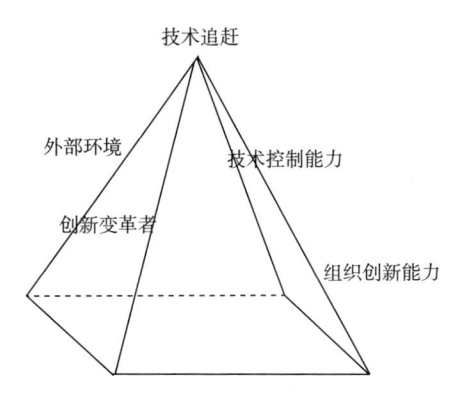

图6.2 影响后发企业技术追赶的四力模型

研究提出的四力模型旨在说明后发企业进行技术追赶的影响因素,外部市场环境约束着企业技术追赶而政策环境属于非敌对性环境,为组织提供技术追赶的资源,驱动企业完成技术追赶。企业技术研发团队在完成技术追赶的过程中离不开高层变革者的支持,组织对技术的控制能力体现出后发企业的策略能力与技术创新能力,更重要的是可以维持后发企业在实现技术追赶后的竞争优势地位。而企业实现技术追赶的内在动因为组织创新能力,其主要通过合作创新、文化创新与技术创新三个方面体现。

通过分析,可以清晰地看出,实现技术追赶是个复杂的动态适配过程。组织在实施技术追赶时不仅应当考虑四力模型中,不同力量在技术追赶中单独的作用,而且应当综合考虑四个主要影响因素之间的适配。组织内部变革者激发组织内部创新力,并在外部环境影响力的作用下,以不同的技术控制力实现对技术的控制,四大要素通过动态适配,完成复杂的技术追赶过程。

五 理论饱和度检验

研究的理论饱和度检验。目前,进行理论饱和度检验的成熟方式可以分为两种，包括第一种采取数据预留的方式，将初始收集资料除用于理论分析之外，留存部分资料作为理论饱和度检验数据；第二种采用动态方式，对要分析样本资料采取跟踪、补充的处理方式对理论饱和度进行检验。这种方式符合通过多次资料收集以完成资料获取的意见（苏敬勤、刘静，2013；曹振杰，2012）。第二种处理方式，根据部分学者，可以在理论构建后，采取跟踪、补充的方式检验是否有新的范畴出现，实现对理论饱和度的检验。本章预留了部分数据资料，并结合第二种处理跟踪补充方式，综合的对研究所提出模型进行理论饱和度的验证。

针对本章三级编码所建构影响本土制造业技术追赶的四力模型，还要进一步对模型进行理论饱和度检验。研究综合采用理论饱和度检验方法，先用研究预留的数据资料对模型进行检验，为确保模型的可靠又用追踪、补充的方式对模型进行检验，以验证是否有新的范畴出现。通过两种检验方式的综合检验，结果显示：从研究所采用资料中发现的理论范畴已经非常丰富、完整。对于影响后发国家实现技术追赶的四个主范畴（外部环节、技术控制力、创新变革者、组织创新能力）之间不存在未发现新的重要关系，研究所发掘的四个主范畴，各范畴的内部也未见新的构成因子。通过以上分析可知，影响本土制造业技术追赶的四力模型在理论上饱和的，该模型可以有效地解释后发国家实现技术追赶的影响因素。

第四节 本章小结

研究通过扎根理论的研究方法得出的理论命题表明，外部环境、企业内部创新变革者、技术控制能力、组织创新能力是影响技术追赶的重要力量。通过对跨样本企业的比较分析，可见：外部环境是后发企业技术追赶的主要诱因，其中企业所在市场环境的复杂性、动态性与敌对性是促使企业实施技术追赶的诱因。政府政策环境对于后发企业而言，政策对相关产业的鼓励与政策倾斜成为后发企业实施技术追赶的主要非敌对性因素；企业内部创新变革者是实现组织技术追赶的主导力，不同层次的内部创新变革者在组织技术追赶的过程中起着不同的作用；技术控制能力是企业通过不同的方式获取技术资源实现组织对技术的控制，是组织实现技术追赶的重要支撑条件；组织创新能力是组织实现技术追赶的内在驱动力。从研究分析中，可以清晰地看出，实现技术追赶是个复杂的动态适配过程。组织在实施技术追赶时应当综合考虑四个主要影响力量因素之间的适配。组织内部变革者激发组织内部创新力，并在外部环境影响力的作用下，以不同的技术控制力实现对技术的控制，四大要素通过动态适配，完成复杂的技术追赶过程。基于上述研究发现，研究提出了技术追赶影响因素的四力模型，并指出组织在实施技术追赶时应综合考虑四个主要影响因素之间的适配。

研究运用扎根理论的研究方法对后发国家自主创新体系理论与政策进行的初步研究。研究虽然构建了企业实现技术追赶的四力模型，并通过多样本企业的扎根研究，进行了分析。但在以下方面尚可以继续深化研究：（1）四力模式的实证性研究，进一步验证研究所提出的命题；（2）研究对象选择上，可对其他新兴行业进行跟踪性研究，也可以进行跨行业的比对分析，验证研究所提出的模型，进一步深入探讨影响后发企业技术追赶的要素。

第七章 惯性对后发国家本土产业引进型创新的作用分析

第一节 引言

在全球化加深的大背景下，随着技术变革对企业生产、经营等方面全方位渗透的加强，企业间竞争日趋激烈。跨国公司成为知识经济时代国际贸易的主体，国际竞争也主要在跨国公司之间进行。目前，我国企业正在向跨国型企业转变。但我国企业无论在数量上、质量上，还是在经营规模、国际地位上都远远不能与发达国家相抗衡，差距悬殊。在全球化情景下，如何提高我国企业竞争力，成为我国企业界亟待解决的问题。而管理创新之所以可以解决该问题并有必要实施，是由于企业的竞争优势来源于企业获取"组织的积累性学识"的能力。企业可以通过自主创新与引进型创新两种手段获得组织的积累性学识，提高技术创新能力。相比自主创新而言，如果能将成功企业的管理理论、方法、模式等进行引进，对于那些面对严峻的竞争环境，又缺乏理论指导的企业往往能起到事半功倍的效果。引进型管理创新已经成为开放经济条件下，企业实现管理创新、寻求管理变迁的主要途径。随着企业间的彼此渗透与影响日益增强，已经有许多企业的管理创新是建立在企业间管理知识的移植与引进的基础上。一个企业的管理创新能力，即管理创新的能力决定了企业管理知识水平，而企业所拥有管理知识的水平决定了管理实务，从而决定管理效率，并最终改进产品质量（Ichniowski，1995），提升组织绩效、组织效率，获取比较竞争优势（Ekvall & Arvonen，1994；Damanpour & Marguerite，2006），形成企业家阶层（Hamel，2006），管理创新的重要性日益突出。

引进型管理创新相对于全新型管理创新，是在借鉴其他组织创新成果的基础上，将已存在的管理理论、思想、方法、实践等，结合企业实情，通过再创新引入组织。如首先将TQM引入组织就属于引进型管理创新（McCabe，2002）。由于制度上，管理创新不受技术专利制度的保护（Teece，1980），企业模仿或者引进成功管理创新的门槛低。因此，引进型管理创新在我国企业中的应用比例高于全新型管理创新，从历年获得国家级管理创新成果奖企业的创新成果，可以发现引进型管理创新已经成为企业界重要的创新形式。引进型管理创新的相关研究，主要集中在管理时尚研究与创新扩散研究上。管理时尚研究，主要从供需的角度研究管理创新的供给方（制造管理时尚群体）与需求方（有创新需求的企业）通过互动，进而实现新管理实践的流行（Abrahamson，1996）与扩散。管理创新扩散研究，Teece（1980）提出在扩散方式、成果可移植性上管理创新与技术创新类似。对于管理创新引进成功的标准，有的研究以是否做出决策，有的以是否付诸行动（Damanpour，1988）为标志。对于创新的引进过程，Rogers构建了创新采纳五阶段模型，包括知识、劝说、决策、实施和确认。Hasham & Tann构建了知晓、态度形成等五阶段模型。此外，关于引进过程（Birkinshaw et al.，2006，2008）、引进因素（Kimberly & Evanisko，1981）等的研究，均取得了卓有成效的研究成果，但缺乏结合中国企业管理实践的中国特色研究。

惯性对企业的影响效用研究，国外学者已经开展了大量的工作，对惯性的内涵（Miller & Chen，1994；Gilbert，2005）、作用（Hannan & Freeman, 1983; Dawn & Terry, 1991)、类型（Kim et al., 2006; Denis, 2007)、影响因素等（Carroll & Burton, 2000; Schwarz., 2012; Daniel, 2009）开展了研究。对本研究借鉴较大的是 Baurn 的观点，其将惯性看出组织的"基因"，认为其是可预测、可见的行动和精神过程（白景坤，2009）。国内外学者最初的研究将惯性视为对企业有危害的元素（Hedberg, 1981; Hinings & Greenwood, 1988），但随着研究的深化，惯性对企业独特的作用正在被逐渐揭示出来（Miller, 1982; Amburgey & Miner, 1992）。目前，惯性作为研究中国特色元素的重要途径，已经逐渐引起业界的关注，并对企业惯性的形成（孟庆伟、胡丹丹，2005）、概念的测量（刘海建，2012）、分类（Chapman, 2011）、企业惯性具体问题解决等方面（刘海建等，2010；范冠华，2012；刘岩，2009；丁德明等，2007）开展了研究。本书在研究过程中，认识到惯性是研究中国特色元素的重要途径。基于此，研究通过对相关文献梳理，以引进型管理创新为研究对象，对引进创新过程中的惯例到底起什么作用进行了分析，旨在揭开管理创新引进过程"黑箱"，回答"在管理创新引进过程中，惯性所起的作用"。

第二节 理论分析框架的构建

第一，关于管理创新过程的研究，已得到国内外学者的重视。过程研究强调创新的全过程，旨在揭示其内生机制，以便总结和提炼不同管理创新过程共有的逻辑规律性。为了深入探寻影响管理理论和方法引进的主要因素，专家们纷纷建立了分析模式，其中影响较大的有法默—里奇曼模式，雷根德希—普拉塞德模式和孔茨模式。法默—里奇曼模式过分强调外部环境因素对管理和组织行为的影响，而忽略了管理的内部因素。雷根德希—普拉塞德模式考虑到了企业内部的管理哲学的作用，但对企业的其他因素并没有涉及（黄群慧，2009）。尽管国内外学者做出了突出贡献，但关于引进型管理创新的过程研究较少，与此相关的研究有 Lumpkin and Dess 对组织因素与环境因素作为调节因素对企业家导向—绩效的影响进行了深入分析，提出了企业家导向概念模型。Zaijac et al. (2000) 基于环境和组织权变等影响因素，提出了战略变革的意愿与实际战略变革—动态战略—组织绩效的战略过程模型。Birkinshaw 提出了四阶段过程模型并不断进行细化（Birkinshaw et al.，2007），最终管理创新过程分为四个阶段（包括动机、发明、实施及理论和标识化）（Mol & Birkinshaw，2009），该模型不仅强调了管理创新持续推进的过程，而且强调组织内、外部不同促进者的互动，成为管理创新过程研究的经典模型。与国外类似，国内学者逐渐关注该问题并在该领域取得了较为丰富的研究成果，主要包括李晓非、张桃红和申振浩提出了基于过程的组织创新模型，包括组织创新的目标确定，组织创新目标的可行性论证，组织创新方案的设计与选择，组织创新方案的实施，组织创新效果的测评以及组织创新成果的巩固六阶段模型（李晓非，2007）；陈建华通过综合辨识方法，提出了组织决策过程与组织执行过程的两阶段组织创新过程模型（陈建华，2004）。苏敬勤，王鹤春，林海芬论述了管理创新的过程路径模型（苏敬勤、王鹤春，2010；苏敬勤、林海芬，2010）。关于管理创新的过程，由于学者们研究关注重点不同，导致了对过程模型的划分的不一致。

第二，关于管理创新引进的情景。任何一种企业新引进的管理理论、方法，都会受到社会心理、民族习惯以及传统文化等环境的制约，企业对动态变化环境的适应程度影响到企业的生存与发展，复杂的企业生态环境使管理引进的操作难度加大，影响管理知识引进的因素有许多。对此，学者尝试从不同的角度开展研究，并形成了不同的理论（Reilly & Tushman，2008）。如 Child 认为企业间知识流动的影响因素有知识本身的转移能力、接受者对新知识的理解与吸收能力、合作成员的经验总结能力以及在组织间学习上存在的认知与情感、机制和沟通等障碍。Hamel 等认为学习意图、知识保护和学习能力这3个主要要素影响了企业间知识的转移。还有学者认为影响知识转移的因素主要有知识的性质与内容、知识供给主体传递知识的能力、知识需求主体的学习能力和消化能力等。管理创新要求与组织情境紧密结合，特别强调与组织外部环境和内部环境的适配，并逐渐成为企业适应动态环境实现、维持持续市场竞争优势地位的最有效途径。但组织环境的复杂性、动态性、敌对性以及组织内外部环境的差异性增加了管理创新实践、方法、操作等引进的难度。

第三，企业家的行为和特质因素，驱动着创新过程的进行。即企业家的行为，贯穿整个创新过程，严峻的国际经济贸易环境，对企业的企业家提出了更高的要求。管理创新理论代表人物熊彼特提出创新就是建立一种新的生产函数，实现生产要素和生产条件新的组合，且创新企业家是不断在经济结构内部进行"革命突变"，以"创造性破坏"，实现生产要素重新组合的人。负责创造有利于创新与变革的组织环境（Kimberly & Evanisko, 1981; Elenkov et al., 2005）并能够及时地发现在投入和产出的相对关系中潜在的、尚未被利用的机会并充分利用这一机会以获得利润。引进创新的过程选择是涉及企业内部资源的配置，企业家必然要调集企业内部资源，通过对内部资源的整合，保证所制定方案的实施。企业家对有前景的、至关重要机会的认知、选择以及抓住的基础，是对环境的扫描、市场的预测，并最终在非均衡市场中对可赢利的潜在价值进行敏锐地发掘（Chandier & Hanks, 1994; Mintzbefg & Waters, 1982）。Birkinshaw等提出内部变革促进者是推动创新在组织内实现的核心成员，内部变革促进者特别是企业高层或核心管理者，企业家感知的异质性，导致企业家所发现问题的差异性，而企业家在创新力、洞察力和统帅力等方面比组织内部其他变革促进者具有更大的优势，是引进管理创新的决策者和决策后果承担者。至于作为高层管理者在引进创新中的作用，企业家在集权式企业中的效果更加明显。

第四，惯性。"权变"理论主张，企业应该依据各种权变因素或情境因素确定合适的组织模式。因为情境因素是组织模式之外的，但对组织模式的演变又产生影响作用，所以，情境因素被认为是引致组织变革的外生（exogenous）变量。然而，影响组织变革的内容、时机与力度的因素还有来源于特定组织模式运行过程中的内生（endogenous）力量。随着企业所面临环境的不确定性的日益增加（白景坤，2010），惯性对企业发展的作用，引起业界的关注。Nelson & Winter（2005）认为惯例作为企业的一种行为方式，构成了其将来行为的基础和行业持续性的来源。Woerdman（2004）从路径依赖的角度探讨了组织惯性的成因。企业受其惯性影响，表现出不同的行为，其行为逐步内化到企业行为中，形成组织各异的惯性。企业发生变化的最通常的原因来自于企业的"惯性"（严若森，2001），且惯性是影响企业持续创新的重要原因（Tushman，1985）。而组织惯性（organizational inertia）就是主要的内生力量（赵杨等，2009），会对组织的运作产生重大影响。

研究将惯性分为三类，其中对组织惯性（organizational inertia）的界定采用 Haveman 的观点，组织环境是一个十分复杂的群体生态系统，组织在面对环境变动时不易发生改变的现象称为组织惯性（Haveman，1993）。

研究对认知惯性（Cognitive inertia）的界定采用 Hambrick and Mason 的观点，认知惯性是基于个人特定的教育、职业、行业背景，企业家形成了固定的思维模式。企业主一旦借助于所选定的战略取得成功，就可能完全依赖于曾使企业在市场上取得竞争能力的思维模式（Hodgkinson，1997）。

相关文献研究中与学习惯性（learning inertia）最相关的为知识惯性（knowledge inertia）（袁静，2005），Gagne 指出如果人类已经具备某些知识后，人类会自然而然地延续使用这些知识，如果新知识的刺激不足以打破原有知识体系，则人类的知识体系会保持原有的状态。这就是"知识惯性"现象（樊琪、程佳莉，2008）。而学习惯性通常是指在利用知识解决问题时，人们倾向于学习新知识，来突破、修改原有的惯性思维（赵卫东,2012)。研究对学习惯性的界定,认同过往的研究,认为其是在基于"知识惯性"基础上,在对原有知识的学习与新知识的探索过程中修改原有的惯性思维,涉及心智模式、学习习惯、学习能力等方面。

综上所述和现实观察,研究认为,组织内外部环境、惯性、企业家行为以及时间过程是后发国家实现管理创新引入的重要影响维度。因此,研究提出如图7.1所示的基本理论分析框架。

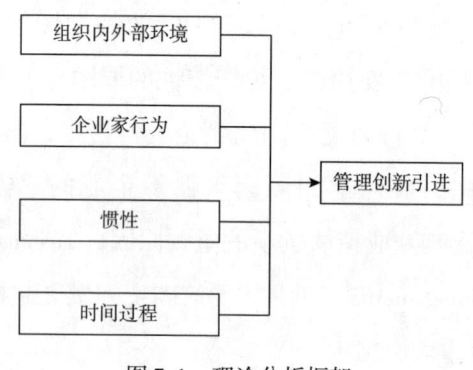

图7.1 理论分析框架

第三节 案例的扎根分析过程

一 研究设计

为揭示中国管理实践背景下,本土企业实现技术追赶的内在规律、特点。研究采用扎根理论的研究手法,并选择典型的样本企业进行研究。研究为了保证研究的科学性与严谨性,严格按照以下步骤进行:

(1) 样本选取。研究根据事件典型性原则,选取了较为典型的样本企业:海尔公司,该公司成立于1984年,从一家濒临倒闭的集体小厂发展成为全球拥有7万多名员工、2011年营业额1509亿元的全球化集团公司。海尔已连续三年蝉联全球白色家电第一品牌,并被美国《新闻周刊》(*Newsweek*)网站评为全球十大创新公司。研究主要对海尔这一典型企业引进型管理创新的过程展开扎根分析。

(2) 样本数据收集。为了提高数据收集的质量与效率，研究通过不同证据源进行三角测量来增加样本的信度和效度。并以海尔企业引进型管理创新的三阶段过程作为线索与主轴，通过这些相关资料来获得的企业情况。研究调研对象主要选择了调研企业中的中高层管理者与管理创新领域的相关专家，通过深度座谈，企业资料（如组织文件、企业报告、管理者的公开演讲等），媒体资料（如，媒体报刊的报道文章、网络搜索引擎收集的资料以及文献资料数据库（如，龙源）等收集相关资料信息。在此基础上，对所获得的文献资料和座谈资料进行分类整理，并与该领域的专家进行多次座谈。

(3) 样本数据分析，报告撰写。我们首先对样本进行样本企业深度的扎根分析，进而得出研究的结论并撰写分析报告。

二　扎根分析过程

样本扎根分析过程，首先是在基本理论框架的基础上，进行样本的深度分析，根据访谈资料以及文本数据，对企业数据进行三级编码。通过描述性编码，归纳总结出企业在实施管理创新引进时，在组织内外部环境（空间维）和管理创新引入过程（时间维）约束下，惯性因素在不同阶段对管理创新引入效果的影响，并验证企业家主导作用。通过样本企业扎根分析，总结归纳出企业在实施技术追赶时，认知惯性、组织惯性以及学习惯性对后发企业实现管理创新引入的三个理论命题，同时这三个命题也构成了本研究的二级编码。

（一）案例信度与效度检验

构念、内部以及外部三个效度指标与信度指标，共同构成了衡量案例研究质量的标准（郑伯埙、黄敏萍，2012）。本章为保证研究质量在案例的设计、研究资料数据的收集、数据的分析阶段均严格遵循以上的四个衡量标准，具体如表7.1所示。

表7.1　　　　　　　　　　案例信度与效度检验策略

衡量标准	策略选择	实施阶段	实施方法
构念效度	数据来源	数据收集渠道多源	长虹公司官网、门户网站、专业论坛等网络媒体渠道,中国知网、读秀、万方期刊网等多源数据渠道,三角验证的多源数据交叉验证
	证据链的建立过程	所收集资料数据的分析	原始数据→一级编码→二级编码→三级编码→构建模型→模型与原始数据检验与修正
	辩护师	所收集资料数据的分析	使用未参与编码工作的团队成员对经过三级编码的过程、所得出的分析结果进行无干涉讨论,并对模型构建过程、结论等提出意见
内部效度	建立解释	所收集资料数据的分析	将研究所得出的分析结果与已有研究进行对比分析,得出合理的解释
	序列分析	所收集资料数据的分析	按照长虹公司技术追赶的全过程发展阶段进行剖析,以保证不同阶段主导型惯性在传导路径模型中的先后顺序
外部效度	可复制性	研究的设计	案例样本具有典型代表意义,可以涵盖家电制造产业,确保研究结论的普适性
信度	细致的研究计划	研究的设计	研究正式开始前,研究团队通过多次头脑风暴、专家访谈,对研究草案进行的多次的探讨与修正,可以保证研究过程具备可复制性
	重复实施	所收集资料数据的分析	研究以系统的方式对原始资料进行细致分析,可以保证研究过程具备可复制性

（二）一级编码

一级编码主要根据理论分析框架模型所提出的研究维度,通过描述性编码分析完成,编码的形式如表7.2所示。

表 7.2　　　　　　　　　　长虹公司的描述性编码分析

认知惯性	学习惯性	组织惯性
我国加入 WTO 以后，尽管当时海尔的利润空间还很大，而且市场空间也很大，企业有非常高的盈利，市场竞争对手处于较弱地位（外部环境变化）。但张瑞敏敏锐地感觉到海尔面对的挑战，不论企业是否喜欢，国际化已经成为企业必须面对的严峻问题（企业家警觉）。为了应对这一市场环境的变化，针对组织存在的问题或面临的挑战，张瑞敏开始积极搜寻相关的优秀管理知识（知识搜索），在对已有的管理实践或方法进行审视（知识搜索），最终发现，国际流行的流程再造理论是利用信息技术对企业业务流程作根本性的再思考和彻底的重新设计，以达到成本、质量、服务和速度等现代关键业绩指标的巨大提高（企业家意图）。其核心是彻底重新设计企业流程，使得成本或时间上获得显著的改善。该理论可能成为解决公司现存问题的有效途径，将对企业发展起到巨大促进作用（成功欲）	张瑞敏一直培育的以创新为核心的海尔文化，成为支撑其流程再造的重要力量（心智模式）。张瑞敏所倡导的永不满足、追求卓越、知难而进、创世界一流的海尔精神（学习习惯），激励着海尔上下所有员工以莫大的勇气对进行创新，力图通过创造性破坏，打破现有的平衡，建立起新的平衡，实施企业流程再造（风险偏好）。张瑞敏意识到解决流程再造的最关键问题是拆掉企业内部以及企业和外界之间的墙，使企业能直接感受到外部市场变化的压力（心智模式）。即通过将海尔原有组织结构打碎，通过创立市场竞争压力的传导机制，将外部市场压力直接传到企业的内部（心智模式）。知识的转移是一个动态的过程，组织的学习能力非常重要。张瑞敏通过组织变革，替代直线职能式的金字塔组织结构，改变了变革前企业信息流的上下流动，实现了信息流的横向流动，即以定单信息流驱动海尔的物流、资金流的运转（学习能力）；在业务流程再造理论引进期，海外采用了"市场链"的激励措施，对外通过签订采购合同以明确责任，并采用 SST 机制明确索酬、索赔和跳闸标准。对内通过签订承包合同，明确指标和激励标准（承诺）。通过"市场链"的内外整合，使每员工都成为独立的经营者，经营好坏、兑现结果一清二楚，不仅激发了海尔员工自我发展斗志，而且形成了良好的竞争氛围（学习动力）。海尔在搭建市场链基础上，2001 年 3 月海尔推出了人力资源创新规划，目标是使每个员工都成为经营者，每个员工都成为拥有创新精神的战略事业单位（SBU）（学习主体的成功欲）	张瑞敏在完成企业流程再造时，通过海尔组织文化、创新精神的不断宣传、组织内竞争、合作以及创新氛围的塑造（组织文化），培养、完善、固化员工知识共享、创新的观念（先验知识），形成组织内相对宽松的学习和创新环境（内控倾向）。在流程再造理论引进实施后，张瑞敏作为企业家主导作用表现在对管理引进的知识持续学习的精神（心智模式）；以及为了实现企业引进的管理知识惯例化而对组织资源的长期塑造（损失厌恶）。通过对员工进行培训实现业务流程再造创新知识内部扩散，通过不断开展的文化塑造和知识管理等支撑工作固化海尔在业务流程再造上所取得的成果（控制倾向）
管理创新引进	海尔最终于 1998 年 9 月 8 日正式提出海尔基于市场链的流程再造，并在海尔内部开始实施	
效果	业务流程再造的实施，使海尔取得了显著成效，再次验证了业务流程再造理论引进的正确性	

（三）二级编码

在一级编码的基础上进行二级编码，通过对样本企业进行归纳比较分析，研究得出了由认知惯性、学习惯性以及组织惯性与管理创新引进四个因素构成的三个理论命题，如表7.3所示。

表7.3　　　　　　　基于样本企业分析得出的理论命题

理论构念		样本分析	研究发现
影响关系		事实依据	理论命题
自变量	因变量		
认知惯性		海尔	I
学习惯性	管理创新引进	海尔	II
组织惯性		海尔	III

1. 认知惯性对管理创新引进的影响

可见，在引进前期，认知惯性促使企业家从非均衡的要素市场与产品市场运行过程中识别机会。企业家凭借自身的经验、知识和能力，在成功欲驱动下，找出企业现状与企业目标间的差距，进而找到企业所存在的问题，并对外部环境所存在的机会进行识别和优秀管理经验及理论等进行知识搜索。而针对企业所存在的问题，外部机会、经验及理论等是否适用于企业，需对管理创新引进进行前期适用性调研，在这个过程中企业家要对目标管理引进的信息掌握应当全面、真实，尽量获取全方位的了解，要对目标管理知识进行本土化适用性的调研。如管理知识引进在输出地的有效性是否经过有效评价？该管理知识是否同时存在不足之处？如果有，是哪些？等这些信息都是不能忽略的，通过多种途径进行充分了解，避免偏听一方，造成信息的主观性和片面性引进，降低管理引进的前期风险防范，最终实现企业家意图。

根据以上分析，研究得出第一个命题：

命题一：在管理创新引进前期，认知惯性是后发企业实现管理创新引进的约束与驱动因素，主要通过企业家警觉、知识搜索、企业家意图、成功欲等体现。

2. 学习惯性对管理创新引进的影响

在管理创新引进期，企业家以创新的心智模式，倡导创新文化，借以培育组织的学习习惯。管理创新本身就是一种破坏性活动，因此，引进新的管理模式，具有一定风险性，企业家的风险偏好，在此阶段对管理创新引进起到关键作用。为解决引进过程中遇到的问题，企业家凭借其长期管理实践形成的心智模式，对遇到的新问题进行判断、调整、解决，不断提升组织学习能力。并通过承诺等措施，激发学习主体的动力与成功欲，以完成对新管理模式的引进过程。Cohen 和 Levinthal 认为，一个企业成功地开发利用组织外部知识的一个必要条件是企业内部学习这些知识的能力。组织的学习能力有三大障碍：认知和情感障碍、机制障碍、沟通障碍。我国企业进行管理引进时，与被转移企业往往存在着认知和情感上的隔阂，组织建构的不同和沟通中的障碍，使得引进的管理知识不能与企业融合成为一个有机的整体。我国企业要具有竞争力，就必须不断地学习，不断地适应。决策者不仅要建立全球的战略眼光，在全球范围的视野中去学习、借鉴和移植，从而实现发展和超越，管理者要在企业内部各个工作单元（个人或团队）建立起有效的知识扩散、沟通与共享网络，从而实现知识增值。通过制度化的结构和程序的安排，组织可以系统地收集、分析、储存、扩散和使用知识，可以不断提高学习能力，实现管理知识转移。

引进型管理创新是跨环境进行的，引进管理创新成果不只是完全地照搬成功的理论、文件、规章等，企业管理创新成果引进的有效性是建立在企业特定的组织资源、人力资源、文化资源等平台之上的。企业对某一特定的管理创新成果的引进需要一定的管理体制、组织结构、人力资源等做支撑。而企业所处环境的差异也会对管理创新引进的效果带来一定程度的影响，任何管理创新成果的引进都是跨环境进行的，任何盲目无序的引进都可能造成企业管理混乱。为了避免管理创新引进陷阱的出现，需要企业家调配企业内外资源，实施方案，解决存在的问题，使企业达到新的适配。企业所拥有的特定的技能、资产及能力等因素，本身并不能直接给企业带来经济利润,只有将这些因素按照一定的创新理论整合在一起,才能形成企业新的独特的稀缺性资源并得到内部的认可。企业家在引进期对内职能主要是通过整合资源的方式表现出来,通过该种方式可以将人、财、物等有机安排以增加各种资源的组合效应、挖掘企业内的过剩资源以充分利用生产性机会,可以保证所制定的引进创新方案实施。

根据以上分析,研究得出第二个命题:

命题二:在管理创新引进期,学习惯性是后发企业实现管理创新引进的主导因素,主要通过学习惯性完成资源的获取、实现组织对资源的控制以及内部化的过程,是组织实现引进型管理创新的重要支撑条件;

3. 组织惯性对管理创新引进的影响

管理创新进入引进后期,组织需要将吸纳的新知识、新实践、新理论等纳入到组织体系内,管理创新进入惯例化阶段,成为企业的日常管理模式之一,标志着管理创新已经完全融入企业规范当中。惯例与其他社会现象一样,并不是无须思考或者是自动化的,而是需要执行主体的努力(Giddens,1984)。

新管理知识引进后的实施往往会带来相应的外部效应和连锁反应,从而对管理创新引进后企业的承受力构成一定的考验,从而影响管理创新引进的最终成败。因此企业家要对管理创新引进的反馈效应进行预期和估计,判断其可持续性,并防止管理创新引进受到其他因素的干扰,避免管理创新引进偏离正确的轨道。因此,其嵌入的过程离不开企业家对企业资源长期塑造,主要包括相关的人力、制度、组织结构、组织文化、技术、关系等,成为保障其运行的基础。创新是企业家从长期企业实践形成的先验知识,并逐渐形成创新的心智模式,企业家通过不断培育创新文化措施,以达到内控,避免组织损失。

根据以上分析,研究得出第三个命题:

命题三:在管理创新引进后期,组织惯性是后发企业实现管理创新引进的主导惯性、重要支撑条件,是组织在原有知识体系模式的基础上,对新管理创新实践、理论的吸纳。

（四）三级编码

研究通过一级编码与二级编码发现了认知惯性、学习惯性以及组织惯性对后发企业实施管理创新引进的影响作用；关于管理创新引进过程，尽管学者们划分阶段及阶段标签不尽相同，但基本是按照时间过程维度进行划分的。研究按照过程维度，将引进型管理创新分为管理创新引进前期、管理创新引进期、管理创新引进后期三个阶段。尽管划分阶段及阶段标签不尽相同，但基本是按照时间过程维度进行划分的。研究按照过程维度，将引进型管理创新分为管理创新引进前期、管理创新引进期、管理创新引进后期三个阶段；管理创新的引进注重组织内外环境的适配以及具体情境下管理创新的实施效果。因此，研究将企业环境按照空间，以组织为边界可以划分为组织内部环境与组织外部环境；为了更清晰地把握上述三个因素对管理创新引进的影响作用，在扎根理论方法分析的基础上，按照空间（组织内外部环境）、过程（引进前期、引进期和引进后期）及组织惯性（认知、学习、组织）三个维度，提出引进型管理创新的三维过程模型，其中企业家行为贯穿于各个阶段中，研究所构建三维模型如图7.2所示。

该模型可以揭示惯性在引进型管理创新过程中的不同作用，对比其他相关研究，该模型的特点是对引进型管理创新过程进行了明确地划分，在各阶段中强调了内外环境的适配，并突出了企业家在整个过程中的主导作用。据此模型，研究提出如下观点。

1. 管理创新引进过程的不同阶段，惯性作用不同

在管理创新过程的不同阶段，具有不同的任务、遇到不同的不确定性和需要不同的信息等（Birkinshaw. etal.，2008）。引进型管理创新过程包括三个阶段，企业家在整个创新过程的每个阶段中均发挥了关键的决定作用。首先，在认知惯性作用下，企业家凭借自身能力等为背景对问题的发掘、探索以及对企业外部机会的有效识别和优秀管理知识搜索。认知企业外部环境与内部资源之间的差距，发掘其环境和内部状况等的变化，通过此发现现存问题。然后，在学习惯性作用下，对资源进行调配、达到对外

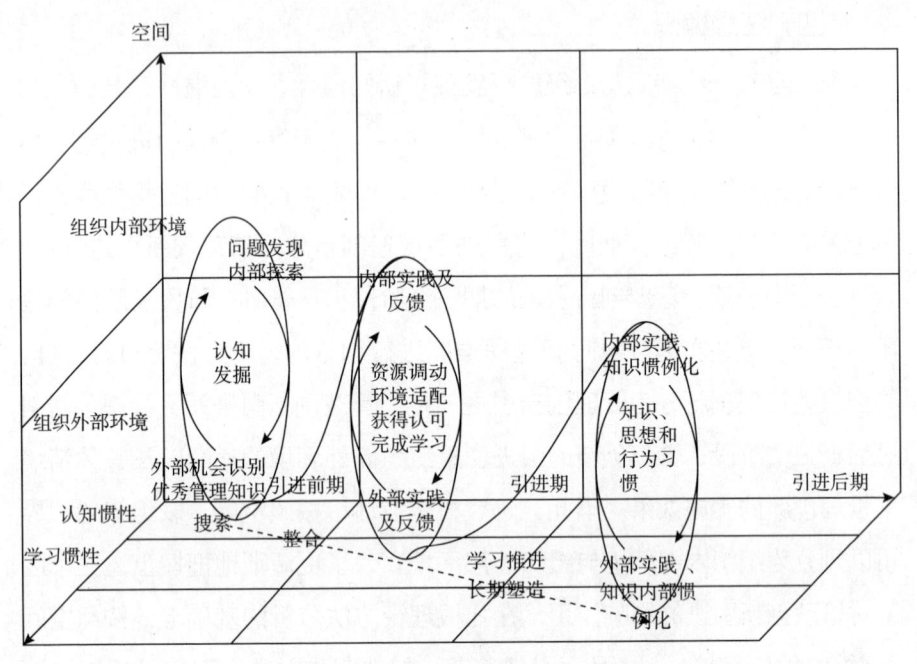

图 7.2　引进型管理创新的三维过程模型

部环境适配，使得新引进的管理知识在内部获得认可。最后，在组织惯性作用下，企业家将管理知识在内部的学习推进和长期塑造形成惯例化，形成组织惯性期是管理创新改变执行主体的知识、思维和行为习惯的一个适应过程，也就是企业新的管理知识与内外部环境适配的适应过程，企业在新的惯性下运作。

2. 企业家在整个管理创新引进的非程序性过程中均发挥了主导性的决定作用

创新是非程序性行为，由于管理创新过程中的不确定性和非程序性较高，以致进程是经过明显但未必连续的阶段（Tushman & Romanelli, 1985）。对于此，企业家本身所具有的非线性逻辑思维属性内在的适配了创新过程的要求。企业家在整个管理引进创新的非程序性过程中均发挥了主导性的决定作用，且该作用贯穿于整个创新过程的每个阶段，将各个分立的阶段连接起来形成完整的管理引进创新过程。

3. 企业家主导作用的发挥是组织的内外部环境的适配的结果

组织内外部环境的适配效应表现为各个阶段中内外部资源的互动，管理引进创新总是在以组织为载体的组织内部环境中发生，整个过程都会受到组织文化、组织结构、领导风格等因素的影响，不同因素对特定管理引进创新成果形成的影响程度也不同。而组织的外部环境是一套广泛的外部刺激因素的集合。管理创新的引进过程都处在组织的内外部环境的适配之中，企业家主导作用的发挥是组织的内外部环境的适配的结果。

企业家的主导作用还表现在各个阶段之间的连接上，通过企业家的整合、学习和塑造功能将管理创新各过程阶段连接在一起。避免由于不同执行主体不同、导致管理创新各阶段之间存在的脱节现象，而企业家对各阶段之间的链接成为引进型管理创新能否成功的关键。

（五）研究的理论饱和度检验

目前，进行理论饱和度检验的成熟方式可以分为两种，包括第一种采取数据预留的方式，将初始收集资料除用于理论分析之外，留存部分资料作为理论饱和度检验数据；第二种采用动态方式，对要分析样本资料采取跟踪、补充的处理方式对理论饱和度进行检验。这种方式符合通过多次资料收集以完成资料获取的意见（苏敬勤、刘静，2013；曹振杰，2012）。第二种处理方式，根据部分学者，可以在理论构建后，采取追踪、补充的方式检验是否有新的范畴出现，实现对理论饱和度的检验。本章预留了部分数据资料，并结合第二种处理跟踪补充方式，综合的对研究所提出模型进行理论饱和度的验证。

针对本章三级编码所建构的引进型管理创新的三维过程模型，还要进一步对模型进行理论饱和度检验。研究综合采用理论饱和度检验方法，先用研究预留的数据资料对模型进行检验，为确保模型的可靠又用追踪、补充的方式对模型进行检验，以验证是否有新的范畴出现。通过两种检验方式的综合检验，结果显示：从研究所采用资料中发现的理论范畴已经非常丰富、完整，对于影响后发国家实现技术追赶的三个主范畴（认知惯性、学习惯性、组织惯性）之间不存在未发现新的重要关系，研究所发掘的四个主范畴，各范畴的内部也未见新的构成因子。通过以上分析可知，引进型管理创新的三维过程模型在理论上是饱和的，该模型可以有效地解释后发国家实现技术追赶的惯性构成因素及作用机理。

第四节　本章小结

管理知识引进有助于提高我国企业竞争能力，而企业知识流动是一项重要而复杂的问题，受企业内部资源与外部环境等诸多方面要素的制约。研究通过扎根理论研究得出的理论命题表明，认知惯性、学习惯性以及组织惯性是影响管理创新引进的重要力量并论证了企业家在管理创新引进过程中的主导作用。认知惯性作用下，企业家对企业出现的新问题和机会加以分析与探索，其自身的经验和能力直接决定了其对问题和机遇等的认知和发掘；学习惯性作用下，企业家对资源进行整合的能力，针对性地提出新实践，待新管理创新引进的实践趋向成熟后，被企业内外部公众认可和接受；组织惯性作用下，为了实现企业引进的管理知识惯例化，企业家对组织资源的长期塑造决定了引进的管理创新能否真正融入企业的管理体系之中；企业家的"整合"和"学习、塑造"的典型行为对相邻阶段的跨越起连接作用的，是引进型管理创新过程顺利进行的基础和保障。并基于上述研究发现，提出了引进型管理创新过程的三维模型。

研究运用扎根理论研究方法对后发国家自主创新体系理论与政策进行的初步研究。研究虽然构建了企业实现管理创新引进的三维模型，并通过扎根理论的研究方法，进行了分析。但在以下方面尚可以继续深化研究，以便研究成果更具说服力：（1）三维模型的实证性研究、多案例研究，进一步验证研究所提出的命题；（2）研究对象选择上，可对其他新兴行业进行跟踪性研究，也可以进行跨行业的比对分析，验证研究所提出的模型，以便进一步深入探讨影响后发企业技术追赶的要素。

第八章 后发国家本土产业实现技术追赶的惯性传导路径：基于自主创新

第一节 引言

随着以创新为基础的世界新贸易体系逐步建立（陈劲，1996），后发国家制造产业在国际范围内要实现由低端向高端迁移，亟须解决的问题是如何才能实现技术追赶（Gerschenkron，1962；Lal，1985）。我国制造业早在"十一五"期间，就已经取代日本，成为全球第二大的工业制造国，并在部分制造领域，已经成为世界第一大的工业制造国。但由于大部分的国内制造工业并不掌握核心技术，技术的对外依存度高，达到50%以上，而国外通常在30%以下（毛蕴诗、汪建成，2006）。导致整体创新能力弱，处于价值链上游的高端制造业匮乏，产业"空心化"趋势愈发严重。自主创新能力不从整体上获得提高，中国就不可能成为制造业强国。目前，学术界普遍认同，自主创新是实现技术追赶的重要因素（Sadowski & Roth，1999），只有通过自主创新才能实现技术追赶（Figueiredo，2003）。但后发国家在自身创新能力弱，远离国际创新中心（Hobday，1995），缺乏创新禀赋条件下，究竟是什么因素驱动后发国家实现自主创新，成为其实现技术追赶的本源性因素，就成为本章重点解决的问题。

本书运用扎根理论的研究方法，选取我国成熟产业的典型代表家电制造产业，作为研究样本，切入研究主题，力图提炼我国家电制造产业通过自主创新，实现技术追赶的本源性驱动因素，希望藉此能够为我国致力于实现自主创新的实现技术追赶的新兴产业与其他产业提供有价值的借鉴。本章之所以选择家电制造产业作为研究样本，是因为我国家电制造产业作为成熟产业历经了产业发展的各个阶段，市场化运作程度较高，且对国民经济有重要影响。

第二节 相关理论回顾

针对技术追赶、技术跨越的研究，国内外学者已经取得了丰富的研究成果，包括对于技术跨越概念提出（Luc，1985）、内涵外延界定（付玉秀、张洪石，2004）、技术跨越的可行性分析（姚志坚，2003）、技术跨越过程细分（张鹏、朱常俊，2007）等的研究。尽管，在国际技术竞争中，后发国家基本上处于落后位置，但后发国家可以通过引进消化吸收，二次创新（吴晓波、李正卫，2002），特别是自主创新，实现技术突破，完成技术追赶。自主创新作为技术创新的重要方式（Kelly & Kranzberg，1978），指企业关键技术的突破，凭借自身能力完成，并完成研发成果的商品化、完成市场化的创新活动（Gemser & Wijnberg，2001），实现技术追赶。那么，是什么因素驱动了自主创新的产生那？自从创新理论被熊彼特提出以来，学术界便从不同角度对其影响因素进行了阐释与分析，形成了大量卓有成效的研究成果。如网络对技术创新扩散的影响（Muniz et al.，2010；Delre et al.，2010）；合作伙伴的竞争合作对创新扩散程度的影响作用（Bwalya，2006）；组织的氛围（Zairi & Mashari，2005）、组织的类型（Calantone et al.，2002）对创新的作用；技术学习对自主创新的影响（金麟洙，1998）。以组织边界为划分标准，可将影响自主创新的因素分为外部影响因素和内部影响因素。外部影响因素对自主创新的影响，如 Adam（1982）从政策的角度，Morton（1982）从市场的角度，阐释了企业外部环境对自主创新的影响。内部影响因素对自主创新的影响，如Yannis等（2004）从企业吸收知识能力的角度，Burgelman（1983）从资源配置的角度，论述了其对自主创新水平的影响。Mark等（2008）从战略的角度，分析了其对创新战略实施的影响。

尽管，现有研究对自主创新影响因素进行了富有成效的研究，但究竟什么是影响自主创新的重要内生变量，是自主创新产生的本源性因素？目前，尚未达成一致。但惯性对创新具有制约作用（Tushman & Romanelli，1985），这是由于惯性具备类似生物基因的功能（Nelson & Winter.，1982；刘晔、彭正龙，2006）。因此，惯性是组织变化的原因（严若森，2001），是组织重要的内生变量（Sull，1999）。目前，从惯性角度破解自主创新的内在变量，逐步得到人们的关注（孟庆伟、胡丹丹，2005）。但结合中国制造企业实践的本土化研究还不多（刘宏程，2010；林梅，2006；欧阳桃花，2004），对后发国家自主创新行为产生背后的本源性因素破解研究较少，特别是不同主导惯性之间如何作用、如何衔接以影响技术追赶完成的研究尚需进一步深入。

第三节 研究设计

本章所开展的研究以我国成熟制造产业全产业发展历程所积累的产业实践为基础的，主要目的在于揭示后发国家实现技术追赶的本源性影响因素。为此，研究采用扎根理论方法，选择成熟产业的代表性企业进行研究。本章严格遵循以下的规范程序开展研究，以确保所开展研究，具备科学性与严谨性：

（1）样本选择。本章选择样本企业的原则为所处行业为家电制造业，企业成立时间在十年以上，此外，样本企业必须拥有自主研发拥有自主知识产权的产品。据此，就可以保证选取的样本企业符合行业属性、具备典型性，且具备较强的自主创新能力，以便让论证更有说服力。遵循以上样本选取的原则，本章选择了海信作为样本企业。海信公司成立于1969年，公司始建以来，一直坚持"技术立企"战略，公司以创新为动力，优化产品结构。经过持续的技术创新，公司已经名列中国电子信息百强企业前茅。

（2）分析方法。尽管，统计调查作为国际主流研究方法，在信度和效度方面要远远强过案例研究，被多数研究者所认同。但案例研究方法在理论构建方面，要强于统计研究，适合于回答"如何"与"为什么"等理论构建类问题。由此可见，案例研究和本章研究类型相符，因此本章采用案例研究方法。单案例研究的典型用法，就是研究有代表性的、典型的案例（吕力，2013）。而在构建理论方面，单案例研究相比多案例研究都更有优势（李平、曹仰锋，2012）。在案例研究的具体选择上，强调案例拥有典型特征且具有代表性（Eisenhardt，1989）。按照案例研究经典做法，只要案例数量可以实现研究目的即可与数量无关，而侧重于所选案例的典型性和对样本的研究深度，但要求被选定的案例与研究主题高度相关（Marshall & Rossman，1995；Yin，2003；王涛，2012）。研究所选案例样本如上所述，在主题上、研究深度上，满足以上公认选择标准。因此，研究选择海信案例，通过对其产业全发展阶段开展深入分析，以深刻揭示案例所体现出来的管理问题背后的本源性因素。

（3）资料收集。本章遵循多角验证原则，采用档案记录、文件、公开报道及期刊文献等多种数据收集方法。为规避研究者偏见，研究团队包括教授、博士及两名硕士生，团队成员的不同视角和知识背景有利于收集丰富的数据并发现不同的问题。研究深入到案例样本发展历史的全过程，以完成技术追赶的典型事件，为资料收集的线索与主轴。数据主要是通过期刊、媒体和数据库等多种途径搜索关于家电制造业、海信集团信息资料，经过整理最终形成供研究使用的案例分析资料。

（4）研究结果分析与理论饱和度检验。研究使用三级编码手段，进行研究内容的质性分析，提炼研究结论；理论饱和度检验是构建理论模型的前提条件，研究要构建有效、可信的模型，必须进行理论饱和度。通过理论饱和度检验对分析资料中的范畴的丰富度，范畴间关系的发现以及范畴内新构成因子的发现等进行检查。基于扎根理论程序所构建的模型不仅具有坚实的、可信的、可查询的分析资料为基础,而且是具有脉络和情境的实质理论(齐力、林本炫,2003;范明林、吴军,2009)。

第四节 惯性传导路径模型的扎根分析过程

研究根据所采集到文本资料数据,对案例样本进行三级编码。根据描述性编码,研究归纳、提炼出后发国家成熟产业实现技术追赶背后的惯性因素即认知惯性、行为惯性、组织惯性、创新惯性、作为惯性;本章在一级编码的基础上,提炼出不同的主导性惯性与后发国家实现技术追赶之间影响关系的四个理论命题,本章在此阶段所提炼出的命题,构成了本章的二级编码;本章的三级编码主要建立在前面两次对资料编码的基础上,并形成了后发国家实现技术追赶的惯性传导路径模型。

一 案例信度与效度检验

构念、内部以及外部三个效度指标与信度指标,共同构成了衡量案例研究质量的标准(郑伯埙、黄敏萍,2012)。本章为保证研究质量在案例的设计、研究资料数据的收集、数据的分析阶段均严格遵循以上的四个衡量标准,具体如表8.1所示。

表8.1 案例信度与效度检验策略

衡量标准	策略选择	实施阶段	实施方法
构念效度	数据来源	数据收集渠道多源	海信官网、门户网站、专业论坛等网络媒体渠道,中国知网、读秀、万方期刊网等多源数据渠道,三角验证的多源数据交叉验证
	证据链的建立过程	所收集资料数据的分析	原始数据→一级编码→二级编码→三级编码→构建模型→模型与原始数据检验与修正
	辩护师	所收集资料数据的分析	使用未参与编码工作的团队成员对经过三级编码的过程、所得出的分析结果进行无干涉讨论,并对模型构建过程、结论等提出意见

续表

衡量标准	策略选择	实施阶段	实施方法
内部效度	建立解释	所收集资料数据的分析	将研究所得出的分析结果与已有研究进行对比分析，得出合理的解释
内部效度	序列分析	所收集资料数据的分析	按照海信集团技术追赶的全过程发展阶段进行剖析，以保证不同阶段主导型惯性在传导路径模型中的先后顺序
外部效度	可复制性	研究的设计	案例样本具有典型代表意义，可以涵盖家电制造产业，确保研究结论的普适性
信度	细致的研究计划	研究的设计	研究正式开始前，研究团队通过多次头脑风暴、专家访谈，对研究草案进行的多次的探讨与修正，可以保证研究过程具备可复制性
信度	重复实施	所收集资料数据的分析	研究以系统的方式对原始资料进行细致分析，可以保证研究过程具备可复制性

二 一级编码

研究的一级编码通过描述性编码对质性资料的分析完成，通过描述性编码指认出管理现象，发掘潜在范畴，界定概念。研究所提取的编码，如图8.1所示。

三 二级编码

二级编码是建立在一级编码基础上，主要是通过对质性资料进一步的聚敛，凝练出一级编码中潜在的变量性质和维度。通过对样本企业信息提炼、总结、归纳分析，研究得出认知惯性、行为惯性、组织惯性与作为惯性是影响技术追赶的本源性因素，并由此构成四个理论命题，如表8.2所示。研究对于认知惯性（Cognitive inertia）的界定，研究主要采用Hambrick and Mason（1984）的观点，作为惯性细分的一种认知惯性是基于个人特定的教育、职业、行业背景，企业家形成了固定的思维模式。一旦企业家基于这种思维模式所选定的战略取得成功，就可能完全依赖于曾使企业在市场上取得竞争能力的思维模式（Hodgkinson，1997）。对于组织惯性

第八章 后发国家本土产业实现技术追赶的惯性传导路径：基于自主创新

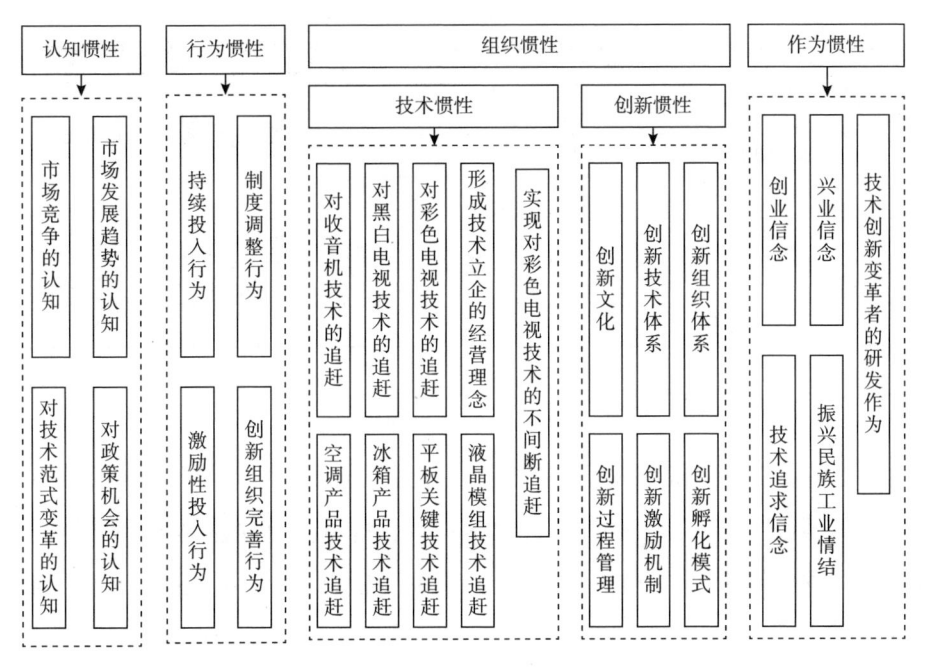

```
认知惯性          行为惯性              组织惯性                    作为惯性
                                技术惯性        创新惯性
市  市            持  制       对  对  对  形  实     创  创  创    创  兴  技
场  场            续  度       收  黑  彩  成  现     新  新  新    业  业  术
竞  发            投  调       音  白  色  技  对     文  技  组    信  信  创
争  展            入  整       机  电  电  术  彩     化  术  织    念  念  新
的  趋            行  行       技  视  视  立  电            体  体           变
认  势            为  为       术  技  技  企  视            系  系           革
知  的                         的  术  的  的  技                             者
    认                         追  的  追  经  术                             的
    知                         赶  追  赶  营  的                             研
                                   赶      理  不                             发
                                           念  间                             作
                                               断                             为
                                               追
                                               赶
对  对            激  创       空  冰  平  液       创  创  创    技  振
技  政            励  新       调  箱  板  晶       新  新  新    术  兴
术  策            性  组       产  产  关  模       过  激  孵    追  民
范  机            投  织       品  品  键  组       程  励  化    求  族
式  会            入  完       技  技  技  技       管  机  模    信  工
变  的            行  善       术  术  术  术       理  制  式    念  业
革  认            为  行       追  追  追  追                             情
的  知                为       赶  赶  赶  赶                             结
认
知
```

图 8.1　一级编码

（organizational inertia）的界定研究主要采用 Haveman（1993）的观点，组织环境作为复杂的、特定的群体生态系统，当外部环境发生变动时，组织内存在的不易发生改变的现象称为组织惯性（王鹤春等，2014）。对于行为惯性的界定（action inertia）研究主要采用 Sull 的观点，组织面对复杂、动态、敌对的环境变化，发掘了能使组织获得竞争优势的成功经验，经总结、提炼后形成组织独特的经营管理模式，并内化于组织行为形成组织特定的行为模型，该模式的延续和承袭，形成了组织的行为惯性（Sull，1999）。对于作为惯性的界定（Duty inertia）研究结合中国企业发展情景与企业实践，提出作为惯性是在责任理念驱动下，当组织外部环境发生剧烈变化时，企业家力图延续组织长期生存、发展的趋势。当组织形成的成功经验、模式，在内化过程中使组织内部趋向守旧、固化，阻碍组织进一步成长时，企业家力图打破阻碍惯性的趋势。

表8.2 理论命题

理论构念		研究分析	研究发现
影响关系		事实依据	理论命题
自变量	因变量		
认知惯性	技术追赶	海信	I
行为惯性		海信	II
组织惯性（技术惯性，创新惯性）		海信	III
作为惯性		海信	IV

（一）技术追赶本源性因素分析：认知惯性

学术界关于企业行为原因的探索，已经从宏观、中观层面深入到微观的认知层面（曹瑄玮、郎淳刚，2008）。用户特别是组织高层管理者对产业技术的认知决定了产业未来的发展路径，认知惯性作为企业家固化思维模式的表现（Hambrick & Mason，1984），是组织高层管理者特定经历下所形成的、独有思维模式，这种思维模式因其在过往实践中所获得的成功而强化（Hodgkinson，1997），并成为组织变革的重要的决定性力量（张钢、张灿泉，2010）。企业运营过程中，组织高层管理者的认知惯性，主要体现在对外部市场环境变化、技术范式变革、政策变化等所带来"机会窗口"进行搜索、警觉、感知和判断。海信在产业发展的变革期，在作为惯性作用下，抓住了市场消费结构变化的机会窗口，完成了由收音机技术向黑白电视技术，从黑白电视向彩色电视技术的跨越。抓住了国家政策鼓励的政策机会窗口和对技术范式变革的认知，实现了由平板核心技术的芯片技术追赶。

研究所分析的企业，认知惯性作为本源性变量对组织实施技术追赶的影响，主要表现在以下三个方面：第一，对市场竞争、发展趋势的认知。对市场消费结构变化的认知，促使海信转变产业的发展方向。在家电制造产业发展过程中，作为海信主业的电视产品，受整个行业影响，在2000年左右遇到供求关系失衡和库存积压严重的市场情况，使得价格竞争成为彩电企业最直接和最频繁使用的竞争手段。海信认知到未来彩电行业的竞争不是价格，不是规模，也不是渠道，而是核心技术，并派技术专家小组远赴日本考察、学习；第二，对技术变革的认知。通过技术范式的不断变革，国外彩电企业不断领先国内彩电企业。在同一技术范式下，国外企业凭借专利屏障，形成技术垄断，迫使国内企业支付巨额专利费，不仅挤压了国内企业产业链上价值分配，而且削弱了国内彩电制造产业竞争力。海信感知到技术范式变革，特别是核心技术对企业发展的重要性。周厚健坚定地提出，海信要充分把握平板电视这一新机遇，集中优势研发资源在其主业——电视机制造领域，突破核心技术难关，自主掌控电视机生产的关键技术，建立起海信得以长久发展的核心竞争力；第三，对政策机会的认知，激励海信实施技术追赶。芯片是信息产业的基础与核心，决定着一个国家的技术水平和竞争实力，国外称其为生死攸关的工业和工业粮食。由于美国、日本掌握并垄断着核心的软件、集成电路和关键元器件的设计与生产，因此在电子信息产品领域占据霸主地位。由于核心技术的缺乏，中国只是彩电大国，不是彩电强国，为此国家于 2000 年公布了《鼓励软件产业和集成电路产业发展的若干政策》（国发〔2000〕18 号）的 18 号文件，对该系列政策文件的领悟、觉察、认知，极大地激励企业的自主创新能力，海信在政策驱动下，进入平板电视芯片研发领域，在上海政府的支持下 2001 年 6 月，战嘉瑾率领三名研发人员，开赴上海，组建了海信 ASIC 上海研发中心，并完成芯片技术追赶。

根据以上分析，本章得出二级编码的第一个命题：

命题一：认知惯性是后发国家产业实现技术追赶的本源性影响，主要通过对市场的认知、对技术变革的认知以及对国家政策的认知体现。

（二）技术追赶本源性因素分析：行为惯性

组织行为模式得到延续和承袭，形成了组织的行为惯性。海信的行为惯性作为组织实现技术追赶的本源性因素，主要表现在以下三方面：

第一，持续的长期投入行为与持续的激励性投入。海信自建厂就十分关注技术发展，经过长期积淀，企业年确立了"技术立企、稳健经营"的发展战略，并确保持续投入企业研发经费占产品销售收入的 5%

以上；海信为实现技术追赶，通过持续激励性投入，奖励为企业技术进步做出重要贡献的个人或团体。对如"企业科技创新奖项"；第二，调整投入制度行为。组织内部分配制度，体现了企业战略立意，表达了组织关注重点。海信为激励组织内部技术变革者，在企业全过程发展中，不断进行分配制度的调整与完善。如，周厚健提出使研究所成为厂里工资待遇"特区"的提议；第三，完善创新组织行为。组织实现技术追赶，离不开相应平台支持，适应组织技术范式的不同变化，需要不同的组织平台支持以完成。海信为适应不同技术、不同范式变革，不断对创新组织进行完善、变革。

根据以上分析，本章得出二级编码的第二个命题：

命题二：行为惯性是完成技术追赶的本源性因素，主要通过投入行为、制度调整行为与组织技术平台的完善行为来体现。

（三）技术追赶本源性因素分析：组织惯性

1. 技术惯性

海信在长期技术追赶过程中，形成了独具组织特征的技术惯性即时刻追求技术领先的技术惯性。海信技术惯性，主要表现在两个方面：第一，体现在主业技术追赶上。海信主业产品从收音机产品阶段到平板电视阶段，在不同技术范式下，实现了从收音机技术的追赶到平板电视技术的追赶。企业通过不断的引进、再引进、再追赶，实现对不同技术范式变革的不间断追赶，体现出组织"技术立企"的技术惯性，海信"技术立企"的技术惯性贯穿在企业技术追赶的全过程发展阶段；第二，体现在多种产品的技术追赶上。海信的技术惯性不仅体现在主业产品技术追赶上，而且体现在空调、冰箱等多种产品的技术追赶上。技术立企、追求技术领先的技术惯性，使海信公司不仅成功走出了一条"引进—消化—吸收—再创新"的发展路径，而且在企业持续技术惯性推动下，通过自主创新推出了国内自主研发的第一款矢量变频冰箱、实现了国产芯片突破、完成了液晶模组技术研究。

2. 创新惯性

海信在长期技术追赶过程中，形成了创新惯性。创新是企业实现技术创新，完成技术追赶的重要方式（Kelly，1978），海信在企业发展的各阶段关键技术的突破，是凭借企业自身能力，通过不同创新模式，完成了技术追赶。创新在企业不同技术追赶时期持续的延伸着，并体现在组织的创新文化、创新技术体系、创新组织体系、创新孵化模等方面。

组织的创新惯性影响着技术惯性的延续，对技术惯性起到持续的保障作用。创新惯性通过组织的创新体系、创新制度、创新模式，使得组织自身不断积累创新能力，并增强了组织的技术能力，企业技术上所获得的成功，进一步强化了组织的技术惯性。如企业文化在创新惯性上表现为组织是以鼓励技术创新、宽容创新失败的方式存在，周厚健曾经说过："要是个创新性的企业，必须要有创新性的文化"，这种组织存在方式，内在的驱动着组织实现技术追赶。

根据以上分析，本章得出二级编码的第三个命题：

命题三：组织惯性是后发企业实现技术追赶的本源性因素，主要通过技术惯性与创新惯性体现。

（四）技术追赶本源性因素分析：作为惯性

组织在长期发展过程中，形成了固化的认知模式、管理逻辑，并随着企业历史的延长，表现出更加强化的惯性。海信作为惯性的存在，对克服了组织内起障碍作用惯性的负向作用，起到了至关重要的作用，并驱动组织完成技术追赶。

作为惯性作为企业实现技术追赶的本源性因素对企业实施技术追赶的影响，主要表现在两个方面：第一，企业高层管理者对影响组织长期生存因素的深刻思考，使"技术立企"观念贯穿海信在企业发展的各阶段完成技术追赶的全过程。这种观念与行为产生的原因，在于企业高层管理者有强烈的责任感，这种责任感形成了企业家的作为惯性，如海信前身是传统体制下企业，属于天生社会责任企业，有着"振兴民族工业""振兴中国工业"责任感存在。因此,在企业高层管理者内在作为惯性驱动下,在企业技术发展各个阶段均努力实施了对国际先进技术的追赶。作为惯性驱动下使组织的认知惯性避免依赖过去的成功经验、思维模式,在海信发展不同阶段,准确认知市场、政策等外部环境的变动情况,做出正确决策,将企业高层管理者的认知通过组织行为表达出来。作为惯性对认知惯性的驱动作用,体现在组织发展不同阶段的关键期,作为惯性驱动认知惯性克服由于上一阶段技术追赶成功,形成的依赖过去成功经验对环境变化漠视的惯性;组织战略决定了组织的长期行为,而作为惯性对行为惯性的驱动作用,体现在行为重点的倾斜上,海信高层管理者通过制度、措施的决策,对涉及企业技术追赶的相关决策,开展了持续的投入、鼓励行为;作为惯性具体体现在"创业""兴业""振兴民族工业"信念下,所形成的"技术立企"理念,组织为践行该理念,在对不同技术范式追赶过程中,形成了创新惯性。创新惯性在作为惯性驱动下支撑了技术惯性的形成,使企业在技术追赶过程中克服了对原有技术设施、工艺等所形成的依赖,形成了企业独特的技术惯性;第二,组织内作为技术创新变革者的知识型员工研发团队,在企业高层管理者作为惯性的驱动下,作为技术追赶的直接力量,形成了完成技术追赶的组织责任感,作为高层作为惯性的执行者主导了组织实现技术追赶的全历程。在作为惯性主导下,海信研发团队通过科研努力不断在企业发展的各阶段,实现技术追赶,获得了具有自主知识产权的专利,实现了技术追赶。

根据以上分析,本章得出二级编码的第四个命题:

命题四:作为惯性是组织实现技术追赶的本源性因素,主要通过企业高层管理者与技术研发团队两方面体现。

四 三级编码

三级编码是建立在二级编码的基础上,主要通过从已有的子类别中进行选择或者依据研究的需要完成对编码信息的进一步深度抽象。本章通过前两级编码,提炼出认知惯性、行为惯性、组织惯性、作为惯性对后发国家完成技术追赶的本源性作用。为了更清晰地把握上述惯性因素的作用，研究在扎根理论分析的基础上，提出了惯性传导路径模型，以揭示后发国家实现技术追赶的本源性因素，具体如图 8.2 所示。

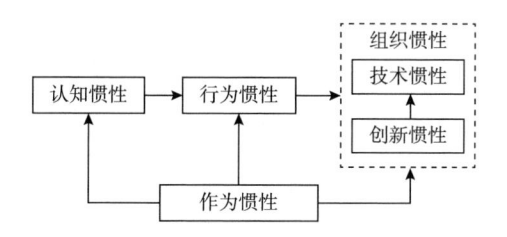

图 8.2 后发国家实现技术追赶的惯性传导路径模型

研究的理论饱和度检验。目前，进行理论饱和度检验的成熟方式可以分为两种。第一种采取数据预留的方式，将初始收集资料除用于理论分析之外，留存部分资料作为理论饱和度检验数据；第二种采用动态方式，对要分析样本资料采取跟踪、补充的处理方式对理论饱和度进行检验。这种方式符合通过多次资料收集以完成资料获取的意见（苏敬勤、刘静，2013；曹振杰，2012）。第二种处理方式，根据部分学者，可以在理论构建后，采取跟踪、补充的方式检验是否有新的范畴出现，实现对理论饱和度的检验。本章预留了部分数据资料，并结合第二种处理跟踪补充方式，综合的对研究所提出模型进行理论饱和度的验证。针对本章三级编码所建构的"认知惯性—行为惯性—组织惯性"后发国家实现技术追赶的惯性传导路径模型，还要进一步对模型进行理论饱和度检验。研究综合采用理论饱和度检验方法，先用研究预留的数据资料对模型进行检验，为确保模型的可靠又用跟踪、补充的方式对模型进行检验，以验证是否有新的范畴出现。通过两种检验方式的综合检验，结果显示：从研究所采用资料中发现的理论范畴已经非常丰富、完整．对于影响后发国家实现技术追赶的四个主范畴（认知惯性、行为惯性、组织惯性、作为惯性）之间不存在未发现新的重要关系，研究所发掘的四个主范畴，各范畴的内部也未见新的构成因子。通过以上分析可知，"认知惯性—行为惯性—组织惯性"后发国家实现技术追赶的惯性传导路径模型在理论上饱和的，该模型可以有效地解释后发国家实现技术追赶的惯性构成因素及作用机理。

第五节 本章小结

本章在全球化竞争程度加剧和独特的中国情境下，深入探讨我国成熟产业实现技术追赶背后的本源性因素，对中国情景下创新理论的发展，对我国制造产业的发展具有重要的现实价值。研究采用三级编码的扎根研究法对海信集团全发展阶段进行技术追赶过程进行扎根理论研究，深入探讨海信集团实现技术追赶的本源性因素。研究得出后发国家实现技术追赶的惯性传导路径模型：

（1）首先，后发国家实现技术追赶的起点始于认知惯性，通过对环境的觉察、评价、判断，形成组织决策的基础；其次，组织将高层管理者认知，通过组织决策转化为企业的具体行为，并形成行为惯性；再次，组织行为惯性通过管理者决策、管理措施、不断累积并内化为组织惯性；最后，管理者通过对组织创新体系变革、创新文化塑造等形成的创新惯性，支撑了组织技术惯性的形成。由模型可见后发国家在实现技术追赶的不同阶段，主导惯性呈现出不同的特性，并通过不同惯性间的交互作用，驱动技术追赶过程完成；（2）作为惯性贯穿后发国家实现技术追赶的惯性传导路径模型。企业家精神内核的是创新（刘昌年、梅强，2006），其与创新之间存在正相关关系（Donald，2008；Anokhin & Schulze，2009），推动了组织的技术创新和管理创新。企业家作为创新变革者，塑造了企业实现技术追赶的独特过程。海信高层管理者作为惯性在组织发展的各发展阶段起到了关键性作用。通过认知惯性跟踪并发现了国家政策倾斜与消费市场变动，为企业实现技术追赶带来的机会，并做出决策。通过行为惯性、组织惯性，企业高层管理者作为"创新变革者"始终在引领企业技术追赶的走向，并通过企业文化等创新惯性的塑造间接乃至直接影响技术追赶的过程；作为技术创新变革者的研发团队是组织实现技术追赶的直接力量，在企业高层管理者作为惯性的驱动下，形成了完成技术追赶的组织责任感，其作为惯性体现在不断通过科研努力实现不同阶段技术范式的追赶；（3）与多数研究结论不同，惯性因素在特定条件下不是企业实现变革的阻碍因素，而是促进企业实现技术追赶的本源性推动因素。惯性因素推动作用的产生，具有特定的条件。在特定的阶段、特定的情况下，不同的惯性所起作用是不同的。脱离特定阶段，特定惯性不会起到推动作用。而"作为惯性"作为所有惯性中贯穿始终的惯性，其作用突出体现在不同阶段的交替过程中，并克服组织内各类惯性作用所产生的负面影响。

研究识别出后发国家实现技术追赶的惯性传导路径模型，由于彩电制造业是我国为数不多的已经发展成熟且比较成功的产业。因此，其对于我国其他正处于发展中的产业的自主创新就更有重要的参考价值。同时，本章在研究方法上，提供了软件结合人工智能方法的三级编码扎根研究方法。但本研究尚存在一定局限，在研究结论的普适性方面，未来可通过多案例分析、实证研究等方法，以对影响彩电制造业自主创新因素做进一步的验证，以便研究成果更具说服力。

第九章 基于多维标度的 OLED 专利组合图谱绘制及技术机会分析

21世纪企业间全面竞争的程度，在信息、电子、网络等新兴技术变革的助推下，达到了过往市场经济条件下从未有的新高度。在新兴技术变革与市场竞争的驱动下，有关企业的技术竞争情报研究随之发展起来。作为技术创新成果的重要表现形式，专利文献比较完整地记载了技术发展的历程。目前，专利文献已经成为企业技术、产业前景、产业布局等情报分析工作的重要数据源。企业可从专利文献中的技术内容出发基于人类已有的技术基础，进行创新，从而避免重复性研究，启发新思路，挖掘对企业有用的情报信息，促进企业自主创新能力提升。当前，专利数据信息的价值，更多地体现在其副产品所产生的价值，如专利引文的数据信息。因为，专利之间的引证结果不仅反映了技术本身的发展和传承关系，而且反映了相类似的技术创新。因此，对专利信息的分析，具有重要的技术竞争情报价值。对此新的企业实践，学术界进行了大量的理论研究与实证分析。目前的研究主要集中在以下几个方面：

（1）研究内容上。主要是基础理论的归纳、分析、总结，其中Mogee将专利数据用于技术分析和规划，并详细分析专利分析法在技术竞争情报中的应用（Mogee，1991）。邱均平研究了专利计量指标的理论和实践（邱均平等，2008）。方曙等从定量、定性、拟定量三个角度总结了专利情报分析方法及其应用（方曙等，2007）。肖沪卫（2003）提出点、线、面、立体相结合的专利竞争情报分析法。

（2）研究方法上。主要为专利引文分析、共现分析与耦合分析，在对专利引文的利用方面，Narin 提出了 CHI 指标，通过设计出多指标方法，借此反映技术的发展情况，其主要利用的信息包括专利引文的数量、领域等（Narin et al.，1984）；Meyer（2000）对专利引文与科学论文之间的异同进行了分析；专利同被引分析使用较广泛，如基于该方法 Kuei Kuei Lai（2005）对专利分类系统进行了重新设计；Wu and Chen（2007）对企业核心技术能力进行了分析；Verspagen（2007）对燃料电池领域技术情报进行了分析。由于专利耦合适合对未来技术发展进行预测，寻找可能技术机会。因此，该种分析方法逐步成为一种重要的分析方法。Kuusi 和 Meyer（2007）发现了与纳米管相关的技术，Szu Chia Lo（2008）分析了从事遗传工程学研究的重要机构之间的关联度。

（3）研究工具上。从应用角度看，研究工具的使用为研究者提供了极大便利。研究者可以在专利文献资料掌握的基础上，使用专利分析软件，展开技术竞争情报的挖掘（顾震宇、卞志昕，2007；骆金龙、罗天雨，2007；张静等，2008）。目前使用工具主要为知识图谱的可视化分析工具，进行特定领域新技术与新技术机会的识别，技术竞争情报的获取，包括针对大型科技论文与专利文献数据库进行技术机会分析的软件（Porter，2005；Cunningham et al.，2006）。

综上所述，关于专利数据信息分析，国内外学者已经进行了大量的研究。但是，利用专利耦合来挖掘企业技术竞争情报的研究并不多见。特别是基于知识图谱的专利计量分析，引进我国时间并不长，因此结合我国特定市场经济国家国情开展的研究还需要深入开展。研究基于专利计量理论，运用专利耦合原理，以彩电产业重要的面板材料 OLED 技术为例，对 OLED 技术竞争态势进行分析，获取相关 OLED 技术竞争情报，为我国彩电产业通过技术布局，实现自主创新，提供一定程度的参考。

第一节 研究设计

一 研究对象及专利分析技术选取

（一）研究对象选取：OLED

有机电致发光显示器（OELD）即有机发光二极管（Organic Light Emitting Display，OLED），使用 OLED 材料制作的平板显示器与目前占主导地位的液晶显示器（LCD）等平板显示器相比，OLED 屏幕是一种理想的平板显示器。该屏幕具有成本低、主动发光、功耗低、可实现软屏显示等特点。从 20 世纪 60 年代开始，就已经有学者开始研究有机电致发光现象。目前，OLED 研发速度逐步加快，国外部分区域已经实现了产业化，LCD 面临被取代的趋势。在国内 OLED 技术的研发、产业化等方面相对落后。对我国彩电产业未来发展来说，OLED 技术具有至关重要作用，对其未来国际市场竞争地位具有重要影响（陈欣，2006）。因此，研究对 OLED 技术进行分析，力图为我国成熟的彩电产业获得持续竞争力，提供一定的借鉴。

（二）专利分析技术选取：专利耦合分析

目前，有关专利技术分析的方法有许多，研究选用典型的引文分析方法——专利文献耦合方法对 OLED 技术进行情报分析。文献耦合指，如果两篇文献引用共同的参考文献，则两篇文献之间形成了耦合关系，文献间耦合强度由两篇文献共有参考文献的数量决定耦合强度的强弱，专利耦合网络由两篇文献共同引用的专利耦合构建。两种专利文献分析方法，是逻辑思路相反的两种专利文献分析方法。专利之间的强弱关系判断依据不同，耦合分析以共同的被引专利为依据而同被引分析以共同的引文为依据。由专利间强弱关系不同的判断准则，可见专利文献分析前引与后引顺序的侧重点不同。相对程度上，专利耦合分析更适合于研究技术前沿领域。而进入或潜在进入一个领域的企业竞争对手，必须与其进行着类似或相同的技术的研发，那么围绕着这一技术而进行的各种技术活动，必然是建立在原有技术基础之上，企业间会由于使用相同的技术基础知识，而形成现实的或潜在的竞争关系。而不同企业之间的关联程度与耦合强度成正比。因此，据共引专利的线索，就可以识别属性各异的企业背后所隐藏的竞争关系，进而利用专利权人之间的耦合关系来挖掘技术竞争对手（孙涛涛、刘云，2011）。

二 研究资料信息收集

（1）专利数据库的选择。研究选取美国专利商标服务局（USPTO）专利数据库，作为专利信息分析来源。原因在于：第一，在技术层面上。美国作为经济最发达的市场国家，全球大多数先进技术都在美国申请专利。因此，其在技术上具有典型的代表性，数据来源权威、可靠性高；第二，数据易得性强。该专利数据库中的专利信息记录可以免费查询，可操作性强。

（2）检索策略的选择与专利数据集的构建。相对于"关键词+IPC分类号"的全面性搜寻策略，"关键词 + 高被引专利 + 专利引文"策略，后一种无疑能快速获得和识别典型的专利文献。因此，在专利数据集的构建策略上，研究采用第二种检索策略，据此构建专利数据集。

三 研究资料分析流程

研究利用专利引证关系来收集同一技术领域的专利数据集，并利用专利耦合的原理和方法，将专利文献聚类成不同的技术子主题，进行相关的技术发展趋势、技术热点、主要技术竞争对手及其技术优势的情报分析。基于耦合分析方法，进行OLED技术专利分析的具体流程如下：第一，通过小组讨论、专家访谈，确定进行专利数据信息检索的关键词，并确定OLED技术检索式；第二，根据确定后的检索方案，确定拟开展研究的时间范围，从USPTO检索的研究专题的专利数据信息，形成初始的研究专题专利数据集；第三，遴选种子专利，依据高被引检索出专利的 TOP25—TOP50 并将检索出的专利数据，作为种子专利；第四，研究技术专题数据集的构建。从 USPTO 中检索出种子专利（Seed Patent）的施引专利（Citing Patent）与被引专利（Cited Patent），构建所要研究主题的技术专题数据集。

四　案例数据分析和报告撰写

研究通过专利信息耦合分析方法，得出研究结论。研究通过 USPTO 收集专利数据信息资料，并基于专利耦合的方法，对彩电产业未来发展至关重要的 OLED 技术的专利信息进行可视化分析，分析 OLED 技术领域的竞争态势，并最终完成研究撰写报告。通过技术竞争情报的分析，分析 OLED 技术的发展方向、侧重点、产业内竞争对手等方面，其研究结论在一定程度上为我国彩电产业实现自主创新提供借鉴。

第二节　本土彩电产业 OLED 技术态势的实证分析

一　专利数据信息来源

本章研究选取美国专利商标局（USPTO）专利库，该检索系统由 Issued Patents（PatFT）与 Published Applications（AppFT）两个系统构成，PatFT 代表已颁布的授权专利，AppFT 代表公布的申请专利。由于 AppFT 只可检索 2001 年以来公布的申请专利，时间跨度短，从时间序列上看，检索信息不全面。因此，研究选择 Issued Patents 系统进行检索。追索时间从 1992—2011 年，限定在 20 年间，经与相关领域专家讨论，将 organic light emitting diode、organic light emitting display、oled、pled、organic ELectroluminescent、oeld、oel、small molecular organic light emitting、smoled、smoleds、polymer organic light emitting、polymer light emitting diode 与 polymer light emitting display 确定为检索关键词，从 USPTO 中检索出 1997 个专利构

建 OLED 技术领域初始专利数据集。然后从初始专利数据集中遴选 TOP25 高被引专利作为该技术领域的种子专利，从数据库中检索出种子专利的 162 个引用专利（Citing Patent），作为本次研究的分析对象。最终分析数据集中涉及 41 家企业（企业名称规范后），表 9.1 为在 OLED 技术领域拥有专利数量排在前 10 名的企业。

表 9.1　　　　　　OLED 技术专利数量 TOP10 企业

名次	企业名称	专利数量
1	MERCK PATENT GMBH（MERE-C）	49
2	3M INNOVATIVE PROPERTIES CO（MINN-C）	33
3	MERCK PATENT GMBH（MERE-C）	20
4	CAMBRIDGE DISPLAY TECHNOLOGY LTD（CDTC-C）	16
5	SUMITOMO CHEM CO LTD（SUMO-C）	11
6	COVION ORGANIC SEMICONDUCTORS GMBH（COVI-Non-standard）	10
7	APPLE INC（APPY-C）	6
8	PLANAR SYSTEMS INC（PLAN-Non-standard）	5
9	CDT OXFORD LTD（CDTO-Non-standard）	4
10	KONINK PHILIPS ELECTRONICS NV（PHIG-C）	4

二　专利数据信息的处理过程

第一步，抽取相关专利著录项。首先将 162 个专利的专利号（Patent Number）、题名（Title）、授权日期（Issue Date）、专利权人（Assignee）、技术分类号（IPC）从数据集中抽取出来，形成初始数据集，作为后续分析的准备。然后，研究将研究的耦合阈值确定为 2，并对 162 个专利构成的初始数据集进行筛选，舍弃耦合强度少于 2 的专利，得到 158 个专利构成精简后的数据集，为进一步分析做准备。

第二步，生成专利耦合矩阵。根据所得专利间的引证关系，首先生成初始引证矩阵。该矩阵是典型的二值矩阵，即矩阵中所有的元素取值均为

0 或 1。如果两个专利之间存在着引证关系，即取值为 1，如果两个专利之间不存在引证关系，即取值为 0。研究中的研究对象有 158 个专利，需要生成 158×158 的矩阵，由于研究篇幅限制略去原始的 158×158 矩阵。专利初始引证矩阵是一个不对称矩阵，根据初始引证矩阵转换成对称的专利耦合矩阵。

第三，采用统计分析方法对专利单元样本进行聚类分析。用 SPSS 提供的工具，选择层次聚类方法实现，将耦合强度大于 2 的专利聚成了 5 个小类的专利簇，得到 5 个技术子主题，并在相关领域专家的帮助下给每个技术子主题命名。

第四，采用多维标度分析方法生成专利图，将基于专利耦合挖掘出的各技术子主题的主要竞争关系以可视化的方式展示。

三 专利数据信息的分析

（一）OLED 技术基本状态分析

子技术主题的主要竞争对手分析。企业拥有相同或相似技术专利数量是目前判断企业竞争对手直接有效的方法。OLED 各子技术主题的企业拥有的专利数如表 9.2 所示。从表中可以看到，有些子技术主题被某些企业所垄断，如子技术主题 4、主题 5 就分别由 MERCK PATENT GMBH（MERE-C）、UNIV REGENSBURG（UYRE-Non-standard）所垄断，其中子技术主题 4 被 1 家企业 MERCK PATENT GMBH（MERE-C）所完全垄断，其他企业很难进入，该企业在主题 1 也占据了重要地位。在子技术主题 1、主题 2、主题 3 有很多的企业正在展开激烈的竞争，企业可以尝试在这些子技术主题进行研发，介入市场。从表中还可以看到 SAMSUNG、SUMITO-MO CHEM CO LTD（SUMO-C）、FRAUNHOFER GES FOERDERUNG ANGE-WANDTEN 在几个子技术主题都存在明显的竞争关系，如子技术主题 1 和子技术主题 2。SHARP 和 KONINK PHILIPS 在子技术主题 2 和子技术主题 3 也存在竞争关系。

表9.2　　　各子技术主题的主要技术竞争对手

项目	企业名称	专利数量	百分比
主题1	MERCK PATENT GMBH（MERE-C）	20	40
	COVION ORGANIC SEMICONDUCTORS GMBH（COVI-Non-standard）	10	20
	MERCK OLED MATERIALS GMBH（MERC-Non-standard）	3	6
	SAMSUNG（SMSU-C）	9	18
	SUMITOMO CHEM CO LTD（SUMO-C）	3	6
	NISSAN CHEM IND LTD（NISC-C）	1	2
	MERCK PATENTS GMBH PATENTS&SCI INFORMA（MERE-C）	1	2
	DOW GLOBAL TECHNOLOGIES INC（DOWC-C）	1	2
	MERCK KGAA（MERE-C）	1	2
	FRAUNHOFER GES FOERDERUNG ANGEWANDTEN EV（FRAU-C）	1	2
主题2	CAMBRIDGE DISPLAY TECHNOLOGY LTD（CDTC-C）	16	21
	SUMITOMO CHEM CO LTD（SUMO-C）	11	15
	APPLE INC（APPY-C）	6	8
	PLANAR SYSTEMS INC（PLAN-Non-standard）	5	7
	CDT OXFORD LTD（CDTO-Non-standard）	4	5
	KONINK PHILIPS ELECTRONICS NV（PHIG-C）	4	5
	VITEX SYSTEMS INC（VITE-Non-standard）	3	4
	TOPPOLY OPTOELECTRONICS CORP（TOOP-C）	2	3
	TPO DISPLAYS CORP（TPOD-C）	2	3
	SAMSUNG MOBILE DISPLAY CO LTD（SMSU-C）	2	3
	NUELIGHT CORP（NUEL-Non-standard）	2	3
	TONGBAO PHOTOELECTRICITY CO LTD（TONG-Non-standard）	1	1
	BATTELLE MEMORIAL INST（BATT-C）	1	1
	GEORGIA-PACIFIC CHEM LLC（GEOP-C）	1	1
	APPLIED MULTILAYERS LTD（MULT-Non-standard）	1	1
	TOPPAN PRINTING CO LTD（TOPP-C）	1	1

续表

项目	企业名称	专利数量	百分比
主题2	SYSTEM CONTROL TECHNOLOGIES LTD（SYST-Non-standard）	1	1
	SUMATION CO LTD（SUMA-Non-standard）	1	1
	FRAUNHOFER GES FOERDERUNG ANGEWANDTEN（FRAU-C）	2	3
	CHI MEI OPTOELECTRONICS CORP（CHMO-C）	1	1
	EASTMAN KODAK CO（EAST-C）	1	1
	KONINK PHILIPS ELECTRIC NV（PHIG-C）	2	2
	AU OPTRONICS CORP（AUOP-C）	1	1
	ROHM CO LTD（ROHL-C）	1	1
	SHARP KK（SHAF-C）	1	1
	UNIV LELAND STANFORD JUNIOR（STRD-C）	1	1
	FIELD M（FIEL-Individual）	1	1
	HEWLETT-PACKARD DEV CO LP（HEWP-C）	1	1
主题3	3M INNOVATIVE PROPERTIES CO（MINN-C）	33	67
	SARNOFF CORP（STRI-C）	3	6
	MEIS M A（MEIS-Individual）	2	4
	OSRAM OPTO SEMICONDUCTORS GMBH & CO OHG（SIEI-C）	2	4
	LIGHTSCAPE MATERIALS INC（STRI-C）	1	2
	SHARP KK（SHAF-C）	1	2
	STANLEY ELECTRIC CO LTD（SNLE-C）	1	2
	PHILIPS INTELLECTUAL PROPERTY GMBH（PHIG-C）	1	2
	LED LIGHTING FIXTURES INC（LEDL-Non-standard）	1	2
	CREE INC（CCRE-C）	2	4
	OSRAM OPTO SEMICONDUCTORS GMBH（SIEI-C）	1	2
主题4	MERCK PATENT GMBH（MERE-C）	2	100
主题5	MERCK PATENT GMBH（MERE-C）	2	67
	UNIV REGENSBURG（UYRE-Non-standard）	1	33

（二）技术机会的可视化表达

多维标度法（Multidimensional Scaling）是一种在低维空间展示"距

离"数据结构的多元数据分析技术，简称 MDS。多维标度法解决的问题是，当 n 个对象（object）中各对对象之间的相似性（或距离）给定时，确定这些对象在低维空间中的表示（感知图 Perceptual Mapping），并使其尽可能与原先的相似性（或距离）"大体匹配"，使得由降维所引起的任何变形达到最小。多维空间中排列的每一个点代表一个对象，因此点间的距离与对象间的相似性高度相关。即两个相似的对象由多维空间中两个距离相近的点表示，而两个不相似的对象则由多维空间两个距离较远的点表示。多维空间通常为二维或三维的欧氏空间，但也可以是非欧氏三维以上空间。用于反映多个研究事物间相似（不相似）程度，通过适当的降维方法，将这种相似（不相似）程度在低维度空间中用点与点之间的距离表示出来，并有可能帮助识别那些影响事物间相似性的潜在因素。作为一种非线性映射，进行定向专利挖掘分析，可通过选择具有关联关系的数据项集，进而发现所研究企业的专

利情况。特别是，多维标度分析在将高维空间数据映射到二维空间的同时，可以保持原有数据之间的全局结构，实现专利分析结果的可视化展示。因此，研究提出使用有力的专利分析工具 MDS 作为研究的研究方法。多维标度专利分析过程的依据是所研究专利数据项间的关联度量，通过 MDS 分析将投影在多维空间的所选专利数据项，然后进行降维处理，最后以可视化的形式将专利间的关联关系展示，具体计算公式及运算过程如下所示（康宇航，2009）。

第一，数据间关联规则的构造

数据间的线性相关系数为：

$$\rho_{ij} = \frac{\sum_{k=1}^{p}(x_{ik} - \bar{x}_i)(x_{jk} - \bar{x}_j)}{\sqrt{\sum_{k=1}^{p}(x_{ik} - \bar{x}_i)^2 \sum_{k=1}^{p}(x_{jk} - \bar{x}_j)^2}}, -1 \leq \rho_{ij} \leq 1$$

其中，$\bar{x}_i = \frac{1}{p}\sum_{k=1}^{p}x_{ik}$ ；$\bar{x}_j = \frac{1}{p}\sum_{k=1}^{p}x_{jk}$

上述分析之后，可产生衡量相似程度的相关系数矩阵。

第二，构建基于数据关联的多维标度模型

设定相似矩阵 $p = (\rho_{ij})_{n \times n}$ 后，考虑如何在实坐标中找寻 n 个点，使 $(x_i - x_j)^2$ 反映 P 的相似性。

设定 $p = (\rho_{ij})_{n \times n}$，求 $x_1, x_2, x_3 \cdots x_n$ 满足

$$\sum_{i=1}^{n} x_i = 0 \quad \left(\bar{x} = \frac{1}{n}\sum_{i=1}^{n} x_i = 0\right) \tag{1}$$

$$\sum_{i=11}^{n} x_i^2 = 1 \tag{2}$$

将 Q 整理为 $x_1, x_2, x_3 \cdots x_n$ 的二次型的规范式，记 $\rho_{ij} = 1$ 后，

$$Q = \sum_{i=1}^{n}\left(-\left(\sum_{j=1}^{n}(\rho_{ij} + \rho_{ji})\right)\right)x_i^2 + 2\sum_{i,j=1}\rho_{ij}x_i x_j \tag{3}$$

令
$$a_{ii} = -\sum_{j \neq i} a_{ij}, i = 1, 2, \cdots, n$$

$$a_{ij} = \rho_{ij} + \rho_{ji}, \quad i \neq j, i, j = 1, 2, \cdots, n$$

则有
$$Q = x'Ax \tag{4}$$

显然，式（4）中的 A 是对称的，可利用对称阵的特性 $\max_{x'x} x'Ax = \lambda_1$，$\lambda_1$ 是 A 的最大特征值，则式（3）的解就是矩阵 A 的特征值 λ_1 所对应的特征向量，$x^* = (x_1^*, x_2^*, \cdots, x_n^*)'$ 就是这个特征向量的 n 个坐标，于是就解决了一维标度的问题。

但是在实际应用中，当数据项的数量大时，一维空间不易反映数据项之间的关联性，有必要考虑多维空间的标度问题，寻求如下的 $n \times p$ 阶矩阵

$$\bar{x}_k = \frac{1}{n}\sum_{i=1}^{n} x_{ik} = \frac{1}{n} 1' x_k = 0, k = 1, 2, \cdots, n \tag{5}$$

这里要求 X 中的元素满足条件

$$\bar{x}_k = \frac{1}{n}\sum_{i=1}^{n} x_{ik} = \frac{1}{n} 1' x_k = 0, k = 1, 2, \cdots, n \tag{5}$$

各个标度点间在 P 维空间中的距离平方为

$$d_{ij}^2 = \sum_{i=1}^{n}(x_{ik} - x_{jk})^2 = \|x_{(i)} - x_{(j)}\|^2, i, j = 1, 2, \cdots n \tag{6}$$

第九章 基于多维标度的OLED专利组合图谱绘制及技术机会分析

为使这些距离与原定的非相似性度量 $-\rho_{ij}$ 尽可能在顺序上一致，把问题归结为求矩阵 X，并且在公式（5）和式（6）之下，使表达式取得最大值

$$Q = -\sum_{i \neq j}\sum_{i \neq j} \rho_{ij} d_{ij}^2 = \sum_{k=1}^{p} x_k' A x_k$$

使 Q 达到极值的 P 个向量，就是我们需要解的 x_k（$k = 1, 2, \cdots, p$），它们应是 A 的前 P 个最大特征值所对应的正规直交特征向量。由这些特征向量所构成的 $n \times p$ 阶矩阵，$X = (x_1, x_2, \cdots, x_p)$ 的各行显示出 n 个点在 P 维空间中的坐标。尽管多维标度法能在二维或三维空间中显示群体结构，但不能揭示各群体间的内在关系，而聚类图能够清晰地反映出类别的界定。研究将聚类方法与多维标度法有机结合，则可以进一步揭示多维标度散点图中各群体之间的内在结构关系，并称其为"聚类论多维标度分析"。

（三）分析与结果

研究采用 MDS 方法绘制 OLED 技术机会的可视化图谱（如图 9.1 所示），并对 OLED 技术专利组合的主要类别进行分析（如表 9.3 所示）。

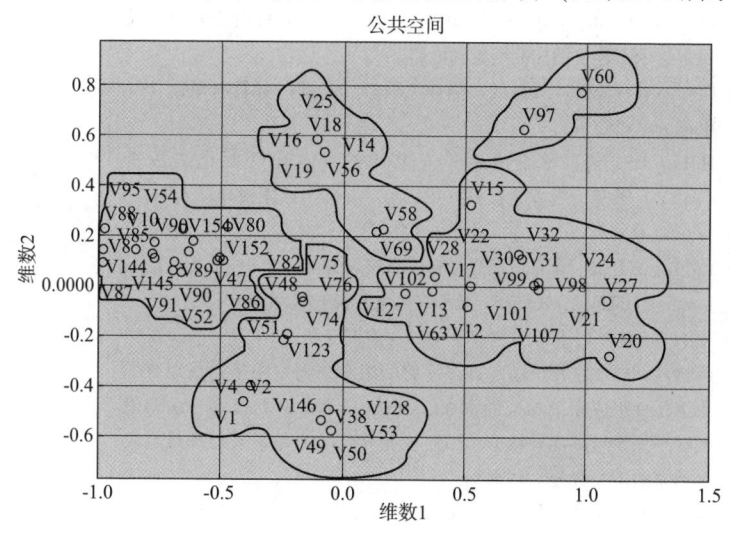

图 9.1 OLED 技术机会分析可视化图谱

表9.3　　　　　　　　OLED技术专利组合的主要类别

组群	主要技术类别（IPC）	技术内容
主题1	C09K-011/06 有机发光材料，是一种在电场驱动下，通过载流子注入和复合导致有机材料发光的平板显示器件。 H01L-051/50，专门适用于光发射的，如有机发光二极管（OLED）或聚合物发光器件（PLED） C08G-061/12 在高分子主链上含有碳原子以外原子的高分子化合物 C08G-061/00 由在高分子主链中形成碳—碳键合的反应得到的高分子化合物。 H05B-033/14 以电致发光材料的化学成分或物理组成或其配置为特征的一类导电高分子发光材料。 H01L-051/30 材料的选择。 H01L-051/05 专门适用于整流、放大、振荡或切换且并具有至少一个电位跃变势垒或表面势垒的；具有至少一个电位跃变势垒或表面势垒的电容器或电阻器。将经上述氢键改性的导电聚合物敏感材料，增强了导电聚合物材料对氢键碱性气体的探测能力，提高了灵敏度和选择性，并且还增加了传感器的适用类型	主要研究是以电致发光光源为主的高分子发光材料技术研发
主题2	G02F-001/1335，与液晶单元结构相连的光学装置，例如偏振器、反射器。 G09G-003/30，采用电发光面板，仅考虑与除阴极射线管以外的目视指示器连接的控制装置和电路。 G09G-003/32，半导体的，例如二极管。它是一种具有单向传导电流的电子器件。 H01L-051/50，专门适用于光发射的，如有机发光二极管（OLED）或聚合物发光器件（PLED）（有机半导体激光器入H01S 5/36）。 C09K-011/06，含有机发光材料。有机发光显示器（Organic Light Emitting Display，OLED），又称有机电致发光显示器。 H01L-051/54，材料选择，为OLED关键专利。 G09G-003/20，用于显示许多字符的组合，例如用排列成矩阵的单个元件组成系统构成的页面。OLED具有的对比度高，主动发光和环保设计等优异特征，因而被业界公认为是最理想和最具发展前景的下一代显示技术。 H05B-033/10，具有一个光反射结构，例如半导体布拉格反射镜。	主要研究是以电致发光材料研究为主的控制装置和电路技术研发

续表

组群	主要技术类别（IPC）	技术内容
主题3	F21V-009/00，滤光器；荧光屏发光材料的选择（发光材料本身。可用多种方法制成。滤光片为其中的一种。也可用气体或溶液制成滤光器。滤光片为常用的滤光器，主要用作辅助色散。 F21V-007/04，光学设计。 F21V-007/00，光源的反射器。反射器又名反光片或反光晶格，它的材质主要是PMMA，PC，AS塑胶件。 G02B-006/00，光导；包含光导和其他光学元件（如耦合器）的装置的结构零部件。光电耦合器是以光为媒介传输电信号的转换器件	主要研究是以光学设计与光学元件（如耦合器）的装置技术研发
主题4	H01L 51/56 专门适用于制造或处理这种器件或其部件的方法或设备 H01B-001/12，有机物质。 H01L 51/54 材料选择	主要研究是以H01L半导体器件，专门适用于制造或处理这种器件或其部件的方法或设备技术研发
主题5	H01L-051/00，使用有机材料作有源部分或使用有机材料与其他材料的组合作有源部分的固态器件；专门适用于制造或处理这些器件或其部件的工艺方法或设备。 H01L-051/54，材料选择 C09K-011/06，含有机发光材料。 H01L-051/50，专门适用于光发射的，如有机发光二极管（OLED）或聚合物发光器件（PLED） C07F-015/00，含周期表第Ⅷ族元素的化合物	主要研究是以有机材料的固态器件有机电致发光器件技术研发

技术主题1专利主要研究以电致发光光源为主的高分子发光材料的技术研发为主，体现出OLED具有成本低、全固态、主动发光、亮度高、对比度高、视角宽、响应速度快、厚度薄、功耗低等特点；有机发光二极管（OLED）器件有宽泛的发射光谱，并能通过细微改变器件的化学组成来调谐OLED的发光波长峰值，这是其强于LED的显著特点。因此，在OLED中能够比较轻易得到高质量白光，并将改善白光质量。由于该材料本身特点，在照明、信息技术等方面有着重要的作用，在当前低碳经济的背景下也大有作为。其中PPV类聚合物作为电致发光材料最早被提出，而经过修

饰和改性的 PPV 衍生物的综合性能更加优秀，因此成为目前研究得最多的一类导电高分子发光材料。

技术主题 2 专利，主要研究以电致发光材料研究为主的控制装置和电路技术研发。聚合物电致发光材料的价格低廉，器件的制作工艺简单，其驱动电压低、亮度和效率较高并可调制发光颜色，并具有较好的力学性能、加工性能以及热稳定性，由于无机半导体材料和有机小分子材料的缺点被克服，因此成为最具有商业化前景的电致发光材料。目前，寻找高效且寿命长的聚合物电致发光材料与优化器件的制备工艺成为电致发光聚合物研究的主要方面。

技术主题 3 专利，主要研究以光学设计与光学元件（如耦合器）的装置技术研发。光电耦合器的种类较多，常见有光电二极管型、光电三极管型、光敏电阻型、光控晶闸管型、光电达林顿型、集成电路型等。

技术主题 4 专利，主要研究以 H01L 半导体器件，专门适用于制造或处理这种器件或其部件的方法或设备技术研发。有机物质即有机化合物。分子较大含碳化合物（一氧化碳、二氧化碳、碳酸盐、金属碳化物等少数简单含碳化合物除外）或碳氢化合物及其衍生物的总称。

技术主题 5 专利，主要研究以有机材料的固态器件有机电致发光器件技术研发为主。有机材料制作的固体器件及相关制作工艺、设备（H01L51/00），该领域的技术主要包括使用有机材料作有源部分或使用有机材料与其他材料的组合作有源部分的适用于整流、放大、振荡或切换的固体器件，带有至少一个跃变势垒或表面势垒的电容器或电阻器以及专门适用于制作或处理这些器件或其部件的工艺方法或设备。决定白光 OLED 实现产业化的 2 个关键指标是效率和寿命，器件效率体现了将电能转化为光能的能力，寿命体现了其实用性。因此，此领域研究成为未来重要研究方向。

第三节 本章小结

通过相关技术领域的技术机会分析，可以挖掘出潜在的、有价值的技术机会，为相关组织、机构以及政府部门的科技管理工作提供必要的决策支持，进而实现我国自主创新能力的增强。研究基于多维标度分析方法，构建了专利技术机会组合分析的可视化工具，并对 OLED 技术领域进行了实证分析。主要采用"关键词 + 高被引专利 + 专利引文"的分析策略，快速获得和识别典型的专利文献，基于专利耦合分析的专利分析方法构建专利数据集，结合 MDS 方法挖掘技术竞争情报，通过可视化图谱，可以揭示相关的技术热点、发现主要竞争对手及其并对技术机会进行可视化分析，发现相关企业的技术布局或技术优势。因此，具有较好的情报价值。研究所挖掘的技术领域技术热点，是通过专利耦合分析方法来确定。因为，拥有相同或相近专利的企业在技术相关性上关联较强，是现实或潜在的竞争对手。目前，技术机会分析的理论尚处于探索阶段，在实践应用层面的系统研究较少，仍需要进一步深化。下一步的研究工作，会将基于多维标度的分析与专家分析更好的结合，进而推动专利机会分析的深化开展，并通过研究方法的完善进一步开展某个专业技术领域关键技术的挖掘。

第十章 制度逻辑视角下生产性服务业促进制造业技术创新能力提升的共生机理研究

在经济全球化与逆全球化下全球价值链脱钩的双重悖行的制度逻辑挤压下，创新在企业核心能力形成与竞争力提升中发挥着越来越重要的作用，同时也成为国家层面的优先战略（蒋建武，赵曙明等，2010）。本章基于"制度逻辑—惯性基因—资源行为"写作逻辑，从制度逻辑视角出发深入系统地研究生产性服务业促进本土制造业技术创新能力提升的共生机理进行研究，其研究方法和结论有助于企业部门和政府管理部门正确辨识和认知制造业与生产性服务业协同创新体系的内容和结构、有目的的构建和管理促进区域协同创新网络联系。本章研究符合促进本土产业技术创新能力提升目标，增强了我国本土企业经济竞争力。对于全球化背景下提升我国本土制造业和生产性服务业的共生成长和产业竞争能力具有重要的实践价值和现实意义。

第一节 问题界定

本章基于协同理论，组织管理等理论，通过研究制度逻辑、企业资源行为、惯性理论、生产性服务企业实现协同发展的理论与对策，明晰制度逻辑对资源行为影响的内在规律、惯性基于对本土企业行为的影响。本章研究对象为制度逻辑（如政府）、制造企业资源行为、生产性服务业企业（如第三方技术源等）以及解释相同制度逻辑情景下企业资源行为各异的惯性基因；协同学（synergetics）由赫尔曼·哈肯（Harmann-Haken）在20世纪70年代创建，协同学是研究开放系统通过内部子系统间的协同作用而形成有序结构机理和规律的学科，是自组织理论的重要组成部分。通过子系统之间的相互作用，整个系统将形成一个整体效应或者一种新型结构，这个整体效应具有某种全新的性质，而在子系统层次上可能不具备这种性质。赫尔曼·哈肯还强调：协同学从统一的观点处理一个系统各部分之间的相互作用，导致宏观水平上结构和功能的协作。协同学的理论核心是自组织理论（研究自组织的产生与调控等问题），这种自组织随"协同作用"而进行。"协同作用"是协同学与协同理论的基本概念，实际上就是系统内部各要素或各子系统相互作用和有机整合的过程。在此过程中强调系统内部各个要素（或子系统）之间的差异与协同，强调差异与协同的辩证统一必须达到的整体效应等。其核心是自组织理论（研究自组织的产生与调控等问题），这种自组织随"协同作用"而进行。

  本章所提及的"协同作用"是指在政策制度逻辑（主要载体是政府）直接约束下，本土制造企业与生产性服务业企业（如第三方技术源）或初态型生产性服务业企业（如类第三方技术源）所形成的共生结构，这种达成协同的共生结构驱动所在区域内不同层次、资源禀赋各异的生产性服务业企业（如第三方技术源或类第三方技术源）与区域内本土制造业实现协同发展，以达到的区域内制造企业与生产性服务业企业（如第三方技术源或类第三方技术源）整体协同创新的效应，最终实现促进制造业技术创新能力的提升，达到提高本土企业集约经营程度的目的。

第二节　研究方法与研究路线

一　研究方法

本章研究按照根据研究问题类型选择研究方法的原则，选定研究方法，本章旨在探究重型工业机械设备产品系统制造企业与生产性服务业形成产业共生结构，以生产性服务业促进制造业创新能力提升过程中制度逻辑如何影响资源行为、回答在相同制度逻辑下资源行为表现的差异性的问题。由于本章研究属于回答"如何"的问题，适宜采用案例研究方法（Gummesson，1991；Yin，2002）。本章以案例研究方法为主要研究方法，以理论研究和文献研究等方法为辅助，对政府（组织外部情景中，重要的制度逻辑主体）政策制度逻辑的约束下生产性服务业企业（第三方技术源）或者类生产性服务业企业（类第三方技术源）促进制造企业采取资源行为以适配制度逻辑变化，提升技术创新能力的过程，并对统一制度逻辑约束下本土企业产生差异性资源行为的惯性基因等系列问题展开深入系统的研究。

第一，理论研究。本章研究通过文献信息分析和文本挖掘，在对区域内生产性服务业（第三方技术源或类第三方技术源）、政府发展产业的政策制度逻辑、制造企业资源行为、惯性基因等相关的国际前沿理论与方法进行梳理的基础上，对本章关键问题进行研究并分析内在机理。

第二，案例研究。本章研究采用单案例探索性研究，以开展深入的系统理论研究。通过分析提取案例信息，总结提炼面对统一的政府发展产业的政策制度逻辑生产性服务业（第三方技术源或类第三方技术源）与本土制造企业资源行为实现协同发展以及惯性基因对本土制造业资源行为差异性的影响机理。

二　研究路线

第一阶段，资料收集和文献研究。政府政策制度逻辑约束下生产性服务业企业与制造业实现协同共生的资料收集和文献研究，对区域内生产性服务业（第三方技术源或类第三方技术源）、本土制造业协同共生的现状进行调查。

第二阶段，在文献研究、经验总结的基础上，"制度逻辑—惯性基因—资源行为"写作逻辑，展开区域内政策制度逻辑约束下本土制造业与生产性服务业（第三方技术源或类第三方技术源）产业协同共生研究。通过理论研究制度逻辑约束下的生产性服务业与本土制造业企业结构关系，提出概念模型，以明晰制度逻辑如何约束本土企业资源行为，惯性基因如何影响本土制造企业资源行为的问题。

第三阶段，在理论框架模型分析的基础上，结合实践，对政府政策制度逻辑约束下的生产性服务业（以第三方技术源或类第三方技术源为代表）与本土制造业企业实现协同发展模式的内在运行机理展开研究并基于惯性角度对本土企业资源行为差异化原因进行解释，并不断的修正和完善所提出的研究结论。

第四阶段，结论提炼与政策研究。以产业经济、管理和政策科学等理论为基础，综合运用文献研究、网络检索、实地调查、专家访谈和小组讨论的等方法。对制度逻辑视角下，对促进生产性服务业与本土制造业实现共生成长的具体实践进行剖析，提炼制度逻辑约束下本土制造企业资源行为差异化的惯性基因解释的研究结论并从政策制度逻辑供给的角度提出促进本土制造业与生产性服务业发展的对策。

第五阶段，在以上理论研究的基础上，进一步完善有关研究工作，开展并完成与本章有关的各项工作。

第三节 共生机理的案例分析

一 研究思路

本章研究要点主要包括三个方面的内容。首先：研究制度逻辑约束下生产性服务业企业（类型主要包括初态型生产性服务业企业）与本土制造业实现协同共生的框架模型，力图从理论解释本土制造业企业如何与生产性服务业企业（类型包括初态型生产性服务业企业）实现协同发展；其次，从"制度逻辑—惯性基因—资源行为"写作逻辑出发，引入惯性理论，研究生产性服务业企业（类型包括初态型生产性服务业企业）与本土制造业实现协同共生模型的运行机理；最后，针对相关研究结果提出管理对策。三部分内容基本上囊括了本章所设定的目标和内容。

本研究综合理论与应用两部分内容。理论研究包括了模式及运行机理研究两部分内容，应用研究则包括管理研究的内容。每部分内容涉及子项研究若干，子项研究结论之间又存在着一定的关联性。（1）从协同理论入手，从"制度逻辑—惯性基因—资源行为"写作逻辑出发，破解政府政策制度逻辑约束下，本土制造业企业与生产性服务业企业（类型包括初态型生产性服务业企业）实现协同共生的总体概念模型；（2）协同共生机理研究，主要从两个方面展开，包括协同要素的研究，惯性研究两部分内容；（3）在管理研究中，炼制度逻辑约束下本土制造企业资源行为差异化的惯性基因解释的研究结论并从政策制度逻辑供给的角度提出促进本土制造业与生产性服务业发展的管理对策。本研究的基本思路具体如图 10.1 所示：

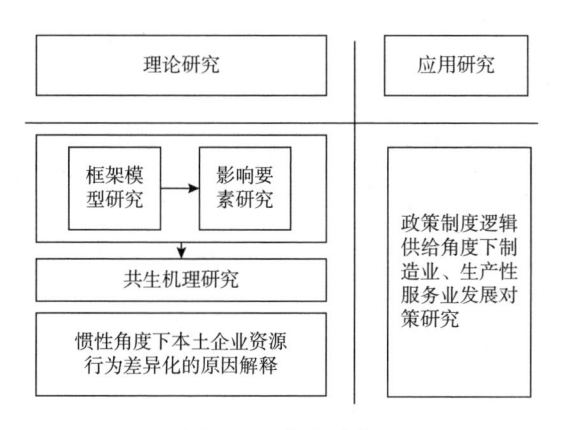

图 10.1 研究路线

二 制度逻辑视角下制造业与生产性服务业协同共生框架研究

在市场假设一定的情况下，政府作为政策制度逻的主要载体，通过政策、文件、鼓励性行为等举措为本土制造业与生产性服务业的协同共生提供制度逻辑资源供给，约束并驱动制造业与生产性服务业产业主体的创新活动，其中包括本土制造企业与生产性服务业企业（类型包括"类第三方技术源"等初态型生产性服务业企业）。

生产性服务业企业（类型包括初态型生产性服务业企业）除了其所提供的基本功能外，生产性服务业企业溢出功能具体表现为"类第三方技术源"为所服务的本土制造业企业提供智力、技术等生产性服务，作为技术、智力要素的供给方，可以满足相关需求。

本土制造业企业是区域内技术创新的实际载体，其竞争优势地位的维持，主要由本土制造业企业所具备的技术创新能力体现。但作为制造主体，其主要成本投入实体再生产过程中，导致研发费用在成本构成中的非主体地位。因应，造成本土制造业企业技术研发能力的相对不足。作为技术、智力要素的需求方，需要独立的可以为本土制造业企业提供生产性服务的企业，如"第三方技术源"或者"类第三方技术源"类型的生产性服务业企业，为本土制造业企业提供相应服务。

· 191 ·

生产性服务业企业（类型包括初态型生产性服务业企业）作为"类第三方技术源"要实现与本土制造业企业的协同发展，为本土制造业企业技术创新能力提升提供智力支持，关键是在政府政策、行为等制度逻辑资源供给的驱动、调节下与本土制造业企业达成共生，这种协同内在的运行机制是通过供需适配达成的。因为，生产性服务业企业要想发展，同样离不开制造业的生产性需求。

关于适配理论的研究一直是组织行为学、组织心理学研究的重点。其中较为经典的有人与环境的适配研究，Edwards（1991）基于供给与需求的概念，提出了个人与工作适配的模型，Brown & Eisenhardt（1998）对企业如何适配环境提供了更深入的分析，Olga Suhomilinova（2006）为描述组织和环境对组织生存的联合影响，建立了"组织—环境"联合进化模型并对其进行解释。目前，适配理论已经更多地被用到了战略研究等领域。战略设计学派认为，战略形成应该是一个有意识、深思熟虑的思维过程。因此制订战略需要设计模型，以寻找内部能力和外部环境的适配（Christensen et al.，1982；转自蓝海林，2007）。Henderson and Venkatraman（1992）规范了众多与战略适配相关的概念并提出了企业战略适配的理论模型。Henderson and Venkatraman（1993）提出的企业战略和IT战略的对应的战略适配模型（SAM）。Jerry Luftman（2000）提出的业务—IT战略适配成熟度模型（Business-IT Strategic Alignment Maturity Model）。Zaijac, Kraatz and Bresser（2000）提出了战略变革适配环境的规范模型，对后续研究企业的战略变革如何适配环境的变化产生了深远的影响。适配理论在国内是新兴研究领域，我国学者对于适配问题进行了大量的研究并取得了丰富的研究成果，如项保华、周亚庆（2002）通过万向集团案例，剖析了企业文化与战略的关系，阐述了企业战略如何与文化的适配。贾生华（2004）提出在企业的创业和发展过程中，企业家能力是变化的，需要有一个合适的适配，并对基于企业家能力的企业成长机理和模式适配的三个方面问题进行了论述。王瑞，钱丽霞（2005）从能力和环境适配的角度对企业竞争优势变迁的成因进行了分析，提出不同环境下影响企业竞争优势

第十章 制度逻辑视角下生产性服务业促进制造业技术创新能力提升的共生机理研究

的主要因素是不同的，其内在成因是企业不断寻找能力和环境相适配的机制。张钢（1999）提出的基于组织学习的新洞见的出现→创造新的选择→产生新的动机→观察行为结果模型。

政府政策制度逻辑约束下，本土制造企业调动企业内部资源即企业自身所具有的资源禀赋并引入外部资源即生产性服务业企业所提供的技术资源，产生创新行为。这种创新行为，在内化后形成组织惯性并作为企业管理创新基因对组织的创新行为产生影响。政府政策制度逻辑、制造企业资源行为以及惯性基因所形成的联系可以为区域创新系统提供支持，该联系具体包括：各级政府包括地方或区域政府及下属机构组成的行政链。其中，政府作为政策制度逻辑资源的供给者，是区域内创新的组织者、契约关系来源，政府形成了组织外部情景中重要制度逻辑的主体，可以确保稳定的相互作用与交换；由垂直和水平联系的本土制造业企业构成的制造供应链、产品生产链以及价值增值链。本土制造业产业作为进行生产的场所，承担着最终产品生产的责任；由研究和学术制度组成的技术—科学链。其中，大学则作为新知识、新技能的来源，是知识经济的生产力要素，其为本土制造业提供技术的生产性服务，作为"类第三方技术源"初态型生产性服务业成为本土制造业重要的外部资源供给者。

综上所述，该模式在确保各个主体边界的基础上，表现出角色的交叉、结合、互换以及多边和双边沟通的作用，并形成持续的创新流。目前，已经有越来越多的国内外学者对政府、企业以及生产性服务业企业（类型包括初态型生产性服务业企业）的共生发展进行了系统研究。尽管国内学者已经并取得了卓有成效的成就，但相关研究在以下几个方面尚需要深化研究。第一，在研究主题上，未深入到协同共生内部，从惯性角度剖析其形成过程与运行机制；第二，在理论使用上，未曾从惯性基因的视角讨论本土制造业创新行为产生的原因；第三，在研究方法上，目前主要使用理论分析，缺乏使用多案例研究法，特别是本土化实证性研究基本上处于空白状态。结合中国管理实践发展的研究较少，不能形成中国理论。为形成、建立具有本土特色的理论。因此，需要结合本土实践，开展研究,力图为形成本土理论做贡献。

基于现有理论的缺口,研究认为基于惯性理论,研究政策制度逻辑约束下本土制造业创新行为差异性原因,在一定程度上能充实本土创新理论。以上的研究工作和初步成果,成为我们从事此项研究的重要基础。本章所提出的具体制度逻辑视角下制造业与生产性服务业协同共生的物理模型,如图10.2所示。

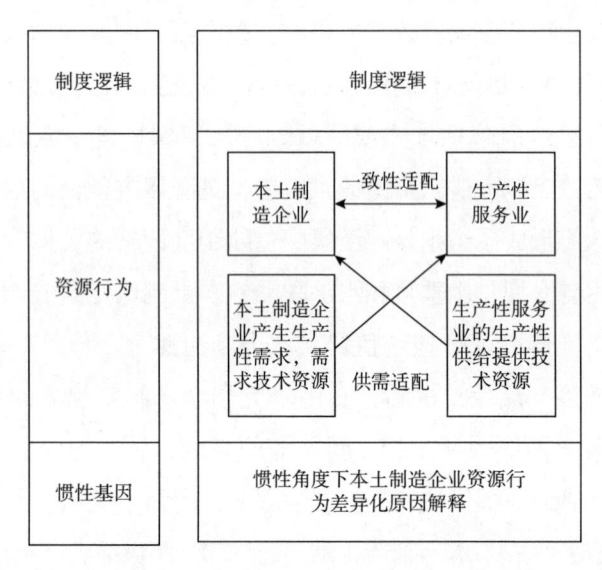

图10.2 制度逻辑视角下制造业与生产性服务业协同共生的物理模型

三 制度逻辑视角下制造业与生产性服务业协同共生机理

制度逻辑视角下制造业与生产性服务业协同共生的物理模型阐明了共生的构成与生成机理的宏观解释,但没有解释因素间是如何相互作用的运行机理。因此,本章采用探索性案例分析方法,力图破解制度逻辑视角下制造业与生产性服务业协同共生的内生机理。近半个世纪以来,管理领域对于组织如何获得成功的起源开展了大量的研究,但大多数研究,更多的将关注点聚焦在组织中观察到的各种新现象(Simon H. A.,1991;Nadkarni & Narayanan,2007;马骏、席酉民、曾宪聚,2007),却很少能够涉及企业更本质的问题。惯性理论的提出,为本章研究问题的解决提供了新的

第十章　制度逻辑视角下生产性服务业促进制造业技术创新能力提升的共生机理研究

理论基础。并最终明晰惯性基因对本土制造业资源行为差异化的解释。

基于此，研究以重型设备企业辽宁抚挖重工机械股份有限公司（简称：抚挖重工）为主要研究对象，试图揭示制度逻辑视角下制造业与生产性服务业协同共生的机理，对制度逻辑视角下制造业与生产性服务业协同共生是怎样构成和怎样形成的进行解释。

（一）研究设计

1. 案例选择

本章遵循典型性原则（Patton，1987）选取辽宁抚挖重工机械股份有限公司（简称：抚挖重工）作为案例研究对象。该案例能够代表一类具有相同特征的重型工业机械设备企业的主导逻辑及其特征、规律。首先抚挖重工是典型的重型工业机械设备制造企业的代表。是一家集研发、生产、销售为一体的工程机械专业制造企业。公司始创于1904年，企业前身是具有百年发展历史的抚顺挖掘机厂，是中国拥有最长建厂历史的工程机械制造企业，曾为新中国的民族工业发展做出过非凡贡献。新中国成立六十多年来，遍布海内外建设工地近2万台的市场保有量，是百年抚挖的骄傲。抚挖重工是国内历史最久、品种系列最全、最具综合竞争力的液压履带式起重机专业制造商。潜心于工程起重机行业发展近30年，积累了丰富的研制经验和一批高精尖的技术人才。2009年，抚挖进入全球移动式起重机制造商销售收入排名前10名；在中国工程机械协会起重机分会举办的"2010年全球起重机峰会"上，抚挖重工被评为全球移动式起重机十强企业。2010年，抚挖重工在全国规模最大、配套完整的"辽宁装备制造基地"另辟40万平方米土地，拟建一个具有国际先进的履带式起重机研制基地。抚挖重工新工业园区大型起重机研制基地的建设，将对国内履带式起重机市场产生新的影响，对于提升国产液压履带式起重机制造能力和参与国际市场竞争具有划时代的深远意义。

选择抚挖重工作为案例研究对象，无论是企业本身、还是企业主导逻辑方面都具有典型代表性，能够代表一类具有相同或相似特征的重型工业机械设备制造企业及这类企业在主导逻辑方面的特征、规律，因此使用该案例能够提出具有一定普适性的理论（Patton，M. Q.，1987）。

2. 数据收集与分析策略

研究严格遵循案例。研究的流程：理论回顾→案例研究草案设计→案例数据收集→案例数据分析，同时在数据收集和分析上循环往复，保证研究信度和效度（Yin，2002；Pan & Tan，2011）。

首先收集并研读了制度逻辑、资源行为、组织惯性等理论的相关文献，确定了研究问题和研究性质。然后进入案例研究草案设计流程，明确了数据收集方法和分析策略，并设计了访谈提纲。在数据收集阶段，将访谈、参与者观察和文件档案等数据收集策略紧密结合。在数据分析中，本研究借鉴潘善琳 SPS 案例分析技术（S. L. Pan and B. C. C. Tan，2011.），充分利用案例研究灵活性的特点及研究者团队与研究对象的亲密关系，并将数据收集和分析结合起来，反复巩固和验证所构建理论，直至达到理论饱和（S. L. Pan and B. C. C. Tan，2011；K. Eisenhardt，1989.）。

3. 信度与效度

在数据收集过程中，使用数据来源和调研者两种三角验证策略（Yin，K. R.，2002）对数据进行筛选，确保所收集数据的有效性和可信性。对于新获得的数据，确保每一个数据都能够验证我们的理论模型，确保每一个已经被排除的数据不会与新的理论模型相抵触或者补充扩展其内容。并对数据处理过程中所构建的理论模型和结论进行小组讨论，对取得一致的结论予以保留，对不一致的结论由五名研究生再次研读相关数据提出新的结论，直至取得一致为止。

（二）案例发现

1. 案例描述

抚挖重工是国内历史最久、品种系列最全、最具综合竞争力的液压履带式起重机专业制造商。截至 2010 年，公司已拥有从 25 吨到 1250 吨，18 个吨级、25 种型号的履带起重机全新系列产品。尤其是亚洲首台自主研发

第十章　制度逻辑视角下生产性服务业促进制造业技术创新能力提升的共生机理研究

的超大吨位液压履带式起重机 QUY1250 的问世，体现了企业强大的研发实力，更拉开了抚挖重工向超大吨位市场进军的序幕！目前，针对新一代核电机组的安装，抚挖重工正在积极进行 3200 吨级液压履带式起重机的开发。进入新世纪，抚挖重工成立全资子公司"辽宁抚挖锦重机械有限公司"，收购了"锦州重型"，充分利用汽车起重机的生产资源，结合抚挖高起点国际化的产品研发，大力开发新一代满足国际化标准的全新系列产品。全力打造一个以履带式起重机为支柱产业，以汽车起重机、桩工机械和矿用挖掘机等为发展依托的综合机械制造企业。

2. 案例分析

研究选取抚挖重工发展过程中，最具典型意义的三种产品分别描述其研发过程，通过对 50 吨产品研发过程、75 吨挖掘机研制过程、250 吨挖掘机的研发过程（200 吨以上大型挖掘机）从核心业务、关键任务、管理理念和技巧的分析，试图揭示制度逻辑约束下重型工业机械设备系统制造企业的资源行为是如何形成的。

（1）抚挖公司 50 吨产品研发过程

第一，政府政策制度逻辑。

政策驱动特征：在研发 50 吨挖掘机之前，生产 W1001 机械挖掘机，该产品从苏联引进，到 20 世纪 80 年代，产品技术、材料等已落后国际同代产品。但由于国有企业受政策制度制约，原有产品无法淘汰，导致企业资源无法有效集中，分散了企业研发新产品能力。受制度限制，政策在本阶段呈现逆驱动特征。

50 吨液压挖掘机，受企业没有外汇的限制（主要由于国家外汇制度的制约）缺乏液压元件，受产品元件制约，开发产品缓慢。在本阶段政策驱动呈现负驱动特征，约束了产品研发。

第二，本土制造企业资源行为。

核心业务特征：在本阶段，市场状态（市场需求小）1981 年至 1982 年国内大经济环境处于低谷状态，国内大规模土木建设较少，导致挖掘机需求降低。抚挖公司面对严峻经济环境，国内液压机技术一直不过关，企业产品所用的液压元件的配套缺乏,所用液压元件质量不好,影响了企业产品的开发、制造、市场营销。企业处于转产状态,最高领导者需要做出战略性产品决策即接续生产原有产品挖掘机还是转产市场需求量较大的生产摩托车、缝纫机等民用产品。

关键任务:彼时,工厂的关键任务是设计出高技术、适应市场需要的产品,提高生产能力,建立生产作业线、产品搬运线、产品加工线、组装线等,特别是掌握50吨挖掘机的架构原理、生产技术,特别是设计方案。

50吨挖掘机完全符合当时市场需要,该设备适配了市场需求。对于企业而言,为获得技术竞争优势,企业需要进行技术研发,但受限于国家外汇制度,局限了企业整合国外资源的机会。为实现这一目的,企业利用国家经贸结合政策,解决了企业外汇指标问题,为企业引入、整合国际资源提供了保障。

技术人员积极性在解决关键任务过程中,起到重要作用。技术人员大多是老三届毕业生走向设计岗位,特殊的人生经历,相对优越、体现荣誉地位的工作岗位,激发出设计人员极大的工作热情。50吨钩车,在研究过程中遇到各种困难。设计方案有争论:提升马达方案一采用日本低速方案。方案二采用高速方案,该方案采用高频震动。我国第一次科技大会科技奖获得者孙祖梁工程师发现提拔机计算公式出现错误,并解决。研发团队经过几个月讨论,最终确定设计方案。同时,由于我国基础工业,材料水准未能达到设计要求,阻碍产品研发、制作。为克服制作材料不过关的现状,经过和鞍钢公司的讨论,并报到建设部,最终材料问题得以逐步解决。工程技术人员和工人不断改进工艺方法,提高经济效益。

管理理念与技巧:本阶段,逐步完善现代化管理方式。当时,抚挖公司管理层面临的最核心问题就是如何快速、高效地完成新产品的设计、生产、销售任务。在市场需求较大的情况下,生产任务的完成关键在于技术的掌握和技术难题的攻克。因此,管理的主要目的在于如何有效的组织技术工作和生产任务。这个阶段企业领导为五六十年代老领导,作为身经两种社会制度的老同志，深感工业对国家、企业对工人、党员对政治理想的深刻意义。工业对国家富强的重要作用，形成了振兴民族工业的工业信仰；企业对工人，就如同家庭成员对家庭的情感，一代一代的工人形成了以厂为家的情感，如果企业倒闭，工人将失去家。基于这种认知，领导者形成了强烈的情感危机。限于当时的条件，抚挖公司在1984年后在抚顺首先设立"开发新产品奖金"对企业内开发新产品进行倾斜，具体措施有2条：精神层面对开发人员进行表扬，并涨工资2%，作为物质奖励。研发经费也在领导的关心下，经费由每年1—2%提升到6—7%，同时企业领导综合协调各个科室比如供应科、设计科，对外为研发顺利展开，努力争取外汇指标。公司在多年积累下，逐步完善企业的计划、财务、技术、设备、产品检验、劳动工资等方面的管理制度以适应新形势要求，特别是设立了绩效激励制度，更进一步调动起职工的积极性。为迅速掌握技术，工厂通过多种方法，普及技术方法和技术意识。

协同绩效：在政策逆向驱动下，抚挖公司通过制度完善，文化积淀调动起企业内技术源积极性，最终完成50吨产品研发，取得了本土制造业与生产性服务业的协同共生的初步实现，获得了显著效益，企业避免了倒闭，对外得到了当地政府的认同、鼓励。对内，激励了员工革新热情，完善了企业制度。通过该关键产品的研发，在制度逻辑约束下初步形成了本土制造业与生产性服务业的协同共生。

本产品研发阶段中政府政策制度逻辑、核心业务特征、关键任务、管理认知与工具以及产业协同绩效的描述及关系如图10.3所示。

（2）抚挖公司75吨产品研发过程

第一，政府政策制度逻辑。

政策驱动特征：进入20世纪80年代，随着改革开放深入展开，体制、制度约束逐渐松动，企业自主权力在增加。在一定程度上，为企业集中优势资源，研发新产品能力提供了保障。本阶段政策驱动特征为正驱动，加快了企业研发进程。

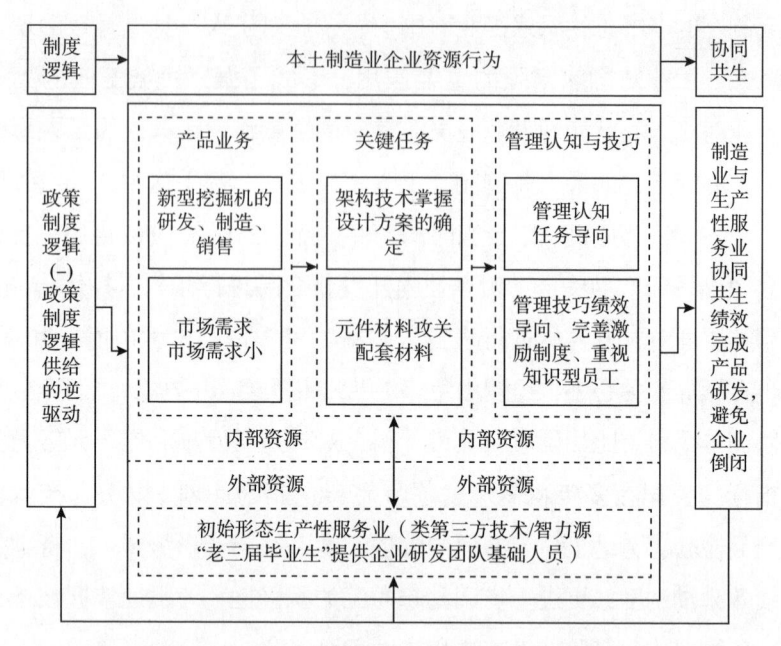

集约式经营与技术创新能力跨越式提升研究

```
┌──────┐    ┌─────────────────────────────────────┐    ┌──────┐
│制度  │───▶│       本土制造业企业资源行为        │───▶│协同  │
│逻辑  │    │                                     │    │共生  │
└──────┘    │  ┌────────┬────────┬──────────┐    │    └──────┘
┌──────┐    │  │产品业务│关键任务│管理认知与技巧│  │    ┌──────┐
│政策  │    │  │┌──────┐│┌──────┐│┌────────┐│    │    │制造  │
│制度  │    │  ││新型挖││架构技││管理认知││    │    │业与  │
│逻辑  │    │  ││掘机的││术掌握││任务导向││    │    │生产  │
│(-)   │    │  ││研发、││设计方││        ││    │    │性服  │
│政策  │───▶│  ││制造、││案的确││        ││───▶│    │务业  │
│制度  │    │  ││销售  ││定    ││        ││    │    │协同  │
│逻辑  │    │  │└──────┘│└──────┘│└────────┘│    │    │共生  │
│供给  │    │  │┌──────┐│┌──────┐│┌────────┐│    │    │绩效  │
│的逆  │    │  ││市场需││元件材││管理技巧││    │    │完成  │
│驱动  │    │  ││求市场││料攻关││绩效导向││    │    │产品  │
└──────┘    │  ││需求小││配套材││、完善激││    │    │研发，│
            │  ││      ││料    ││励制度、││    │    │避免  │
            │  ││      ││      ││重视知识││    │    │企业  │
            │  ││      ││      ││型员工  ││    │    │倒闭  │
            │  │└──────┘│└──────┘│└────────┘│    │    └──────┘
            │  │  内部资源  │  内部资源      │    │
            │  ├────────────┼────────────────┤    │
            │  │  外部资源  │  外部资源      │    │
            │  └────────────┴────────────────┘    │
            │  ┌──────────────────────────────┐  │
            │  │初始形态生产性服务业（类第三方│  │
            │  │技术/智力源"老三届毕业生"提供 │  │
            │  │企业研发团队基础人员）        │  │
            │  └──────────────────────────────┘  │
            └─────────────────────────────────────┘
```

图 10.3　制度逻辑视角下制造业与生产性服务业协同共生初始形成

第二，本土制造企业资源行为。

核心业务特征：在本阶段，市场状态（市场有需求）1981—1982 葛洲坝工程的建设需要适应工程需要的钩车，工程方提出 4 立米斗容，75 吨挖掘机的设计要求。在国内大型水电工程项目的需求下，国内市场环境逐渐得到改善，市场需求在增加，在本阶段企业所面临的核心业务特征为，加快适应市场需要的、新产品的研发、生产、制造。但企业在研发 75 吨挖掘机新产品过程中，遇到了机械传动问题。

关键任务：彼时，工厂的关键任务是机械传动问题、适应市场需要的产品，提高生产能力，建立生产作业线、产品搬运线、产品加工线、组装线等，特别是掌握 75 吨挖掘机的机械传动原理、生产技术。

为解决这一问题，企业依靠部分毕业于大连理工大学、吉林大学的技术人员，以师承关系找到以上两所生产性服务业企业（类型包括初态型生产性服务业企业），通过师承关系展开校企合作。其中主要与大连理工大学杨一奎教授合作，这是由于该生产性服务业企业（类型包括初态型生产性服务业企业）该教授在力学方面具有理论优势。通过校企合作，75吨挖掘机的机械传动问题得到解决。类第三方技术源生产性服务业企业（类型包括初态型生产性服务业企业）介入生产组织企业，加速了生产型组织的研发进度，同时将政府政策制度逻辑约束下初步形成了本土制造业与生产性服务业的协同共生，扩大升级为制度逻辑约束下正式形成了本土制造业与生产性服务业的协同共生模式，深化了政府政策制度逻辑资源的供给驱动下，促使本土制造业企业与生产性服务业企业（类型包括初态型生产性服务业企业）并在资源供需上达成供需适配，在产业发展上达成一致性适配。

管理理念与技巧：本阶段，在深化完善现代化管理方式的同时，完善企业原有制度的同时，强化了企业同类第三方技术源合作的认知。特别是在研发产品的同时，强化了校企合作，与东北大学和大连理工大学的合作较好地解决了产品在强度计算与载荷计算方面所遇到的问题。生产性服务业企业（类型包括初态型生产性服务业企业）与企业的合作，大大增强了企业自主研发的信心。校企合作逐渐成为一种企业获得技术支持的特定模式，企业以任务为导向逐渐向以技术为导向转变。此后，企业在以后80吨等产品的研发，也走了同第三方技术源合作的路径，大大地加快了企业研发进度，增加了企业创新可行性，为获得市场竞争的优势地位，抢占了先机。

当时，抚挖公司管理层面临最为核心的问题依旧存在即如何快速、高效地完成新产品的设计、生产、销售任务。特别是在有市场需求的情况下，生产任务的完成关键在于技术的掌握和技术难题的攻克。因此，管理的主要目的在于如何通过校企合作，快速的解决研发过程中遇到的技术问题。

协同绩效：在政策正向驱动下，抚挖公司通过制度完善，文化积淀调动起企业内技术源积极性，并通过校企合作的外延方式，完善了企业内部技术源的建设，更紧密地推动了制度逻辑约束下本土制造业与生产性服务业的协同共生模式的完善。企业最终完成75吨产品研发，真正取得了协同共生的实现，获得了显著效益。对外得到了当地政府政策制度逻辑的认同、鼓励。对内，激励了员工革新热情，完善了企业制度。通过该关键产品的研发，正式形成了制度逻辑约束下的本土制造业与生产性服务业的协同共生模式。本产品研发阶段中政府政策制度逻辑、核心业务特征、关键任务、管理认知与工具以及协同绩效的描述及关系如图10.4所示。

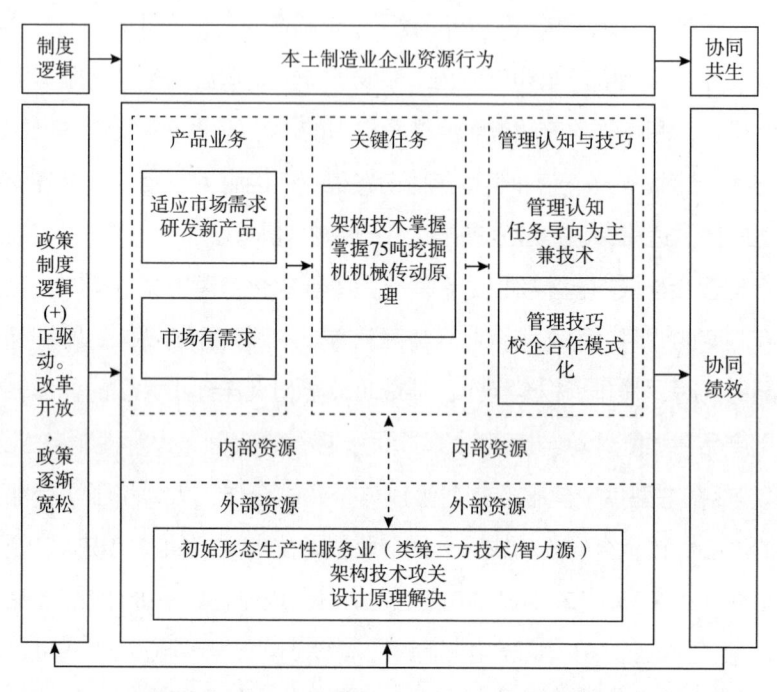

图10.4 制度逻辑视角下制造业与生产性服务业协同共生形成（75吨）

(3) 250吨产品研发过程（200吨以上产品研发）

第一，政府政策制度逻辑。

政策驱动特征：进入21世纪，随着市场经济建立，对企业的体制、制度约束已经不存在，企业具有完全自主权力。为企业满足市场需求，集中优势资源，研发新产品能力提供了制度保障。本阶段政策驱动特征为正驱动，加快了企业研发进程。

第二，本土制造企业资源行为。

核心业务特征：在本阶段，市场状态（市场有需求）当时所面对的市场情况：对挖掘机产品需求范围广，包括土木、钢结构、桥梁、冶金、建筑安装公司等。随着，国内大型工程项目逐年增加，对挖掘机需求随经济环境变化而增加。但国内企业不能满足，市场需求。日本掌握大型载重挖掘机技术，但日本产品价格高，功能少，不能完全满足国内市场需求。对市场的觉察来自工厂销售部，跑市场。这个阶段，国内在大载重挖掘机处于空白状态。张健部长亲自带队跑遍了国内市场，火电、机场、水利工程，大型土木建筑如奥运水立方，奥体中心。公司在总经理李总的支持下，寻找项目，研发产品。工厂技术积累情况：2004年企业开发80吨产品，2004年11月80吨挖掘机研制成功，成为国内唯一能设计制作该产品的重型设备制作企业。在技术上，企业已经具备相关研发、设计、制作能力。

在本阶段企业所面临的核心业务特征为，加快适应市场需要的、新产品的研发、生产、制造。但企业在2005年开始研发250吨挖掘机新产品过程中，遇到了产品元件材料计算问题。

关键任务：彼时，工厂的关键任务研发适应市场需要的产品，提高生产能力，其中所遇到的最关键是新产品强度计算等机械元件原理问题，建立生产作业线、产品搬运线、产品加工线、组装线等。企业80吨挖掘机的研制成功，使得企业具备了相关研发、设计、制作能力。企业开始研制新产品的初期，材料问题成为新产品研发的重要障碍。随着，工业配套体系完备，市场情况改变，材料问题已经得到解决。

为完成250吨挖掘机产品的研制，公司拓展技术源，展开校企合作，250吨产品和东北大学进行了良好合作，解决了相关技术问题。校企合作为企业研发降低了成本投入，加快了研发进度，节省了研制时间，抢占了市场时机，赢得了竞争优势。

此后，350吨挖掘机研制主要由主管设计员于继年负责同大连理工大学曲福正，高顺德教授进行合作，完成新产品强度计算问题；800吨产品，主要同东北大学李鲜教授合作，完成了相关技术原理、技术问题的解决；1250吨产品，主要同大连理工大学曲福正教授合作，完成了相关技术原理、技术问题的解决。

通过校企合作，250吨挖掘机以及系列产品的研发过程中技术问题得到解决。类第三方技术源生产性服务业企业（类型包括初态型生产性服务业企业）介入生产组织企业，加速了生产型组织的研发进度，同时深化了本土制造业与生产性服务业的协同共生模式，深化了政策驱动下，企业与生产性服务业企业（类型包括初态型生产性服务业企业）的合作连接。

　　管理理念与技巧：本阶段，在深化完善现代化管理方式的同时，强化了企业同类第三方技术源合作的认知。技术导向下，企业在研发新产品时，强化了校企合作，与东北大学和大连理工大学的合作较好地解决了产品在强度计算与载荷计算方面所遇到的问题。生产性服务业企业（类型包括初态型生产性服务业企业）与企业的合作，不仅增强了企业自主研发的信心，而且为企业提供了稳定可靠的第三方技术源。校企合作作为企业获得技术支持的技术获得模式，得到了企业管理层认同并固化为企业行为惯性，技术导向成为企业主要管理理念。此后，企业在以后系列产品的研发过程中，也走了同第三方技术源合作的路径，大大地加快了企业研发进度，为获得市场竞争的优势地位，抢占了先机。

　　随着企业持续不断研发工作的展开，对于产品技术的认知得到同步积累。企业对新产品的研发奖励，不断加大。对产品研发投入持续增加，并不断提高投入力度。当时，抚挖公司管理层面临最为核心的问题依旧存在即如何快速、高效地完成新产品的研发任务。特别是在有市场需求的情况下，生产任务的完成关键在于技术的掌握和技术难题的攻克。因此，管理的主要日的在于如何通过校企合作，快速的解决研发过程中遇到的技术问题。

　　尽管企业外部环境发生了较大变化（国内大型工程项目逐渐减少，需要企业转变为积极开拓国际市场等），但抚挖公司延续了200吨以下产品研发阶段的做法，将重型挖掘设备的设计制造作为核心业务，将组织行为的重心放在产品研发和技术攻关方面。从核心业务特征和关键任务的分析来看，"技术至上""技术立企"等理念，通过三螺旋协同在本阶段得到延续甚至强化。只有好的产品，才有好的市场。所以在本阶段的关键任务是，基于组织已有设计、研发能力，开拓新新产品的研发，通过三螺旋协同解决研发过程中遇到的技术问题。

协同绩效：在政策正向驱动下，抚挖公司通过校企合作模式的固化，更紧密地推动了制度逻辑约束下本土制造业与生产性服务业的协同共生模式的完善。企业最终完成250吨产品研发，满足了市场需求，获得了显著经济效益。对外得到了当地政府制度逻辑的认同。对内管理层形成了与生产性服务业企业（类型包括初态型生产性服务业企业）合作研发产品的行为惯性，强化了制度逻辑约束下本土制造业与生产性服务业的协同共生模式。本产品研发阶段中政府政策制度逻辑、核心业务特征、关键任务、管理认知与工具以及协同绩效的描述及关系如图10.5所示。

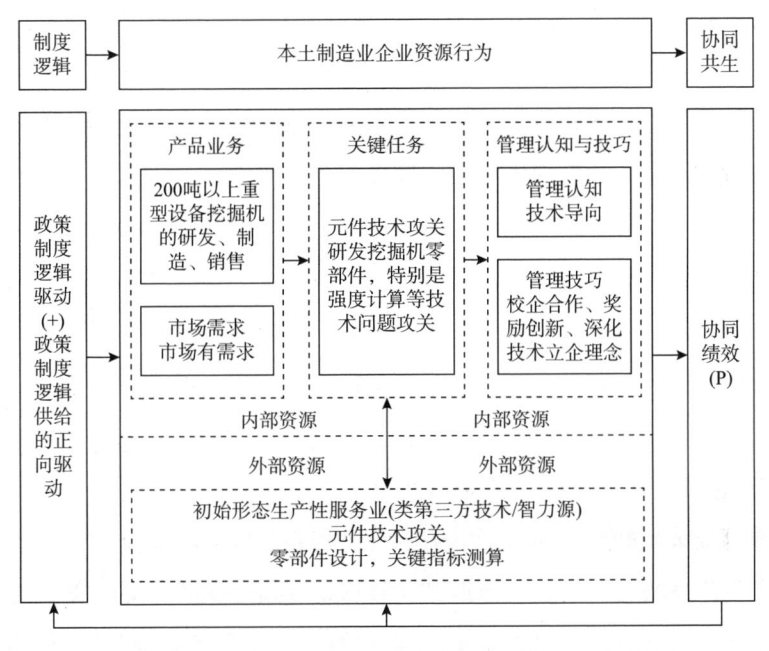

图10.5 制度逻辑视角下制造业与生产性服务业协同共生正式形成图（250吨）

本章通过对本土重型机械制造组织系列产品的案例研究，政府政策制度逻辑驱动、核心业务特征、关键任务、管理理念与技巧、产业协同绩效的分析，本章着重分析了重型机械制造产品系统企业在政策制度逻辑的约束下实现创新管理过程中与新兴的生产性服务业（第三方技术源或类第三方技术源）形成共生机理。

重型机械工业产品系统组织资源行为的形成主要受到任务导向的核心

业务特征和技术导向的关键任务的影响。政府作为组织外部制度逻辑的主体深深影响着企业发展，政府制度逻辑资源供给的友好性，如政策、制度的完善促进了本土企业成长。在企业发展过程中，遇到技术问题，作为需求方，迫切需要企业外部技术源的支持，与第三方技术源或类第三方技术源的合作，为企业研发带来了新的技术获得渠道，制造企业与生产性服务企业的协同经历所带来的协同绩效强化了企业同生产性服务业企业（类型包括初态型生产性服务业企业）协同共生；当协同共生模式被制造企业引发后，生产性服务业企业（类型包括初态型生产性服务业企业）作为类第三方技术源的供给方，满足了市场经济组织的需求，在协同发展过程中，扩大了生产性服务业企业（类型包括初态型生产性服务业企业）的社会影响力，为第三方技术源或类第三方技术源发展提供了外部机会。基于区域经济发展的动力，政府提供相关制度保障的发展逻辑。技术导向下企业关键任务和核心业务特征影响下所形成企业的技术立企主导逻辑，需要独立技术源的支撑。区域内生产性服务业企业（类型包括初态型生产性服务业企业）的跨界发展，为其技术能力商品化，提供了供给。以供需适配为基础，形成了生产性服务业企业（类型包括初态型生产性服务业企业）与本土企业的协同共生模型，该模式有利于通过生产性服务业的产业创新促进本土制造业技术创新能力的跨越式提升。

政府政策制度逻辑约束下本土制造业与生产性服务业企业（类型包括初态型生产性服务业企业）协同共生模式的实现，关键的是类第三方技术源为生产性服务业企业（类型包括初态型生产性服务业企业），而生产性服务业企业（类型包括初态型生产性服务业企业）获得发展需要契机。这个契机是经济组织现实需求提供的，本土制造业企业的技术需求，为制造企业与生产性服务企业的供需适配达成提供了契机。而政府的政策制度逻辑在促进两者协同适配中，起到驱动作用。

要驱动本土制造业与生产性服务业的协同共生模式的构建，维护区域内创新主体柔性，在共生模式构建、运行过程中需要注意以下方面：首先，政府要制定反映区域内本土制造业与生产性服务业的协同共生的总体发展战略目标要求、实现生产性服务业企业（类型包括初态型生产性服务业企业）、政府与企业的协同发展的战略。认真落实国家对区域经济发展的扶持政策，政府有关部门应加大宣传咨询力度，积极帮助和引导制造企业、生产性服务业企业掌握并运用好国家的政策，并将各项政策落到实处。区域内产业协同共生的发展战略目标应该基于自身地位和自身所处环境的认识，把握未来发展趋势，明确面临的机会和威胁，做强区域内创新主体，强化主体间联结关系；其次，要理顺政府、制造企业、生产性服务业企业之间的关系，制定新的区域协同发展政策，把生产性服务业企业发展策略与城市发展政策、产业政策有机地结合并协助相关单位加大对协同共生规律的研究，制定适合本地区生产性服务业企业发展的体系、企业组织的发展规划，引导与协调区域内本土制造业与生产性服务业的协同共生。共生模式的发展时期，制订配套激励政策措施，积极运用经济手段，通过财政补贴、贷款贴息等形式，支持协同发展效果好的企业、生产性服务业企业（类型包括初态型生产性服务业企业）单位；再次，政府充分发挥正向驱动功能，协调区域内第三方技术源或类第三方技术源与企业组织的各种矛盾和冲突。由于政府的特殊地位，在协调与维护区域冲突方面具有独立性和权威性，减少系统内部子系统间因微小冲突导致区域间协同性遭到破坏的可能性。要强化政府责任与行为，充分发挥驱动作用，加强政府调控，有针对性地加大投入与保障。加大政策倾斜力度，有选择地确立协同发展标杆，发挥示范效应，带动区域内本土制造业与生产性服务业的协同共生体的发展水平。尤其是加大第三方技术源或类第三方技术源科研经费投入，鼓励科研资源合理的跨界配置，制定和确保区域协同发展目标的统一。尤其是要以法律形式明确各级政府的科研支出责任，通过平衡不同第三方技术源或类第三方技术源间的科研条件，来保证区域内生产性服务业企业（类型包括初态型生产性服务业企业）与企业跨界合作机会。省、市级财政应建立专项财政转移支付制度，增强财政的引导作用，重点解决生产性服务业企业（类型包括初态型生产性服务业企业）与企业研发条件的改善等问题。支持基础性科研系统公共平台的建设，强化其对区域内生产性服务业企业（类型包括初态型生产性服务业企业）增强社会服务功能的引领和支撑功能；促进生产性服务业企业（类型包括初态型生产性服务业企业）同区域经济的协同发展；最后，政府要加快生产性服务业企业基础设施建设，提供第三方技术源或类第三方技术源与企业合作的政策法规和技术等的交流平台，该平台要不仅包括供求信息、合作信息，而且要起到沟通协调作用。要加快和完善生产性服务业基础设施的建设。通过硬件基础设施的建设与完善，促进生产性服务业企业的地理集聚，进而促进区域生产性服务业的发展；聚焦重点科研开发、技术创新领域、构筑人才高地等营造区域协同发展的软环境。

  每个经济区域都有着各自独特的资源禀赋、资源基础等不尽相同，不同的区域首先应根据区域资源优势在区域内乃至于区域经济在国家经济体系、国际经济体系中的地位和竞争优势来决定自己的定位。在制度逻辑（如政府的倾向）的约束下，要充分利用区域优势资源培育具有较强竞争力的生产性服务业企业（类型包括初态型生产性服务业企业）与本土制造企业的共生体系。围绕这一体系，培育、发展生产性服务业企业、市场组织。特别是第三方技术源或类第三方技术源要承接区域经济发展过程中带来的跨界发展机遇，形成政府政策制度逻辑驱动下生产性服务业企业（类型包括初态型生产性服务业企业）、企业优势互补的发展格局。不同的生产性服务业企业（如第三方技术源或类第三方技术源等）具有不同的特征，所起到的作用有所不同。因此，要根据本区域的技术条件、经济发展水平、发展程度、产业结构以及基础设施条件等有选择地鼓励和支持其发展，使得生产性服务业企业的结构和深度也将因此而升级，并在这个过程激发生产性服务业企业的发展为整个区域经济的创新发展创造更多新的机遇。

  公共服务政府制度逻辑为企业提供的制度资源，不仅为经济组织解决发展问题，提供了制度保障。而且为非经济组织的跨界发展提供了政策制度逻辑驱动和保障。当重型机械工业产品系统组织的认知"由任务导向技术导向转化"时，其认知图式就表现为"要实现企业发展，必须找到市场需求，开拓市场需要研发产品，好产品研发需要技术创新"。研究发现：

当组织外部制度逻辑发生变化，企业首先以其对市场的敏感度，完成对市场信息的搜寻、整理、发现。并在这个过程中，完成与政府制度的交互作用，努力使政府政策向有利于企业发展方向转变；面对组织外部制度逻辑变化，组织调动、优化、配置所掌握资源。以"技术导向"为主导，让企业有了边界外搜寻第三方技术源的动力，引发了产业共生模式的形成。技术成为企业发展动力和竞争优势的核心来源，技术创新成为企业的主要行为，围绕技术创新组织资源、组织结构、战略重心等在变化；协同绩效的取得反过来反馈于政府制度逻辑，为政策调整提供产业实践，并强化了企业的资源行为，在反复强化过程中形成企业了的惯性基因，关于惯性基因如何影响行为主体的资源行为，将在本章第四节详细论述。

第四节　本土制造企业资源行为产生的惯性基因解释

（一）案例信度与效度检验

构念、内部以及外部三个效度指标与信度指标，共同构成了衡量案例研究质量的标准（郑伯埙、黄敏萍，2012）。本章为保证研究质量在案例的设计、研究资料数据的收集、数据的分析阶段均严格遵循以上的四个衡量标准，具体如表10.1所示。

表10.1　案例信度与效度检验策略

衡量标准	策略选择	实施阶段	实施方法
构念效度	数据来源	数据收集渠道多源	抚顺挖掘公司官网、门户网站、专业论坛等网络媒体渠道，中国知网、读秀、万方期刊网等多源数据渠道，三角验证的多源数据交叉验证
	证据链的建立过程	所收集资料数据的分析	原始数据→一级编码→二级编码→三级编码→构建模型→模型与原始数据检验与修正
	辩护师	所收集资料数据的分析	使用未参与编码工作的团队成员对经过三级编码的过程、所得出的分析结果进行无干涉讨论，并对模型构建过程、结论等提出意见

续表

衡量标准	策略选择	实施阶段	实施方法
内部效度	建立解释	所收集资料数据的分析	将研究所得出的分析结果与已有研究进行对比分析,得出合理的解释
	序列分析	所收集资料数据的分析	按照抚顺挖掘公司技术追赶的全过程发展阶段进行剖析,以保证不同阶段主导型惯性在传导路径模型中的先后顺序
外部效度	可复制性	研究的设计	案例样本具有典型代表意义,可以涵盖家电制造产业,确保研究结论的普适性
信度	细致的研究计划	研究的设计	研究正式开始前,研究团队通过多次头脑风暴、专家访谈,对研究草案进行的多次的探讨与修正,可以保证研究过程具备可复制性
	重复实施	所收集资料数据的分析	研究以系统的方式对原始资料进行细致分析,可以保证研究过程具备可复制性

(二)惯性视角下本土企业资源行为产生的潜在原因分析

当企业的资源行为过程进入惯例化阶段,成为企业的日常管理模式之一,就标志着管理创新已经完全融入企业规范当中。组织就是在绩效反馈基础上演化的一系列相互依赖的运作和管理惯性(Nelson,Winter,1982)。组织之所以能够构造与运作,是因为惯性作为组织层次的隐性知识深深地嵌入到组织的各种现象之中,并影响制约着组织的结构、规则、文化以及传统等方面(Levitt & March,1988)。企业作为经济活动的生命体,其遗传物质是惯性,惯性起着遗传基因的作用,是组织维系持久稳固的源泉。尽管,在组织内外部环境发生变化时,组织会对特定的环境刺激(如影响组织流程再造、战略重组的重要事件,技术范式颠覆式变革、政策制度安排的重要变化等)做出一定程度的应激反应,个体或者组织行为主体的实际行为受制度环境的约束,但惯性却决定着组织可能的行为方向(Nelson,Winter,1982)。组织环境作为惯性的反馈选择机制,其通过提供多样化的制度环境刺激与知识资源供给为组织惯性演化创造条件。组织环境的存在可以反馈惯性变更所带来的组织竞争能力变化信息,一旦组织因此获得成功,就会对其产生依赖并强化,从而诱发新的惯性演化(高展军、李垣,2007)。

研究对认知惯性(Cognitive inertia)的界定采用 Hambrick and Mason 的观点,认知惯性是基于个人特定的教育、职业、行业背景,企业家形成了固定的思维模式。企业主一旦借助于所选定的战略取得成功,就可能完全依赖于曾使企业在市场上取得竞争能力的思维模式(Hodgkinson,1997)。面对政府政策制度逻辑在抚挖公司不同技术产品研发过程的动态变化,企业最高管理层对外认知到政策制度逻辑的约束,对内认知到本土制造业自身技术资源不足无法适配外部制度逻辑变化。在这种认知下,决定了企业核心业务在企业不同吨位产品研发过程中的特征。如抚挖公司50吨产品研发过程,面对国有企业受政策制度制约,原有产品无法淘汰,缺乏外汇等外部不利的制度逻辑制约。企业在综合权衡后核心业务特征是决策接续生产原有产品挖掘机,满足市场需求。抚挖公司 75 吨产品研发过程,企业认知到企业自主权力增加等政策制度逻辑资源的正向供给,企业核心业务的特征是加快适应市场需要的、新产品的研发、生产、制造,满足市场需求。250 吨产品研发过程(200 吨以上产品研发),抚挖认知到"对企业的体制、制度约束已经不存在,企业具有完全自主权力"等政策制度逻辑的正向供给,企业的核心业务特征是加快适应市场需要的、新产品的研发、生产、制造,满足市场需求。在外部制度逻辑约束下,本土企业为获得生存合法性,在与外部制度逻辑适配过程中,企业高层管理者逐步形成满足市场需求,依靠研发新产品。依靠研发新产品依靠提高技术创新能力的认知惯性。

相关文献研究中与学习惯性(learning inertia)最相关的为知识惯性(knowledge inertia)(袁静,2005),Gagne 指出如果人类已经具备某些知识后,人类会自然而然地延续这些知识的使用,如果新知识的刺激不足以打破原有知识体系,则人类的知识体系会保持原有的状态。这就是"知识惯性"现象(樊琪、程佳莉,2008)。而学习惯性通常是指在利用知识解决问题时,人们倾向于学习新知识,来突破、修改原有的惯性思维(赵卫东，2012）。研究对学习惯性的界定，认同过往的研究，认为其是基于"知识惯性"基础上，对原有知识的学习与新知识的探索过程中修改原有的惯性思维，涉及心智模式、学习习惯、学习能力等方面。通过对案例样本不同产品研发阶段的分析，可见企业为解决各个产品研发阶段的关键任务，企业技术部门对原有知识的学习与新知识的探索过程中修改原有的惯性思维。表现为企业为了获得为获得技术竞争优势，不断突破自身已有产品技术反思，研发新的产品上，企业在掌握50吨挖掘机的架构原理、生产技术，设计方案后突破50吨挖掘机知识体系结构、技术结构、产品线投入等的限制，研发75吨挖掘机。通过学习掌握了75吨挖掘机的机械传动原理、生产技术。此后，企业不断突破原有产品知识体系结构，实现了80吨、250吨、350吨、800吨、1250吨挖掘机产品技术问题的解决，产品研发的成功管理经验，通过不断循环反馈得到了企业管理层认同并形成企业的学习惯性。

对于行为惯性的界定（action inertia）研究主要采用Sull的观点，组织面对复杂、动态、敌对的环境变化，发掘了能使组织获得竞争优势的成功经验，经总结、提炼后形成组织独特的经营管理模式，并内化于组织行为形成组织特定的行为模型，该模式的延续和承袭，形成了组织的行为惯性（Sull，1999）。对于作为惯性的界定（Duty inertia）研究结合中国企业发展情景与企业实践，提出作为惯性是在责任理念驱动下，当组织外部环境发生剧烈变化时，企业家力图延续组织长期生存、发展的趋势。当组织形成的成功经验、模式，在内化过程中使组织内部趋向守旧、固化，阻碍组织进一步成长时，企业家力图打破阻碍惯性的趋势。通过对案例样本不同产品研发阶段的分析，可见抚挖公司企业家力图延续组织长期生存、发展，通过校企合作模式的不断固化，不断推动制度逻辑约束下本土制造业与生产性服务业的协同共生模式的完善。在多次的重复反馈过程中，企业不仅完成了技术创新能力的提升。而且由于产品研发，满足了市场需求，获得了显著经济效益。并逐步得到当地政府制度逻辑的认同。校企合作作为企业获得技术支持的技术获得模式，在多次循环强化下，企业形成了与生产性服务业企业（类型包括初态型生产性服务业企业）合作研发的成功管理经验，得到了企业管理层认同并固化为企业行为惯性。

对于作为惯性的界定（Duty inertia），研究在参考国内外学者（Arkes, Kung & Hutzel, 2002; Sevdalis, Harvey & Yip 2006; Zeelenberg & van Putten, 2005; 张凡, 2013) 的基础上，结合作为后发国家典型代表的中国企业的管理实践，并考虑中国独特的发展情景，论文将作为惯性的内涵界定为两层含义，其一，组织最高管理者受责任理念的驱动，面对组织外部制度逻辑发生的变化，组织最高管理者为应对制度逻辑变化对企业长期生存、发展造成的危机，组织最高管理者力图在制度逻辑变化中延续组织获得长期生存、发展的趋势；其二，在组织将应对制度逻辑变化等所得到成功经验、模式、理论内化为组织一部分的过程中，组织趋向守旧、固化，并对组织得到进一步成长起到阻碍作用时，企业家力图打破这种阻碍性惯性的趋势（Williamson, 2010）。

纵观抚顺挖掘公司的技术发展史，抚挖上下深感工业对国家、企业对工人、党员对政治理想的深刻意义。工业对国家富强的重要作用，形成了振兴民族工业的工业信仰；企业对工人，就如同家庭成员对家庭的情感，一代一代的工人形成了以厂为家的情感。体现了抚挖公司前身作为国营企业的民族责任感、社会责任感，这种使命感升华为抚挖公司"产业报国，振兴民族工业"的理念，渗透到历代管理者的价值观之中，并在企业长期产业实践过程中，践行这种理念，形成了具有深厚的国企背景的企业文化特征的作为惯性，作为惯性发生在抚挖公司完成技术创新的整个过程。

对本土制造业资源行为产生影响的认知惯性、学习惯性、行为惯性以及作为惯性如何起作用进行了探讨。研究发现：在产品研发的不同阶段，不同维度惯性所起作用各异。认知惯性是产品研发前期的主导惯性，主要通过企业家警觉、知识搜索、企业家意图、成功欲等体现；学习惯性在产品研发的关键执行期起关键作用，企业通过学习惯性完成资源的获取、实现组织对资源的控制以及内部化的过程，是组织实现产品研发、技术创新能力提升的重要支撑条件；与多数研究结论不同，惯性因素在特定条件下不是企业实现变革的阻碍因素，而是促进企业实现技术追赶的本源性推动因素；在实现技术追赶的不同阶段，主导惯性呈现出不同的特性，并通过不同惯性间的交互作用，驱动技术追赶过程完成；作为惯性贯穿技术追赶全过程，研究所得结论补充完善并验证了本书已有的研究结论。本章并基于上述研究发现并结合本章第三节内容，提出了"制度逻辑—惯性基因—资源行为"综合模型，如图10.6所示。

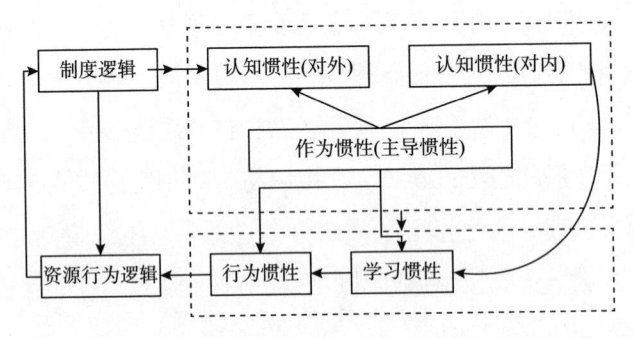

图10.6 "制度逻辑—惯性基因—资源行为"模型

（三）研究的理论饱和度检验

目前，进行理论饱和度检验的成熟方式可以分为两种，包括第一种采取数据预留的方式，将初始收集资料除用于理论分析之外，留存部分资料作为理论饱和度检验数据；第二种采用动态方式，对要分析样本资料采取跟踪、补充的处理方式对理论饱和度进行检验。这种方式符合通过多次资料收集以完成资料获取的意见（苏敬勤、刘静，2013；曹振杰，2012）。第二种处理方式，根据部分学者，可以在理论构建后，采取跟踪、补充的方式检验是否有新的范畴出现，实现对理论饱和度的检验。本章预留了部分数据资料，并结合第二种处理跟踪补充方式，综合的对研究所提出模型进行理论饱和度的验证。

针对本章所建构的制度逻辑视角下本土制造业与生产性服务业协同共生的"制度逻辑—惯性基因—资源行为"综合模型，还要进一步对模型进行理论饱和度检验。研究综合采用理论饱和度检验方法，先用研究预留的数据资料对模型进行检验，为确保模型的可靠又用追踪、补充的方式对模型进行检验，以验证是否有新的范畴出现。通过两种检验方式的综合检验，结果显示：从研究所采用资料中发现的理论范畴已经非常丰富、完整，对于影响后发国家实现技术追赶的四个主范畴（认知惯性、作为惯性、行为惯性、学习惯性）之间不存在未发现新的重要关系，研究所发掘的四个主范畴，各范畴的内部也未见新的构成因子。通过以上分析可知，制度逻辑视角下本土制造业与生产性服务业协同共生的"制度逻辑—惯性基因—资源行为"综合模型在理论上饱和的，该模型可以有效地解释后发国家实现技术追赶的惯性构成因素及作用机理。

第五节 制度逻辑视角下本土制造业技术创新能力提升的对策

本节之所以选择辽宁作为研究对象，是因为辽宁是典型的老工业基地，且亟待提升技术创新能力，尤其是研究辽宁自贸区的建立对于典型的老工业基地辽宁，具有不可替代的重要意义。其重要意义表现在：第一，为辽宁打破原有发展惯性，提供了千载难逢的战略机遇；第二，为东北三省及整个东北区域的发展，提供了发展示范；第三，为我国其他区域老工业基地技术创新能力实现跨越式提升，提供了经验与借鉴。本章主要从制度逻辑角度，研究完善自贸区政策。

2017年4月1日上午，中国（辽宁）自由贸易试验区（授）牌仪式正式举行。国务院印发《中国（辽宁）自由贸易试验区总体方案》也随之亮相。《方案》指出，建立辽宁自由贸易试验区，是党中央、国务院做出的重大决策，是新形势下全面深化改革和扩大开放的一项战略举措，对加快政府职能转变、积极探索管理模式创新、促进贸易投资便利化、深化金融开放创新，为全面深化改革和多大开放探索新途径、积累新经验，具有重要的意义。《总体方案》提出，自贸试验区要当好改革开放排头兵、创新发展先行者，以制度创新为核心，以可复制可推广为基本要求，在构建开放型经济新体制、内陆开放型经济发展新模式和建设法治化国际化便利化营商环境等方面，率先挖掘改革潜力，破解改革难题。要着力深化行政管理体制改革，提高行政管理效能，提升事中事后监管能力和水平，进一步推进简政放权、放管结合、优化服务改革。要推动西部开发、东北振兴、中部崛起和长江经济带发展、"一带一路"建设等国家战略的贯彻实施。

一 辽宁自贸区的现行政策及现状

（一）实施范围及主要功能

辽宁自贸区涵盖沈阳、大连、营口三个片区。沈阳片区重点发展装备制造业、汽车及零部件、航空装备等先进制造业和金融、科技、物流等现代服务业，提高国家新型工业化示范城市、东北地区科技创新中心发展水平，建设具有国际竞争力的先进装备制造业基地。

大连片区重点发展港航物流、金融商贸、先进装备制造、高新技术、循环经济、航运服务等产业，推动东北亚国际航运中心、国际物流中心建设进程，形成面向东北亚开放合作的战略高地。

营口片区重点发展商贸物流、跨境电商、金融等现代服务业和新一代信息技术、高端装备制造等战略性新兴产业，建设区域性国际物流中心和高端装备制造、高新技术产业基地，构建国际海铁联运大通道的重要枢纽。

（二）以装备制造业带动生产性服务业发展

作为辽宁自贸区三大片区之一，沈阳片区的功能定位是重点发展装备制造、汽车及零部件、航空装备等先进制造业和金融、科技、物流等现代服务业，提升国家新型工业化示范城市、东北地区科技创新中心发展水平，建设具有国际竞争力的先进装备制造业基地。沈阳重点发展装备制造、汽车、航空等。

大连片区的功能定位是立足东北、服务全国、面向世界，围绕建设东北亚深度合作示范区、引领老东北基地全面振兴和全国新一轮改革开放先行地的总目标，把大连辽宁自贸试验区大连片区建设成为东北老工业基地体制机制改革创新和产业结构优化升级的先导区、经济社会发展的先行区、面向东北亚区域开放合作的示范区和"一带一路"的重要枢纽。重点发展金融、现代物流、信息服务、科技服务等战略性新兴服务业，努力打造我国金融业对外开放试验示范窗口、世界服务贸易重要基地和国际性枢纽港。

营口片区的功能定位是按照《辽宁自贸区总体方案》的部署，围绕港口核心战略资源和营满欧大陆桥，重点发展商贸物流、跨境电商、科技服务、金融等现代服务业和新一代信息技术、高端装备制造等战略性新兴产业，建设区域性国际物流中心和高端装备制造、高新技术产业基地，构建国际海铁联运大通道的重要枢纽，努力建成辽宁乃至东北地区对外开放新高地、制度创新示范区和产业转型升级先导区。

装备制造业是沈阳乃至辽宁工业发展的心脏，经过近些年的发展，辽宁省装备制造业发展态势呈现节节上升的良好态势。2005年，时任省委书记、省人大常委会主任的李克强就反复强调，要紧紧抓住东北振兴和环渤海湾开发的有利时机，加快产业结构调整步伐，把装备制造业放到更加突出的位置，抓住世界制造业转移的有利时机，努力提高消化吸收、自主创新和市场竞争的能力，以基础设备、成套设备和运输设备为重点，使辽宁成为中国中药的新型装备制造业基地，实现"中国装备""中国制造"。

生产性服务业主要是从制造业的生产环节分离出来的中间性服务，归纳上述描述可以总结出生产性服务分为以下八类：①向制造业提供资金支持的融资服务，如贷款、信用担保等；②物流服务；③进出口后服务；④科技服务（产品开发或升级、技术获取、技术合作、技术服务等）；⑤信息技术服务（办公自动化系统维护、ERP、电子商务、网络和数据库建设与维护等服务）；⑥营销服务；⑦人力资源服务；⑧法律、会计、管理咨询服务。

目前，优先发展装备制造业成为辽宁产业结构调整的主线，把装备制造业放在更加突出的位置上并给予倾力扶持。辽宁省装备制造业具有比较完善的体系，涵盖了普通机械制造业、交通运输设备制造业、电器机械制造业、专业设备制造业、仪表制造业等。产业工人优势比较突出，具备一定的研发能力，主干企业主要集中在沈阳和大连这两个地区。沈阳市的重大装备的设计、生产能力国内领先；嵌入式软件系统、机器人及自动化生产线、燃气轮机等新型装备制造技术及产业化居国内领先地位；在输变电、石化、机床、冶矿、环保、机器人、数字化设备等产品领域，有40多种重要产品的市场占有率处于全国第一。另外，辽宁具有承接国际产业转移的得天独厚的地理优势。辽宁省与日本、韩国相近，沈阳、大连已具备良好的装备制造业基础和良好的投资环境；大连、营口沿海城市已建成具有较大规模的港口，为辽宁装备制造业同国际的合作与发展提供了良好的条件。

二 完善辽宁自贸区装备制造业政策的原因

（一）有利于企业发现新商机

自贸区是对外开放度更加扩大的一种体现，经济层面的结果是进出口贸易增加、人才流动加速、产品市场渠道拓宽、地区经济规模增长；行政层面则是随着进出口贸易的增长，带来国际知名度的提升，以及区域职能部门行政管理素质整体水平的提高，有助改善区域营商环境。

自贸区建设时涉及技术、规划设计、基建，建成后涉及相关功能配套的商业机会，人口流入衍生的其他吃穿住行机会。最重要的，随着实验区制度创新，自贸区作为一个窗口和平台，可以让企业走出去接触更丰富的资源，或进行资源交换，这个过程就是发现商机的过程。

（二）装备制造业是全省工业第一支柱产业

2016年，辽宁省装备制造业工业增加值占上工业企业的34.1%，比上年提高1.8个百分点；实现主营业务收入7457.3亿元，占全省工业的31.4%；实现利税597.2亿元，占全省工业的29%；实现利润319.2亿元，占全省工业的47.6%。

重点行业实现平稳发展。2016年全省汽车产量113.2万辆，实现主营收入 2706.7 亿元，占全省装备的比重由 2015 年的 23.7% 提高到 36.3%，汽车产业的快速发展对全省装备制造业稳定增长起到重要支撑作用。全省船舶行业造船完工 537.3 万载重吨，同比增长 15.2%，连续 7 个月保持正增长。

辽宁省工信委副主任高巍介绍，装备制造业作为辽宁工业的第一支柱产业，是辽宁省的立省之本、强省之基，也是供给侧结构性改革的核心所在。针对辽宁省装备制造业高端装备供给不足、核心技术依赖进口、配套不完善的短板，工信委经反复论证，制定了《辽宁省装备制造业重点领域发展指导意见》，并由省委办公厅、省政府办公厅联合印发，按照《指导意见》要求，明确了重点发展高档数控机床、机器人及智能装备、航空装备、汽车装备、先进轨道交通装备等八大领域，作为辽宁省当前及"十三五"时期的发展重点。在省委、省政府的高度重视下，全省工信系统积极采取有效措施，坚持创新驱动、补齐短板、工业强基、智能转型，加快推进装备制造业平稳健康发展。

三　辽宁自贸区与上海自贸区政策对比

现在的辽宁缺少当年深圳那样的开放政策，一个人要跑起来，不能束缚手脚必须放开，同理，一个地区要发展必须开放，地区要有格局，有国际化眼光，不要盯着东北各省比，而应该直接走出去，寻求与先进地区或国家直接对话。与一流合作，就可能成为一流，与二流合作，只能成为三流。人才跟着产业走，没有产业就没有人才。有了新松机器人，自控和机械的人才就来了，有了东软，计算机专业的人才就来了……谁不想和先进国家合作，但人家没有利益为啥和你合作，深圳优势大，大家就去与深圳合作，上海自贸区的政策好，人们就会去上海投资，也就是说良好的营商环境和丰厚的政策很重要。这次国家重新提出振兴东北，那么优势来了，振兴东北老工业基地，对于自贸区来说，提升装备制造业是关键。现在正是转型的关键时刻，好的政策是提升装备制造业、为生产性服务业产业发展奠定产业基础的首要条件。

此外，上海自贸区在2013年9月挂牌之际就推出了23项服务业扩大开放措施，并于2014年又发布了31项准入特别管理措施，共有54项开放措施。上海自贸区的先行先试，为沈阳建设提供了宝贵经验。仔细对比上海自贸区的与沈阳自贸区部分政策（具体内容对比见附录），第一类生产性服务业政策对比。向制造业提供资金支持的融资服务，如贷款、信用担保等方面：推出政策重合性较其他类型生产性服务业好，但复制性依旧不高；第二类生产性服务业政策对比。物流服务：推出政策重合性较其他类型生产性服务业不好，复制性低但为沈阳借鉴上海，加大复制推广留下空间较大；第三类生产性服务业政策对比。进出口后服务：推出政策较多，但与上海自贸区政策重合性较其他类型生产性服务业不好，复制性低，但为沈阳借鉴上海，加大复制推广留下空间较大；第四类生产性服务业政策对比。科技服务（产品开发或升级、技术获取、技术合作、技术服务等）：推出政策较多，与上海自贸区政策重合性较其他类型生产性服务业好，但复制性依旧不高；第五类生产性服务业政策对比。信息技术服务（办公自动化系统维护、ERP、电子商务、网络和数据库建设与维护等服务）：推出政策较上海自贸区少，与上海自贸区政策重合性较其他类型生产性服务业不好，但为沈阳借鉴上海，加大复制推广留下空间较大；第六类生产性服务业政策对比。营销服务：推出政策较上海自贸区少，与上海自贸区政策重合性较其他类型生产性服务业不好，但为沈阳借鉴上海，加大复制推广留下空间较大；第七类生产性服务业政策对比。人力资源服务：推出政策较上海自贸区少，与上海自贸区政策重合性较其他类型生产性服务业不好，但为沈阳借鉴上海，加大复制推广留下空间较大；第八类生产性服务业政策对比。法律、会计、管理咨询服务：推出政策较上海自贸区少，与上海自贸区政策重合性较其他类型生产性服务业不好，但为沈阳借鉴上海，加大复制推广留下空间较大。

研究发现，制造、物流服务、进出口后服务、科技服务类型的生产性服务业在自贸区政策的内容上具有部分相同之处。但在信息技术服务、营销服务、人力资源服务、法律、会计、管理咨询服务方面，上海自贸区政策措施并未被或者很少被复制推广辽宁自贸区。也就是说，上海自贸区在金融服务、专业服务等服务业领域继续充当先行探索的角色，上海自贸区较辽宁自贸区仍然明显地存在政策优势。

四 完善辽宁自贸区政策的建议

（一）关于完善装备制造业自贸区政策的建议

继续大力推进供给侧结构性改革，做优做强先进装备制造业，加快实现由装备制造大省向强省的转变。

第一，深化产业结构调整。围绕《中国制造 2025 辽宁行动纲要》、《辽宁省装备制造业重点领域发展指导意见》确定的重点领域，分行业认真梳理产业链短板，围绕产业链配置政策、资金、人才、技术等服务链，研究提出推进产业发展的路线图，并整合各类要素资源，推进重点装备领域发展。

扩大制造业高端供给。推进信息技术与制造技术深度融合，发展基于工业互联网的新型制造模式，加快向高端制造、智能制造迈进。互联网 + 协同制造。以敏捷制造、柔性制造、云制造为核心，集成各类制造资源和能力，统一行业标准，共享设计、生产、经营等信息，快速响应客户需求，缩短生产周期。互联网 + 智能终端。融合新一代信息网络技术，提升传感器、高档数控机床、机器人、汽车、可穿戴式设备等终端产品的智能化水平和服务能力。

实施战略性新兴产业重大项目，突破一批国家亟须、具有国际影响力的关键核心技术。深化物联网、云计算、大数据、机器人、3D 打印等信息技术在生产制造各环节的应用。推动装备产业升级，钢铁、石化产业向新材料领域延伸产业链。在扩张装备制造业产业规模的同时，注重探索破解重点产业发展瓶颈

第二，完善交通运输设备制造业。（1）完善交通基础设施体系。加快实施新一轮轨道交通建设规划，构建一网多模式的轨道交通体系。加快推进轨道交通扩能增效，提高既有线网运输能力；（2）鼓励航运装备制造企

业加强节能、环保等新技术、新材料的研究和产业化。支持高能效、低排放的运输工具和机械设备的市场推广；（3）鼓励相关企业提高装卸、运输、仓储管理等关键设备的自动化、智能化水平，逐步推进信息化与生产、服务、管理各环节的融合，建立并完善物流信息平台，提供物流全过程动态信息服务，构建智慧航运服务体系。

第三，优化港口、船舶制造业。（1）优化船舶登记及相关业务流程，为船舶营运、融资、保险、修造、交易等提供便捷高效的船舶登记服务；（2）鼓励船舶制造企业重点研发大型集装箱船、液化气船、邮轮等船舶。

第四，拓展金融开发力度。（1）进一步放宽投资准入。最大限度缩减自贸试验区外商投资负面清单，推进金融服务、电信、互联网、文化、文物、维修、航运服务等专业服务业和先进制造业领域对外开放；（2）拓展企业融资渠道。企业充分利用国家专项建设基金、先进制造产业投资基金、新兴产业创业投资引导基金及辽宁省产业（创业）投资引导基金、融资租赁和跨境融资租赁等方式引导社会资本进入装备制造业重点领域，促进装备制造业发展；充分利用国家财政补贴政策，推进我省新能源汽车产业发展和推广应用。鼓励融资租赁公司在工程机械等传统领域做大做强，积极拓展新一代信息技术、高端装备制造、新能源、节能环保和生物等战略性新兴产业及文化产业等新领域投融资渠道。支持开展跨境租赁。鼓励通过融资租赁引进国外先进设备，扩大高端设备进口，提升国内技术装备水平。支持符合条件的融资租赁公司设立专业子公司和特殊项目公司，开展重大装备等租赁业务，提高专业化水平。

第五，建立资金扶持政策。设立产业引导基金，有效发挥财政资金杠杆放大效应，引导扶持装备制造产业发展。全力推动智能制造发展。设立智能制造专项资金，重点支持智能制造功能平台和示范工程建设，支持企业新产品研制、智能制造技术研发，支持智能制造基础设施建设和服务应用。推进产业能级提升。扶持战略性新兴产业发展，对新一代信息技术、高端装备制造、新能源、新材料等战略性新兴产业，给予资金支持；推进产业转型升级，对符合条件的项目给予资金支持。

第六，积极争取国家支持。继续落实国家首台（套）重大技术装备保险补偿政策；做好高档数控机床重大科技专项申报工作；积极争取国家智能专项资金支持，促进我省制造业智能转型升级。

第七，加快推广示范应用。继续推进重大技术装备在国家重点工程的应用；依托省装备产业联盟、行业协会促进省内企业的协作配套；加大智能制造装备和智能服务试点示范，提升我省制造业智能化、网络化、信息化水平。

第八，大力实施工业强基工程。推进核心基础零部件、先进基础工艺、关键基础材料和产业技术基础的自主研发和工程化、产业化，逐步解决制约装备制造业发展的瓶颈问题。

第九，补齐装备制造业高端化的人才短板。尽快制定装备制造人才发展专项培养引进和使用规划。有计划引进海内外优秀专家人才短期工作、长期创业。重点做好现代装备制造业的高端人才培养和使用计划，鼓励有经验的技术工人进行技术创新与经验的分享，加快技术型人才的培养。

第十，加强政府监管。（1）违反法律法规禁止性规定或者达不到节能环保、工程质量等强制性标准的市场主体，依法进行查处，情节严重的，依法吊销相关证照。简化和完善企业注销流程，试行对个体工商户、未开业企业以及无债权债务企业实行简易注销程序。加强安全生产、建筑工程装备制造行业违法人员从业禁止管理。探索引入市场化保险机制，提高医药生产等领域的监管效率；（2）建立联动的金融监管机制。加强跨部门、跨行业、跨市场金融业务监管协调和信息共享，探索建立融资租赁行业监管指标体系和监管评级制度，强化对重点环节及融资租赁公司吸收存款、发放贷款等违法违规行为的监督；（3）建立配套服务监管机制。构建上下游协同的产能合作链条，注重技术交流，做好后期维护服务，做到装备走出去与配套服务共推进，产能合作和技术升级双丰收。

第十一，引导市场主体自律。创新市场评价机制。鼓励支持电子商务等互联网平台企业为交易当事人提供公平、公正、透明的信用评价服务。创新市场化保险机制，在安全生产、建筑工程等领域推行责任保险。

第十二，加强自贸区司法保护。（1）健全知识产权保护和运用体系。探索互联网、电子商务、大数据等领域的知识产权保护规则；建立健全知识产权服务标准，完善知识产权服务体系；完善知识产权纠纷多元解决机制；（2）加强对自贸试验区内知识产权的司法保护。重视解决侵犯知识产权跨境犯罪问题鼓励以知识产权为标的投资行为，推动商业模式创新，简化维权程序，提升维权质效。鼓励知识产权质押融资活动，促进知识产权的流转利用。

（二）关于完善生产性服务业自贸区政策的建议

第一，完善向制造业提供资金支持的融资服务的自贸区政策。（1）推动开展无形资产、动产质押、公司债券等多种形式的融资服务。要有步骤实现融资租赁业务领域覆盖面不断扩大，使融资租赁成为企业设备投资和技术更新的重要手段，成为社会投融资体系中的重要组成部分。要培育壮大市场主体。鼓励引导境内外资支持融资租赁公司为中小微企业提供个性化、定制化服务；（2）鼓励金融创新。如鼓励商业银行等金融机构为科技企业提供自由贸易账户、境外本外币融资、人民币资金池、外汇资金集中运营管理等金融创新服务，降低企业资金成本。此外，要加大金融开放创新力度。创新面向国际的人民币金融产品，扩大境外人民币境内投资金融产品的范围；（3）加大人民币国际化力度。加快建设面向国际的金融市场，健全以自由贸易账户为基础，以人民币跨境使用、投融资汇兑便利、利率市场化、外汇管理改革为主要内容的金融改革创新框架体系。进一步扩大人民币跨境使用，扩大人民币境外使用范围，推进贸易、实业投资与金融投资三者并重，推动资本和人民币"走出去"，拓宽境外人民币投资回流渠道，促进人民币资金跨境双向流动；（4）强化金融监管。完善融资租赁物登记公示制度，加强融资租赁事中事后监管。支持民营资本进入金融业，支持符合条件的融资租赁公司接入人民银行征信系统。并逐步建立统一、规范、全面的融资租赁业统计制度和评价指标体系。加强跨境资金流动风险防控，统一内外资融资租赁企业准入标准、审批流程和事中事后监管制度。配合金融管理部门完善金融风险监测和评估，建立与自贸试区金融业务发展相适应的风险防范机制。配合金融管理部门关注跨境异常资金流动，落实金融消费者和投资者保护责任。

第二，完善物流服务的自贸区政策。（1）以互联网＋模式，鼓励电子商务和物流（快递）企业发展"仓配一体化"综合服务。利用互联网同步信息流与物流，提高采购效率和透明度，推动供应链管理向互联网模式转型；（2）设立绿色通道，便捷通关手续。推进实施多式联运一次申报、指运地（出境地）一次查验，对换装地不改变施封状态的货物予以直接放行的措施，但需要在口岸实施检疫和检验的商品、运输工具和包装容器除外。

第三，完善进出口后服务的自贸区政策。全面推广"快检快放"便捷化监管措施、有步骤推进"自主报税、自助通关、自动审放、重点稽核"作业模式、"入境维修产品监管新模式"、"一次备案，多次使用"、深化实施全国海关通关一体化、"双随机、一公开"监管以及"互联网＋海关"等举措。

第四，完善科技服务的自贸区政策。（1）健全知识产权保护和运用体系，推进知识产权资源集聚，促进技术和知识跨境双向流动；（2）推动金融创新更好服务科技创新企业，设立重点产业基金，支持保险机构为科技创新企业提供风险保障和资金融通；（3）大力发展知识产权服务业，破除限制新技术、新产品、新模式、新业态发展的不合理准入障碍；（4）构建市场导向的科技成果转移转化机制，帮助科创企业规范改制并在科技创新板、新三板、创业板、沪深主板等资本市场上市。

第五，完善信息技术服务的自贸区政策。（1）做大做强电子商务众创空间，将网络从业人员纳入各项社会保险。励互联网企业与实体店合作，推进跨境电商园区建设，促进线下线上协同发展，集聚跨境电商企业主体，培育完整产业链；（2）对优化上海电子口岸资源，实现跨境电子商务公共服务平台和上海国际贸易"单一窗口"系统与功能对接；（3）创新制度改革。如创新海关监管模式，支持 B2B、B2C 等多种出口业务模式落地。深化商事登记制度改革，推行全程电子化登记和电子营业执照改革试点。

开展"一照多址"改革试点。深化金融服务模式创新,在技术类无形资产入股等方面加大探索力度;(4)加强监管。推广应用具有硬件数字证书、采用国家密码行政主管部门规定算法的移动智能终端,保障移动电子商务交易的安全性和真实性,预防和打击电子商务领域违法犯罪。建立跨境电子商务清单管理制度,探索跨境电子商务线上监管模式,实现无障碍通关,创新跨境电子商务监管模式

第六,完善营销服务的自贸区政策。加速推动能源、钢铁、化工、有色金属、汽车等领域网上交易平台发展。推进国际贸易"单一窗口"建设。

第七,完善人力资源服务的自贸区政策。坚持以创新人才作为第一资源。探索与国际接轨的人才跨境流动制度。探索适应企业国际化发展需要的创新人才服务体系和国际人才流动通行制度。对接受区内企业邀请开展商务贸易的外籍人员,出入境管理部门应当按照规定给予过境免签和临时入境便利。

第八,完善法律、会计、管理咨询服务的自贸区政策。加强社会信用体系应用。研究制定本市电子商务交易信息规则和安全管理制度。完善负面清单管理模式。发布政府权力清单和责任清单,进一步厘清政府和市场的关系。推进"多证合一"和全程电子化登记,提高注册便利化水平,"一照一码,一码通用"。通过社会机构提供公共服务的方式给予技术、资金等援助,帮助其恢复进出口竞争力的救济制度。

第六节 本章小结

为探究"制度逻辑"对"资源行为"产生影响的内在机理,为探究在统一的制度逻辑压力下,企业资源行为各异的潜在原因。本章构建基于协同创新理论的制造企业与生产性服务企业协同发展的框架模型。通过识别模型的运行机理,深入调查本土制造业与生产性服务业的协同共生实践,以揭示"制度逻辑"对"资源行为"产生影响的内在机理并解释统一的制

第十章 制度逻辑视角下生产性服务业促进制造业技术创新能力提升的共生机理研究

度逻辑压力下，不同企业资源行为各异的惯性原因。通过对制度逻辑约束下生产性服务企业与制造企业的协同共生机理等的分析和典型案例的提炼，可以增强制度逻辑约束下生产性服务企业与制造企业实现协同共生对策的系统性、针对性、科学性及可操作性，可以从实践上为新兴产业的发展战略提供宏观政策建议参考和微观行动指南。对于全球化背景下指导通过生产性服务业的发展实现制造业技术创新能力跨越式提升的管理实践，提升本土企业的成长性和竞争能力，都具有十分重要的实践意义。

辽宁自贸区的建立，对于典型的老工业基地辽宁具有不可替代的重要意义。为其发展生产性服务业产业，提供了千载难逢的战略机遇。为此，本章主要从制度逻辑角度，研究自贸区完善本土制造业与生产性服务业的政策。在对辽宁自贸区现行政策及现状分析基础上，对比分析了辽宁自贸区与上海自贸区政策。研究发现，制造、物流服务、进出口后服务、科技服务类型的生产性服务业在自贸区政策的内容上具有部分相同之处。但在信息技术服务、营销服务、人力资源服务、法律、会计、管理咨询服务方面，上海自贸区政策措施并未被或者很少被复制推广辽宁自贸区。也就是说，上海自贸区在金融服务、专业服务等服务业领域继续充当先行探索的角色，上海自贸区较辽宁自贸区仍然明显地存在政策优势。并从完善装备制造业自贸区政策与完善生产性服务业自贸区政策两个方面，提出了完善辽宁自贸区政策的建议。完善装备制造业自贸区政策的建议，按照继续大力推进供给侧结构性改革，做优做强先进装备制造业，通过装备制造业、为生产性服务业产业发展奠定产业基础方面提出建议；完善生产性服务业自贸区政策的建议，按照①向制造业提供资金支持的融资服务，如贷款、信用担保等；②物流服务；③进出口后服务；④科技服务（产品开发或升级、技术获取、技术合作、技术服务等）；⑤信息技术服务（办公自动化系统维护、ERP、电子商务、网络和数据库建设与维护等服务）；⑥营销服务；⑦人力资源服务；⑧法律、会计、管理咨询服务等八类生产性服务业，提出建议。

第十一章 结论与展望

第一节 主要结论

企业面对外部制度逻辑变化，必然导致企业对所拥有资源的优化配置行为随之改变。特别是在全球化与逆全球化全球价值链脱钩加速，两者共存相悖且持续发展的背景下，本土制造业面临的国际竞争将是更加激烈，更迫切的要求实现经济增长方式的根本性转变。而要转变经济增长方式，离不开企业技术的自主创新能力的提升。创新作为竞争成功的关键因素（sadowski and Roth，1999），后发国家必须开展独立的自主创新活动（Figueiredo，2003），才能确保技术追赶战略的实现。本节以影响我国本土制造业集约式经营与技术创新能力跨越式提升的重要问题即如何评判企业的集约程度、如何实现技术创新能力跨越式提升为核心，基于"制度逻辑—惯性基因—资源行为"总体框架，分别从制度逻辑、惯性基因以及资源行为三个方面，系统研究本土制造业集约式经营与技术创新能力跨越式提升问题。具体通过理论分析、实证研究、案例研究、扎根分析相结合的方法，围绕"制度逻辑—惯性基因—资源行为"总体框架的构建，模型的构成，以本土制造业为研究对象，依次从制度逻辑、资源行为、惯性基因等重要层面，系统研究本土制造业在全球化与逆全球化全球价值链脱钩加速，两者共存相悖且持续发展的情景下实现集约式经营与技术创新能力跨

第十一章 结论与展望

越提升的问题。

本书融合了制度逻辑理论、企业资源理论、惯性基因等相关管理理论及思想，采用理论研究与实证研究、定性分析与定量分析相结合的方法完成。总体而言，本书主要开展了以下几个方面的工作：

（1）"制度逻辑—惯性基因—资源行为"总体框架模型构建及阐释。在外部制度逻辑约束变化，企业必然要适配制度逻辑变化以获取生存合法性。这种适配导致企业内部原有的规则与程序也随之发生变化，特别是企业对所拥有资源的优化配置行为也必随之受到影响。这就需要本土企业不断创新以适配企业外部制度逻辑的变化，通过不断的创新，整合自身资源，优化组织资源配置，推动着组织的成长和持续竞争优势的产生。本书通过对国内外制度逻辑理论、惯性理论、资源理论以及生产性服务业的相关理论和观点研究回顾并在专家访谈及调研实际情况提出"制度逻辑—惯性基因—资源行为"总体框架模型，该模型主要包括制度逻辑阶段、制度逻辑的转化阶段、资源行为阶段以及惯性基因作用过程阶段；本部分对逻辑框架模型的特征进行了分析企业家在制度逻辑阶段、转化阶段、资源行为以及惯性基因的四个作用过程阶段中均发挥了主导性的作用，其特征是企业家资源的主导作用贯穿于全过程的每个阶段，将各个分立的阶段连接起来形成完整的制度逻辑、资源行为、惯性基因过程阶段；集约式经营内涵是一个动态的概念，在不同的时间分布、不同的区域分布有着不同的表现，企业为适配外部制度逻辑迁延以提高效率为目标以效益为核心注重技术等异质性资源投入，侧重生产力水平产生质的变化的一种经营方式。新兴生产性服务业与"数据化"是本土企业集约经营程度提升的必要条件。建立了一套评价集约经营的指标体系，对集约经营指标体系的确定，本部分参考了国内外评价集约经营的指标及制约企业集约经营的因素，构成评价指标体系。通过运用多元统计分析方法对工业企业集约化经营进行案例分析，对企业集约经营程度进行了排序研究，并定量分析出影响我国企业集约经营的潜在因素。通过研究、分析影响我国集约经营主要因素，结合国外经济增长方式转变的经验教训，对如何转变我国的经济增长方式的途径进行了探索性研究。并将主成分分析方法、最优分割方法以及k最临近分类法相结合，给出了一种新的评价本土企业集约经营程度的方法。

（2）从资源行为角度出发，基于扎根理论、可视化识别技术对影响本土成熟产业实现技术追赶的关键因素、路径模型等进行分析。构建后发企业实现技术追赶的整合框架，对影响产业技术追赶的因素进行分析。研究发现中国彩电产业作为发展成熟的传统产业，在平板电视阶段，其技术追赶模式可被描述为多轨跟踪与越轨进入两个阶段，专利外部化模式向内部化模式转换的并购是实现越轨进入的关键因素，国际合作创新的专利合作是保证其实现技术追赶并获得持续成长的关键因素，以企业家为代表的内部变革促进者的作用贯穿于整个技术追赶过程中。并运用扎根理论的研究方法，重点对中国彩电产业的典型代表长虹公司在平板电视阶段实现技术追赶的关键影响因素，进行了扎根研究。研究验证了影响长虹公司实现技术追赶的四维关键因素，其中通过国际并购方式实现技术追赶的模式创新是实现技术追赶的可行策略、企业家为代表的内部创新变革促进者是彩电产业实现技术追赶的关键因素、"创新的机会窗口"是彩电产业实现技术追赶的关键切入点、"合作创新"是彩电产业实现技术追赶并获得持续的优势地位的保障。

研究采用三级编码的扎根研究法对海信集团"信芯"的研制过程进行扎根理论研究，深入探讨海信集团实现自主创新的关键因素。研究得出我国彩电制造企业实现自主创新的四维关键因素：第一，政府政策平台是保障。本土制造企业实现自主创新，需要人才、技术、资金等各种资源。而政府政策平台，为资源集聚提供了条件。国家及各级政府在组织、市场等方面的配套支持，为本土制造企业实现自主创新提供了多重保障；第二，文化创新是本土制造企业实现自主创新的内在驱动力。企业文化是其在生产经营管理活动中不断提炼、总结、培育和发展，通过长期积累形成的。作为一种价值观念，企业文化是企业成员的共同信念、共同愿望，激励着员工，实现企业目标。海信集团独特的文化创新形成了技术创新的文化氛围，作为一种独特资源成为企业实现自主创新的内在驱动力而其创新文化的形成、培育、发展与企业最高处管理者分不开。公司最高领导坚持"技术立企"的核心价值观念，并不断地通过"以人为本"、"宽容失败"、"重视创新人才"、"构建面向市场的研究开发系统"等手段，将其逐步惯例化到企业组织日常行为中，并最终成为企业实现自主创新的内在驱动力；第三，技术创新平台是支撑，技术创新平台是彩电制造企业实现自主创新的支撑性因素。技术创新平台上诞生的意义不只在于市场，其关键意义更在于自主创新能力的提升；第四，创新变革者是本土制造企业实现自主创新的关键影响因素。技术创新变革者直接影响自主创新环节，其通过技术环节的控制，实现其功能。如果没有技术创新变革者的设计、开发，即便，企业拥有高级的技术创新平台，同样无法完成彩电制造企业的自主创新过程。在企业实现自主创新的过程中，企业家作为"创新变革者"始终在引领企业自主创新的走向，并通过企业文化的塑造间接乃至直接影响自主创新的过程。

　　选取本土成熟制造业典型企业采用多案例分析方法，对外部环境影响力、企业对组织内外技术的控制力、创新变革者的主导力以及创新驱动技术追赶的驱动力如何影响企业的技术追赶进行了探讨。研究发现：外部环境是企业实现技术追赶的外部影响因素，主要通过政策与市场体现；企业内部创新变革者是实现组织技术追赶的主导力，不同层次的内部创新变革者在组织技术追赶的过程中起着不同的作用；技术控制能力是企业通过不同的方式获取技术资源实现组织对技术的控制，是组织实现技术追赶的重要支撑条件；组织创新能力是组织实现技术追赶的内在驱动力。基于上述研究发现，提出了技术追赶影响因素的四力模型，并指出组织在实施技术追赶时应综合考虑四个主要影响因素之间的适配。

　　（3）为了解释本土产业技术创新能力跨越式提升的深层动因，本书基于惯性视角对本土制造业引进型创新、自主型创新的内在关系基因机理进行了深入剖析。研究运用扎根理论的研究方法，选取家电制造企业引进型管理创新的管理实践。对管理创新中认知惯性、学习惯性以及组织惯性如何起作用进行了探讨。研究发现：第一，管理创新引进过程的不同阶段，惯性作用不同。在管理创新过程的不同阶段，具有不同的任务、遇到不同的不确定性和需要不同的信息等（Birkinshaw et al.，2008）。引进型管理创新过程包括三个阶段，企业家在整个创新过程的每个阶段中均发挥了关键的决定作用。首先，在认知惯性作用下，企业家凭借自身能力等为背景对问题的发掘、探索以及对企业外部机会的有效识别和优秀管理知识搜索。认知企业外部环境与内部资源之间的差距，发掘其环境和内部状况等的变化，通过此发现现存问题。然后，在学习惯性作用下，对资源进行调配、达到对外部环境适配，使得新引进的管理知识在内部获得认可。最后，在组织惯性作用下，企业家将管理知识在内部的学习推进和长期塑造形成惯例化，形成组织惯性期是管理创新改变执行主体的知识、思维和行为习惯的一个适应过程，也就是企业新的管理知识与内外部环境适配的适应过程，企业在新的惯性下运作；第二，企业家在整个管理创新引进的非程序性过程中均发挥了主导性的决定作用。创新是非程序性行为，由于管理创新过程中的不确定性和非程序性较高，以致进程是经过明显但未必连续的阶段（Tushman & Romanelli，1985）。对于此，企业家本身所具有的非线性逻辑思维属性内在的适配了创新过程的要求。企业家在整个管理引进创新的非程序性过程中均发挥了主导性的决定作用，且该作用贯穿于整个创新过程的每个阶段，将各个分立的阶段连接起来形成完整的管理引进创新过程；第三，企业家主导作用的发挥是组织的内外部环境的适配的结果。组织内外部环境的适配效应表现为各个阶段中内外部资源的互动，管理引进创新总是在以组织为载体的组织内部环境中发生，整个过程都会受到组织文化、组织结构、领导风格等因素的影响，不同因素对特定管理引进创新成果形成的影响程度也不同。而组织的外部环境是一套广泛的外部刺激因素的集合。管理创新的引进过程都处在组织的内外部环境的适配之中，企业家主导作用的发挥是组织的内外部环境的适配的结果。企业家的主导作用还表现在各个阶段之间的连接上，通过企业家的整合、学习和塑造功能将管理创新各过程阶段连接在一起。避免由于不同执行主体不同、导致管理创新各阶段之间存在的脱节现象，而企业家对各阶段之间的链接成为引进型管理创新能否成功的关键。

　　研究采用三级编码的扎根研究法对海信集团全发展阶段进行技术追赶过程进行扎根理论研究，深入探讨海信集团实现技术追赶的本源性因素。研究得出后发国家实现技术追赶的惯性传导路径模型：第一，后发国家实现技术追赶的起点始于认知惯性，通过对环境的觉察、评价、判断，形成组织决策的基础；组织将高层管理者认知，通过组织决策转化为企业的具体行为，并形成行为惯性；组织行为惯性通过管理者决策、管理措施、不断累积并内化为组织惯性；最后，管理者通过对组织创新体系变革、创新文化塑造等形成的创新惯性，支撑了组织技术惯性的形成。由模型可见后发国家在实现技术追赶的不同阶段，主导惯性呈现出不同的特性，并通过不同惯性间的交互作用，驱动技术追赶过程完成；第二，作为惯性贯穿后发国家实现技术追赶的惯性传导路径模型。企业家精神内核的是创新（刘昌年、梅强，2006），其与创新之间存在正相关关系（Donald，2008；Anokhin & Schulze，2009），推动了组织的技术创新和管理创新。企业家作为创新变革者，塑造了企业实现技术追赶的独特过程。海信高层管理者作为惯性在组织发展的各发展阶段起到了关键性作用。通过认知惯性跟踪并发现了国家政策倾斜与消费市场变动，为企业实现技术追赶带来的机会，并做出决策。通过行为惯性、组织惯性，企业高层管理者作为"创新变革者"始终在引领企业技术追赶的走向，并通过企业文化等创新惯性的塑造间接乃至直接影响技术追赶的过程；作为技术创新变革者的研发团队是组织实现技术追赶的直接力量，在企业高层管理者作为惯性的驱动下，形成了完成技术追赶的组织责任感，其作为惯性体现在不断通过科研努力实现不同阶段技术范式的追赶；第三，与多数研究结论不同，惯性因素在特定条件下不是企业实现变革的阻碍因素，而是促进企业实现技术追赶的本源性推动因素。惯性因素推动作用的产生，具有特定的条件。在特定的阶段、特定的情况下，不同的惯性所起作用是不同的。脱离特定阶段，特定惯性不会起到推动作用。而"作为惯性"作为所有惯性中贯穿始终的惯性，其作用突出体现在不同阶段的交替过程中，并克服组织内各类惯性作用所产生的负面影响。研究在一定程度上验证了并扩展了已有研究结论。

从资源行为角度出发,从代表企业创新能力的专利资源切入,研究在对国内外相关研究梳理的基础上,以美国专利与商标局(USPTO)专利库有关专利数据为基础,基于多维标度分析方法,构建了专利技术机会组合分析的可视化工具,并对OLED技术领域进行了实证分析。主要采用"关键词 + 高被引专利 + 专利引文"的分析策略,快速获得和识别典型的专利文献,基于专利耦合分析的专利分析方法构建专利数据集。结合MDS方法挖掘技术竞争情报,通过可视化图谱,可以揭示相关的技术热点、发现主要竞争对手及其并对技术机会进行可视化分析,发现相关企业的技术布局或技术优势。因此,具有较好的情报价值。研究所挖掘的技术领域技术热点,是通过专利耦合分析方法来确定。因为,拥有相同或相近专利的企业在技术相关性上关联较强,是现实或潜在的竞争对手。基于多维标度分析方法分析、确定和可视化表达OLED技术发展中的主要竞争关系与其技术机会,可以为彩电企业技术竞争情报分析提供有效的方法和示范。

(4)为探究"制度逻辑"对"资源行为"产生影响的内在机理,为探究在统一的制度逻辑压力下,企业资源行为各异的潜在原因。本部分构建基于协同创新理论的制造企业与生产性服务企业协同发展的框架模型。通过识别模型的运行机理,深入调查本土制造业与生产性服务业的协同共生实践,以揭示"制度逻辑"对"资源行为"产生影响的内在机理并解释统一的制度逻辑压力下,不同企业资源行为各异的惯性原因。通过对制度逻辑约束下生产性服务企业与制造企业的协同共生机理等的分析和典型案例的提炼,以及制度逻辑约束下生产性服务企业与制造企业实现协同共生的对策研究,可以从实践上为新兴产业的发展战略提供宏观政策建议参考和微观行动指南。对于全球化背景下指导通过生产性服务业的发展实现制造业技术创新能力跨越式提升的管理实践,提升本土企业的成长性和竞争能力,都具有十分重要的实践意义。

以上研究成果,除在一定程度上有助于揭示我国本土产业集约经营、技术创新能力提升的规律,补充完善现有创新理论研究外。还可以应用到

第十一章 结论与展望

创新网络的研究、产业集群驱动力研究等领域。

第二节 研究局限与展望

尽管本书对本土产业集约经营、技术创新能力提升的相关问题进行了研究，但有关此方面的研究还远未丰满，加之篇幅和时间的限制，决定了无法对本土产业集约经营、技术创新能力提升涉及的所有问题都进行详尽和深入地研究。总体而言，今后还须在以下几个方面展开深入研究。

（1）本书研究结论，在普适性问题上仍旧存在一定局限，但未来的研究仍旧需要扩大制造行业类型样本。鉴于多案例取样的难度及时间条件等的限制，本研究在理论推演的基础上，对于案例样本企业的选取上，未来的研究工作，在案例样本类型上需要拓展本土制造业企业类型。在案例研究的深度上，需要扩大同类样本量，特别是同类企业，但细化维度不同的企业，比如不同规模、不同所有制等。以便对本书所提出的研究成果进行多角验证，使研究成果更具说服力。未来研究将通过扩大样本量，扩大调研地域等，以便对本土产业集约经营、技术创新能力提升的特征规律做进一步归纳和总结；（2）未来研究在研究方法上，未来可通过多案例分析、实证研究、模拟仿真等方法，以对影响技术追赶的本源性因素做进一步的探索与验证，使研究成果更具说服力。以进一步补充、完善现有发现并挖掘新的理论发现。

总之，未来将进一步收集不同制造行业类型案例样本数据与相同行业内企业资料数据，充实研究资料数据。增加数据的多样化，避免数据偏差性，更谨慎地发觉管理事实，避免迷失方向。从发觉有趣管理现象入手，应用理论框架来挖掘、支持新研究发现，增加理论新发现与实践贡献。

参考文献

艾麦提江·阿布都哈力克、白洋、卓乘风、邓峰：《我国"一带一路"基础设施投资效率对经济增长方式转变的空间效应分析》，《工业技术经济》2017年第3期。

艾麦提江·阿布都哈力克、卓乘风、邓峰：《我国"一带一路"沿线商贸流通产业专业化与经济增长方式转变——基于城市化调节效应的研究》，《商业研究》2017年第10期。

白景坤：《组织惰性的生成与克服研究》，东北财经大学出版社2009年版。

白景坤：《多维视角下的组织惰性理论研究》，《广州大学学报》2010年第9期。

白景坤：《组织惰性生成研究——环境选择、路径依赖和资源基础观的整合》，《社会科学》2017年第3期。

白景坤、王健：《创业导向能有效克服组织惰性吗?》，《科学学研究》2019年第3期。

彼得·德鲁克（蔡文燕译）：《创新和企业家精神》，机械工业出版社2019年版。

巴纳德：《经理人员的职责》，中国社会科学出版社1997版。

柴尚金：《发达国家是如何转变经济增长方式的》，《当代世界》1996年第10期。

参考文献

曹瑄玮、郎淳刚：《战略选择、管理认知及路径依赖的形成与演化：行动与认知的观点》，《管理学家（学术版）》2008年第2期。

曹振杰：《企业员工和谐心智模式的理论与实证研究以酒店餐饮企业为例》，浙江大学出版社2012年版。

丁德明、茅宁、廖飞：《组织惯性、激励机制与新型企业的治理实践》，《经济管理》2007年第5期。

陈春花、刘祯：《案例研究的基本方法——对经典文献的综述》，《管理案例研究与评论》2010年第2期。

陈诚、毛基业：《企业战略选择的情绪基础：基于IT服务供应商的多案例研究》，《中国工业经济》2017年第4期。

陈德智：《技术跨越基本模式研究》，《技术经济与管理研究》2003年第2期。

陈德智：《技术跨越的两个基本模式》，《上海管理科学》2005年第3期。

陈佳桂等：《中国国有企业改革与发展研究》，经济管理出版社2000版。

陈康、徐鹏飞、杨忠振：《考虑货主选择惯性的班轮运输系统优化模型》，《管理科学学报》2017年第7期。

陈建华：《企业组织创新过程中风险的识别研究》，《商业研究》2004年第23期。

陈欣：《我国OLED产业战略研究》，《科技管理研究》2006年第1期。

邓少军、芮明杰：《组织动态能力演化微观认知机制研究前沿探析与未来展望》，《外国经济与管理》2010年第11期。

杜维明：《宋明儒学思想之旅——青年王阳明》，武汉出版社2002年版。

樊重俊：《上海工业经济集约化特征聚类分析》，《系统工程》1998年第1期。

樊琪、程佳莉：《学习惰性研究综述》，《心理科学》2008年第6期。

冯珩、高山行：《专利竞赛中企业的创新动力研究述评》，《科研管理》2002年第6期。

付玉秀、张洪石：《突破性创新：概念界定与比较》，《数量经济技术经济研究》2004年第3期。

范冠华：《组织内关键人物对组织变革的影响——基于组织惯性的视角》，《理论与现代化》2012年第2期。

方曙、张娴、肖国华：《专利情报分析方法及应用研究》，《图书情报知识》2007年第4期。

关铨光、覃英华：《SAS在Internet/Intranet上的决策支持应用》，《计算机应用》1999年第10期。

高展军、李垣：《组织惯例及其演进研究》，《科研管理》2007年第28卷第3期。

葛霖生：《论苏联经济增长方式转变问题》，《东欧中亚研究》1997年第4期。

顾震宇、卞志昕：《使用Thomson Data Analyzer进行专利分析的几点研究》，《竞争情报》2007年第2期。

郭爱芳、陈劲：《企业成长中科学/经验学习的协同演进——基于中集集团的案例分析》，《科学学研究》2012年第5期。

郭金龙：《经济增长方式转变的国际比较》，中国发展出版社2000年版。

郭薇：《以信息化促进经济的可持续发展》，《山西财经大学学报》2001年第4期。

缑倩雯、蔡宁、信瑶瑶：《企业环境行为脱耦的成因研究——基于制度逻辑视角》，《浙江社会科学》2019年第2期。

贵玉君：《试论经济增长方式转变的战略意义》，《中国刑警学院学报》1998年第1期。

洪勇、苏敬勤：《发展中国家核心产业链与核心技术链的协同发展研究》，《中国工业经济》2007年第6期。

洪勇、张红虹：《基于专利耦合分析的技术主体关联网络研究——以平板显示技术领域为例》，《情报学报》2015 年第 2 期。

洪勇、李英敏：《基于专利耦合的企业间技术相似性可视化研究》，《科学学研究》2013 年第 7 期。

黄旭、李一鸣、张梦：《不确定环境下企业战略变革主导逻辑新范式》，《中国工业经济》2004 年第 11 期。

黄玉顺：《论阳明心学与现代价值体系——关于儒家个体主义的一点思考》，《衡水学院学报》2017 年第 3 期。

何轩：《互动公平真的就能治疗"沉默"病吗？——以中庸思维作为调节变量的本土实证研究》，《管理世界》2009 年第 4 期。

黄群慧：《比较管理学的研究方法理论模式及对我国的现实意义》，《社会科学管理与评论》2009 年第 4 期。

贺小刚：《组织能力的源泉：企业家能力与个体特征分析》，《经济管理》2005 年第 1 期。

胡晓鹏：《中国学界关于自主创新问题的观点论争与启示》，《财经问题研究》2006 年第 6 期。

贾生华：《企业家能力与企业成长模式的匹配》，《南开学报》（哲学社会科学版）2004 年第 1 期。

蒋正华：《提高自主创新能力，改变经济增长方式》，《中国流通经济》2007 年第 7 期。

姜照华：《科技进步在经济增长中的贡献率的测算方法与提高策略》，哈尔滨工业大学出版社 1996 年版。

金麟洙：《从模仿到创新：韩国技术学习的能力》，新华出版社 1998 年版。

景秀丽、王霄：《上市家族企业区域投资结构变迁的跨层研究——基于制度逻辑的框架》，《管理世界》2015 年第 6 期。

江源：《工业行业地区结构变化对 1993—1999 年我国工业增长率的影响》，《工业经济》2001 年第 2 期。

康宇航:《基于多维标度的专利组合图谱绘制及应用》,《科学学研究》2009年第1期。

蓝海林、皮圣雷:《经济全球化与市场分割性双重条件下中国企业战略行为研究》,《管理学报》2011年第8期。

蓝海林:《企业战略管理:"静态模式"与"动态模式"》,《南开管理评论》2007年第5期。

李保平、吴香荣:《土地集约经营:转变经济增长方式的战略支点》,《中国国情国力》2007年第10期。

李柏洲、曾经纬:《知识惯性对企业双元创新的影响》,《科学学研究》2019年第4期。

李高勇、毛基业:《案例选择与研究策略——中国企业管理案例与质性研究论坛(2014)综述》,《管理世界》2015年第2期。

李宏贵、谢蕊、陈忠卫:《多重制度逻辑下企业创新合法化战略行为——基于阿里巴巴案例分析》,《经济与管理研究》2017年第7期。

李宏贵、张月琪、陈忠卫:《技术逻辑、制度逻辑与新创企业创新绩效——基于新创企业发展阶段的分析》,《科技进步与对策》2017年第10期。

李宏贵、谢蕊:《多重制度逻辑下企业技术创新的合法性机制》,《科技管理研究》2017年第3期。

李廉水:《论产学研合作创新的组织方式》,《科研管理》1998年第1期。

李平:《中国本土管理研究与中国传统哲学》,《管理学报》2013年第9期。

李靖华、盛亚:《国家复杂产品生产能力:一个基于IPO范式的思考》,《科技管理研究》2018年第24期。

李平、曹仰锋:《案例研究方法、理论与范例:凯瑟琳·艾森哈特论文集》,北京大学出版社2012版。

李仁安、韩新伟:《人力资源与集约化经营》,《科技进步与对策》

2000 年第 6 期。

李晓非、张桃红、申振浩：《组织创新过程研究》，《商场现代化》2007 年第 10 期。

李万：《技术预见：自主创新的战略导航系统》，《科学学研究》2007 年第 6 期。

李文秀：《基于产业集群的国家自主创新理论模型构建》，《科学管理研究》2007 年第 3 期。

李翔、邓峰：《区域创新、产业结构优化与经济增长方式转变》，《科技管理研究》2017 年第 11 期。

李晓明：《战略视角下的企业环境理论综述》，《生产力研究》2009 年第 4 期。

李义平：《粗放经营的历史透视与现实考证——评三种粗放经营模式》，《天津社会科学》2004 年第 6 期。

李子叶、韩先锋、冯根福：《我国生产性服务业集聚对经济增长方式转变的影响——异质门槛效应视角》，《经济管理》2015 年第 12 期。

李正卫：《基于技术能力之上的技术追赶战略动态模式》，《自然辩证法研究》2005 年第 1 期。

李正卫：《技术跨越理论述评及其对我国技术跨越的启示》，《自然辩证法研究》2005 年第 2 期。

郦波：《五百年来王阳明》，上海人民出版社 2017 年版。

林梅：《我国彩电企业战略变革研究—— 一个战略学习的视角》，《科学学与科学技术管理》2006 年第 1 期。

刘成瑞：《解剖中国经济》，中国经济出版社 1999 版。

刘洁、梁淑茵、何小文：《组织惯性、网络位置与双元技术创新实证研究——基于广东省制造企业数据》，《软科学》2017 年第 7 期。

刘学、项晓峰、林耕、李明亮：《研发联盟中的初始信任与控制战略：基于中国制药产业的研究》，《管理世界》2006 年第 12 期。

刘宏程：《中国彩电制造企业的竞争力演化研究——创新网络与创新

租的视角》,《科学学研究》2010年第3期。

刘昌年、梅强:《自主创新与企业家、企业家精神的培育机制研究》,《预测》2006年第5期。

刘宏程、葛沪飞、仝允桓:《创新网络演化与企业技术追赶:中国"山寨机"的启示》,《科学学研究》2009年第10期。

刘海建:《企业战略演化中的惯性:概念、测量与情境化》,《中央财经大学学报》2012年第4期。

刘海建、周小虎、龙静:《组织结构惯性、战略变革与企业绩效的关系:基于动态演化视角的实证研究》,《管理评论》2010年第12期。

刘岩:《企业并购惯性研究》,北京交通大学出版社2009年版。

刘德学:《外缘性制造业技术创新能力研究》,中南大学出版社2014年版。

刘璟:《经济增长方式转变研究》,光明日报出版社2020年版。

刘细文、李宁等著、方新丛书主编:《科技政策研究之科学计量学方法》,科学出版社2017年版。

刘建丽:《国有企业国际化40年:发展历程及其制度逻辑》,《经济与管理研究》2018年第10期。

刘晔、彭正龙:《企业进化的基因结构模型及其启示》,《商业经济与管理》2006年第4期。

骆金龙、罗天雨:《专利分析软件之竞争情报应用》,《竞争情报》2007年第4期。

龙飞:《信息化促进中国经济增长方式转化》,中国大百科全书出版社2016年版。

吕力:《管理学案例研究方法》,经济管理出版社2013年版。

吕薇:《加快设备国产化,促进扩大内需》,《改革》2000年第3期。

吕一博、韩少杰、苏敬勤:《企业组织惯性的表现架构:来源、维度与显现路径》,《中国工业经济》2016年第10期。

吕一博、程露、苏敬勤:《组织惯性对集群网络演化的影响研究——

基于多主体建模的仿真分析》,《管理科学学报》2015 年第 6 期。

连燕玲、贺小刚:《CEO 开放性特征、战略惯性和组织绩效——基于中国上市公司的实证分析》,《管理科学学报》2015 年第 1 期。

陆鹏:《关于集约经营的哲学思考》,《求是学刊》1997 年第 3 期。

罗明:《论集约经营内涵》,《广东广播电视大学学报》2000 年第 4 期。

马强文、任保平:《中国经济发展方式转变的绩效评价及影响因素研究》,《经济学家》2010 年第 11 期。

孟庆伟、胡丹丹:《持续创新与企业惯性形成的认知根源》,《科学学研究》2005 年第 3 期。

孟韬、李佳雷:《数字经济时代下企业组织惯性的重构路径研究》,《管理案例研究与评论》2020 年第 2 期。

孟望生:《经济增长方式转变与能源消费强度差异的收敛性——基于中国 2001—2016 年省级面板数据》,《资源科学》2019 年第 7 期。

毛蕴诗、汪建成:《基于产品升级的自主创新路径研究》,《管理世界》2006 年第 5 期。

毛基业:《运用结构化的数据分析方法做严谨的质性研究》,《管理世界》2020 年第 3 期。

尼古拉·拉迪:《中国尚未完成的经济转型》,《改革》2000 年第 2 期。

欧阳桃花:《中国企业的生产系统与竞争能力——TCL 王牌彩电的案例研究》,《管理世界》2004 年第 12 期。

彭涛:《湖南加快经济发展方式转变研究》,湖南大学出版社 2015 年版。

裴立新等:《"集约化"是社会主义初级阶段我国体育资源合理配置与有效利用的必然选择》,《西安体育学院学报》2001 年第 1 期。

蒲欣、李纪珍:《中国彩电企业跨技术范式的技术发展过程——以长虹为例》,《管理案例研究与评论》2008 年第 1 期。

钱士茹、凌飞：《企业家角色定位与企业家人力资本供给》，《中国软科学》2007年第3期。

邱均平、马瑞敏、徐蓓：《专利计量的概念、指标及实证——以全球有机电激发光技术相关专利为例》，《情报学报》2008年第4期。

史清琪：《技术进步是经济增长方式转变的核心》，《中国技术经济科学》1996年第10期。

乔朋华、鞠晓峰：《企业家社会资本对中小企业绩效的影响机制研究——基于技术创新能力的视角》，哈尔滨工业大学出版社2016年版。

施萧萧、张庆普：《组织惯性对企业渐进性创新能力影响研究》，《科学学与科学技术管理》2017年第11期。

孙伟、高健、张炜等：《产学研合作模式的制度创新：综合体模式》，《科研管理》2009年第5期。

孙顺成、蔡虹、黄丽娜：《对外技术依存度的测算与分析》，《科学学与科学技术管理》2007年第5期。

孙涛涛、刘云：《基于专利耦合的企业技术竞争情报分析》，《科研管理》2011年第9期。

孙慧、任鸽：《高管团队垂直薪酬差距、国际化战略与企业创新绩效——组织惯性的调节作用》，《经济与管理评论》2020年第2期。

尚航标、黄培伦：《管理认知与动态环境下企业竞争优势：万和集团案例研究》，《南开管理评论》2010年第3期。

苏敬勤、单国栋：《本土企业的主导逻辑初探：博弈式差异化——基于装备制造业的探索性案例研究》，《管理评论》2017年第2期。

苏敬勤：《产学研合作创新的交易成本及内外部化条件》，《科研管理》1999年第5期。

苏敬勤：《技术创新扩散过程研究》，《技术经济》1998年第1期。

苏敬勤：《基于成本最小化的股份合作制企业最佳机制设计》，《大连理工大学学报》1998年第3期。

苏敬勤、王鹤春：《第三方物流匹配模式创新研究》，《科技管理研究》

2010年第29期。

苏敬勤、王鹤春：《第三方物流企业管理创新适配过程机制分析：多案例研究》，《科学学与科学技术管理》2010年第10期。

苏敬勤、林海芬：《引进型管理创新过程机制研究》，《科学学与科学技术管理》2010年第1期。

苏敬勤、刘静：《案例研究规范性视角下二手数据可靠性研究》，《管理学报》2013年第10期。

苏敬勤、刘静：《案例研究数据科学性的评价体系——基于不同数据源案例研究样本论文的实证分析》，《科学学研究》2013年第10期。

单国栋：《转型经济下装备制造企业的主导逻辑及其影响因素研究》，博士学位论文，大连理工大学，2017年。

隋映辉：《知识经济与中国经济增长方式》，《经济学家》1998年第5期。

唐春晖、唐要家：《技术模式与中国产业技术追赶》，《中国软科学》2006年第4期。

谭立力：《实用社会科学计量分析方法》，云南大学出版社2019年版。

谭丽焱：《地方政府竞争、FDI与中国经济增长方式》，《科学经济社会》2016年第1期。

吴贵生：《技术创新管理》，清华大学出版社2000年版。

吴画斌、陈政融、许庆瑞：《企业创新能力提升的机制——基于海尔集团1984—2017年纵向案例研究》，《中国科技论坛》2019年第3期。

吴晓波、郑素丽、章威：《我国对外技术依存度的现状解析及对策建议》，《中国科技论坛》2007年第4期。

吴晓波、李正卫：《技术演进行为中的混沌分析》，《科学学研究》2002年第5期。

魏江、张妍、应瑛：《战略前瞻性、创新搜寻与创新绩效之间的演化：先声药业1995—2012年纵向案例研究》，《自然辩证法通讯》2015年第4期。

魏巍、李强：《资源逼迫驱动经济增长方式转变的机理与实证研究》，《西安电子科技大学学报（社会科学版）》2016年第2期。

王晨、郭韬、李盼盼：《区域软环境对高新技术企业创新能力的影响机理研究》，哈尔滨工程大学出版社2018年版。

王昌林：《企业技术创新动态能力形成与提升路径研究》，企业管理出版社2019年版。

王方瑞：《基于技术变革分类的技术追赶过程研究》，《管理工程学报》2011年第4期。

王国胜：《辽宁省国有工业结构调整与改组实证分析》，《经济研究参考》2000年第51期。

王鹤春、苏敬勤、曹慧玲：《惯性对后发国家引进型管理创新的作用分析》，《科学学与科学技术管理》2014年第1期。

王鹤春、苏敬勤、曹慧玲：《成熟产业实现技术追赶的惯性传导路径研究》，《科学学研究》2016年第11期。

王宁：《经济增长模式转型：一个文化机制的分析》，《兰州大学学报（社会科学版）》2020年第1期。

王兰云、张金成：《环境视角与战略适应》，《南开管理评论》2003年第2期。

王贤文：《科学计量大数据及其应用》，科学出版社2016年版。

王思博：《论我国经济增长方式的演变逻辑——来自经济增长对能源产业依赖性的证据》，《云南财经大学学报》2017年第6期。

王庆娟、张金成：《工作场所的儒家传统价值观：理论、测量与效度检验》，《南开管理评论》2012年第4期。

王瑞、钱丽霞：《企业竞争优势变迁的成因分析：能力和环境匹配的机制》，《技术经济与管理研究》2005年第2期。

王涛：《提升企业创新能力及其组织绩效研究》，经济管理出版社2012年版。

王涛、陈金亮：《双元制度逻辑的共生演化与动态平衡——基于国有企业组织场域的解释》,《当代经济科学》2018年第4期。

王玮:《信息技术的采纳和使用研究》,《研究与发展管理》2007年第3期。

王玉梅:《中国制造企业转型升级与技术创新能力协同发展研究》,科学出版社2019年版。

汪晓文、杜欣:《中国经济增长方式转变的影响因素及路径选择》,《北京理工大学学报(社会科学版)》2018年第6期。

汪晓文、杜欣、张恒铭:《国外技术引进、经济增长方式转变与异质吸收能力——基于中国省际面板数据的门槛检验》,《吉林大学社会科学学报》2018年第4期。

魏江:《企业技术能力论》,科学出版社2002年版。

解国政:《组织惯性研究文献综述》,《物流工程与管理》2011年第3期。

肖海林、彭星闾、王方华:《企业持续发展的生成机理模型——基于海尔案例的分析》,《管理世界》2004年第8期。

肖红军、阳镇:《多重制度逻辑下共益企业的成长:制度融合与响应战略》,《当代经济科学》2019年第3期。

肖尧、杨校美:《垂直专业化分工、产业结构调整与中国工业经济增长方式转变》,《经济经纬》2016年第4期。

肖沪卫:《Internet专利竞争情报开发研究》,《情报杂志》2003年第10期。

熊彼特:《经济发展理论》,商务印书馆1990年版。

熊十力:《十力语要》,中华书局1996年版。

许秀玲:《知识惯性、跨边界网络整合与电商企业的知识学习绩效》,《软科学》2019第4期。

许晖、邓伟升、冯永春、雷晓凌:《品牌生态圈成长路径及其机理研究——云南白药1999—2015年纵向案例研究》,《管理世界》2017年第6期。

项保华、罗青军：《基于主导逻辑与规则的战略循环模式》，《西北工业大学学报（社会科学版）》2002年第2期。

项保华、周亚庆：《战略与文化的匹配：以万向集团为例》，《南开管理评》2002年第2期。

谢廷宇：《全球生产网络下广西制造业技术创新能力提升机制及评价体系研究》，广西人民出版社2018年版。

谢伟、吴贵生：《技术学习的功能和来源》，《科研管理》2000年第1期。

谢伟：《全球生产网络中的中国轿车工业》，《管理世界》2006年第10期。

谢伟：《中国企业技术创新的分布和竞争战略——中国激光视盘播放机产业的案例研究》，《管理世界》2006年第2期。

韵江、刘立：《创新变迁与能力演化：企业自主创新战略——以中国路明集团为案例》，《管理世界》2006年期12期。

徐鹏航：《技术创新与企业竞争力》，中国标准出版社1999年版。

姚志坚：《能力空间与技术跨越能力的积累》，《科学学研究》2003年第3期。

严若森：《企业行为惯性及其有效消除》，《企业改革与管理》2001年第5期。

易信：《转变经济增长方式的实践探索：深圳例证》，《改革》2018年第8期。

易余胤、盛昭瀚、肖条军：《企业自主创新、模仿创新行为与市场结构的演化研究》，《管理工程学报》2005年第1期。

杨文举：《基于技术能力的技术追赶：理论及中国的经验分析》，《科学经济社会》2008年第1期。

杨逸、贾良定、陈永霞：《认知学派：战略管理理论发展前沿明》，《南大商学评论》2007年第4期。

袁斌昌：《略论企业集约化经营方式及战略选择》，《湖北大学学报

（哲学社会科学版）》2002 年第 1 期。

尹子民：《中国工业经济增长方式的评价与分析》，《技术经济与管理研究》1998 年第 6 期。

约瑟夫·熊彼特（贾拥民译）：《经济发展理论》，中国人民大学出版社 2019 年版。

曾宪龄、马强、刘德学：《钢铁工业集约经营水平的综合评价》，《钢铁》1999 年第 11 期。

曾宪龄：《对外经贸增长方式转变的量化分析》，《东北大学学报（社会科学版）》2001 年第 10 期。

曾国安、雷泽珩：《论经济增长方式转变的政策条件——以经济政策的根本性系统性调整促进经济增长方式的转变》，《福建论坛（人文社会科学版）》2015 年第 11 期。

赵晓庆：《技术学习的模式》，《科研管理》2003 年第 3 期。

赵文军、葛纯宝：《我国经济增长方式变化特征及其成因——基于248 个地级以上城市的实证分析》，《财贸研究》2019 年第 11 期。

赵长茂：《要提高经济增长质量》，《瞭望》2000 年第 47 期。

赵忆宁等：《拨开一些领域市场秩序混乱的迷雾》，《瞭望》2001 年第 12 期。

赵海均：《什么在左右中国经济》，中国财政经济出版社 2000 年版。

赵杨、刘延平、谭洁：《组织变革中的组织惯性问题研究》，《管理现代化》2009 年第 1 期。

赵卫东、吴继红、王颖：《组织学习对员工—组织匹配的影响——知识惯性调节作用的实证研究》，《管理工程学报》2012 年第 3 期。

张凡：《不作为惯性的研究回顾》，《社会心理科学》2013 年第 5 期。

张钢：《企业组织创新过程中的学习机制及知识管理》，《科研管理》1999 年第 3 期。

张钢、张灿泉：《基于组织认知的组织变革模型》，《情报杂志》2010 年第 5 期。

张军立:《中国经济结构调整问题报告》,企业管理出版社2000年版。

张建华:《创新、激励与经济发展》,华中理工大学出版社2000年版。

张鸿武:《提升中国技术创新能力的公共政策研究》经济科学出版社2018年版。

张静、刘细文、柯贤能等:《国内外专利分析工具功能比较研究》,《情报理论与实践》2008年第1期。

张璐、曲廷琛、张强、苏敬勤、长昊东:《主导逻辑类型的形成及演化路径——基于蒙草生态的案例研究》,《科学学与科学技术管理》2019年第3期。

张鹏、朱常俊:《论技术跨越的实现途径以及对我国政府的启示》,《科学学研究》2007年第1期。

张炜:《技术创新过程模式的发展演变及战略集成》,《科学学研究》2004年第1期。

张勇著:《拉美经济增长方式转型与结构演进》,中国社会科学出版社2020年版。

郑伯壎、周丽芳、樊景立:《家长式领导量表:三元模式的建构与测量》,《本土心理学研究》2000年第14期。

郑伯埙,黄敏萍:《组织与管理研究的实证方法(第二版)》,北京大学出版社2012年版。

郑炫圻:《企业家创新精神与区域经济增长方式转变》,《经济经纬》2020年第2期。

郑志来:《创新驱动发展战略下经济增长模式转型路径研究》,《当代经济管理》2018年第2期。

宗利成、刘明霞:《移动支付企业的创新选择:技术能力与CEO经验的双重视角——基于支付宝与财付通的双案例研究》,《中国软科学》2019年第4期。

左小德、张进财、陈振炜:《中国企业管理创新的驱动力——兼与西方企业的比较》,《管理世界》2015年第1期。

参考文献

周可真：《始于阳明心学的中国传统文化哲学的历史演变——兼论中西哲学同归于文化哲学的发展趋势》，《武汉大学学报（人文科学版）》2015年第3期。

仉建涛：《略论亚洲四小龙的经济增长方式》，《当代经济研究》1998年第6期。

朱碧芳：《论集约经营》，《中南财经大学学报》1997年第1期。

朱得明：《经济增长方式根本性转变的环境政策效应分析》，《环境科学动态》1997年第2期。

Adam A. , "Barriers to product innovation in small firms: policy implications", *International Small Business Journal*, No. 1, 1982.

Amit R, Sehoemaker P J H. , "Strategic assets and organizational rent", *Strategic management journal*, Vol. 14, No. 1, 1993.

Amsden A. , *The Rise of the Rest : Challenges to the West from Late-industrializing Economies*", Oxford University Press. 2001.

AndewsK. R. , "*Directors' Responsibility for Corporate Strategy*", Harvard Business Review, 1980.

AndewsK. R. , "*Replaying the Board's Role in Formulating Strategy*", Harvard Business Review, 1981.

AndewsK. R. , "*Corporate Strategy as a Vital Function of the Board*", Harvard Business Review, 1981.

Anokhin S. , Schulze W S. , "Entrepreneurship, innovation, and corruption", *Journal of Business Venturing*, Vol. 24, No. 5, 2009.

Arkes, H. R. , Kung, Y. H. , & Hutzel, L. Regret, valuation, and inaction inertia, *Organizational Behavior and Human Decision Processes*, Vol. 87, No. 2, 2002.

Barro J. , "Economic Grouth in a Cross Section of Countries", *The Quarterly Journal Economics*, No. 5, 1991.

Barney, J. , "Firm resources and sustained competitive advantage", *Journal of Management, Vol. 17, No. 1, 1991.

Barr P. S., Stimpert J. L., Huff A. S., "Cognitive change, strategic action, and organizational renewal", *Strategic management journal*, Vol. 13, No. 51, 1992.

Bell M., Pavitt K., "Technological Accumulation and Industrial Growth", Industrial and Corporate Change, 1993.

Birkinshaw, J., Hamel C., & Mol. "Management innovation", *Academy of Management Review*, Vol. 33, No. 4, 2008.

Birkinshaw, J. and Mol, M., "How management innovation happens", *Sloan Management Review*, Vol. 47, No. 4, 2006.

Birkinshaw, J., Crainer, S., and Mol, M., "Special report on management innovation", *Business Strategy Review*, Vol. 18, No. 1, 2007.

Birkinshaw J., Mol M. J., "Management Innovation", *Academy of Management Review*, Vol. 33, No. 4, 2008.

Brkich M., Jeffs D., Carless S. A., "A global self-report measure of person-job fit", *European Journal of Psychological Assessment*, Vol. 18, No. 1, 2002.

Brown T. E., "An operationalization of Sterenson's Conceptualizalion of Entrepreneurship, as opportunity-based Firm Behavior", *Strategic Management Journal*, No. 22, 2001.

Burgelman R. A., "A model of the interaction of strategic behavior, corporate context and the concept of strategy", *Academy of Management Review*, Vol. 8, No. 1, 1983.

Bwalya S. M., "Foreign Direct investment and technology spillovers: Evidence from panel data analysis of manufacturing Firms in Zambia", *Journal of Development Economics*, Vol. 81, No. 2, 2006.

Cable D. M., DeRue D. S., "The convergent and discriminant validity of subjective fit perceptions", *Journal of Applied Psychology*, Vol. 87, No. 5,

2002.

Calantone R. J. , Cavusgil S. T. and Zhao Y. , "Learning orientation, firm innovation capability, and firm performance", *Industrial Marketing Management*, Vol. 31, No. 4, 2002.

Carroll, T. N. and Burton, R. M. , "Organizations and Complexity: Searching for the Edge of Chaos", *Computational and Mathematical Organization Theory*, Vol. 6, No. 4, 2000.

Castellacci F. , "Technology Gap and Cumulative Growth: Models and Outcomes", *International Review of Applied Economics*, No. 16, 2002.

Chatterjee, S. R. , Pearson C. A. L. , Nie, K. "Interfacing Business Relations with Southern China: An Empirical Study of the Relevance of Guanxi", *South Asian Journal of Management*, Vol. 13, No. 3, 2006.

Chen Z. X. , Aryee S. , "Delegation and Employee Work Outcomes: An Examination of the Cultural Context of Mediating Processes in China", *Academy of Management Journal*, Vol. 50, No. 1, 2007.

Cohen M D, March J G, Olsen J P. "A Garbage Can Model of Organizational Choice", *Administrative Science Quarterly*, Vol. 17, No. 1, 1972.

Comfort L. K. , "Crisis management in hindsight: Cognition, communication, coordination, and control", *Public Administration Review*, Vol. 67, No. 1, 2007.

Cossette P. , Audet M. , "Mapping of an idiosyncratic schema", *Journal of Management Studies*, Vol. 29, No. 3, 1992.

Cunningham S. W. , Porter A. L, Newman N. C. , "Special issue on tech mining", *Technological Forecasting*, No. 73, 2006.

Cui M. , Pan S. L. , "Developing Focal Capabilities for E-commerce Adoption: A resource Orchestration Perspective", *Information & Management*, Vol. 52, No. 2, 2015.

Danny Miller and Ming-Jer Chen, "Sources and Consequences of Competitive Inertia: A Study of the U. S. Airline Industry", *Administrative Science Quarterly*, *Vol.* 39, No. 1, 1994.

Dawn K., Terry L., "*Organization Inertia and Momentum: A Dynamic Model of Strategic Change*", Academy of Management Journal, 1972.

Delre S. A., Jager W., Bijmolt T H A, Janssen M A., "Will it spread or not The Effects of Social influences and Network Topology on innovation diffusion", *Journal of Product Innovation Management*, Vol. 27, No. 2, 2010.

Denis Gromb., "Cultural Inertia and Uniformity in Organizations", *Journal of Law, Economics and Organization*, Oxford University Press, Vol. 23, No. 3, 2007.

Dimaggio, P., "Culture and Cognition", *Annual Review of Sociology*, Vol. 23, 1997.

Donald F K., "*Entrepreneurship: Theory, process and practice*", Mason: South-Western Congage Learning, 2008.

Du, X., "Does Confucianism Reduce Board Gender Diversity? Firm-Level Evidence from China", *Journal of Business Ethics*, Vol. 136, 2016.

Duncan R. B., "Characteristics of Perceived Environments and Perceived Environmental Uncertainty", *Administrative Science Quarterly*, Vol. 17, No. 3, 1972.

Eden C., Ackermann F., Cropper S., "The analysis of cause maps", *Journal of management Studies*, Vol. 29, No. 3, 1992.

Edwards J. R., "Person-job fit: A conceptual integration, literature review, and methodological critique", *International review of industrial and organizational psychology*, No. 6, 1991.

Eggers P., Kaplan S., "Cognition and Renewal: Comparing CEO and Organizational Effects on Incumbent Adaptation to Technical Change", *Organization Science*, Vol. 20, No. 2, 2009.

Elenkov, D. S., W. Judge and P. Wright. "Strategic Leadership and Executive Innovation Influence: An International Multi-Cluster Comparative Study", *Strategic Management Journal*, Vol. 26, No. 7, 2005.

Elsbach K D, Barr P S., "The effects of mood on individuals' use of structured decision protocols", *Organization Science*, Vol. 10, No. 2, 1999.

Eltantawy R A, Giunipero L., "An empirical examination of strategic sourcing dominant logic: Strategic sourcing centricity", *Journal of Purchasing and Supply Management*, Vol. 19, No. 4, 2013.

Eisenhardt K M, Graebner M E., "Theory building from cases: opportunities and challenges", *Academy of management journal*, Vol. 50, No. 1, 2007.

Eisenhardt, K. M, "Better Stories and Better Constructs: The Case for Rigor and Comparative Logic", *Academy of Management Review*, Vol. 16, No. 3, 1991.

Farh Jiing-Lih, Hackett Rick D., Liang Jian, "Individual-Level Cultural Values as Moderators of Perceived Organizational Support-Employee Outcome Relationships in China: Comparing the Effects of Power Distance and Traditionality", *Academy of Management Journal*, 2007, 50 (3).

Figueiredo N., "Learning, capability accumulation and firms differences: evidence from latecomer steel", *Industrial and Corporate Change*, Vol. 12, No. 3, 2003.

Gavetti, G., D. Levinthal., "Looking forward and looking backward: Cognitive and experiential search", *Administrative Science Quarterly*, Vol. 45, No. 1, 2000.

Gavin M. Schwarz., "The Logic of Deliberate Structural Inertia", *Journal of Management*, Vol. 38, No. 2, 2012.

Gemser, G., Wijnberg, N. M., "Effects of Reputational Sanctions on the Competitive Imitation of Design Innovations", *Organization Studies*, Vol. 22, No. 4, 2002.

Gerschenkron, *A Economic Backwardness in Historical Perspective*, Harvard

University Press, 1962.

Gerreffi G. and Wyman L., *Manufacturing Miracle Paths of Industrialization in Latin American and East Asia.* Princeton University Press, 1990.

Gerschenkron, A., *Economic backwardness in historical perspective*, Cambridge, MA: Harvard University Press, 1962.

Gilbert, C. G., "Unbundling the structure of inertia: Resource versus routine rigidity", *Academy of Management Journal*, Vol. 48, No. 5, 2002.

Ginsberg A., "Connecting diversification to performance: A socio cognitive approach", *Academy of Management Review*, Vol. 15, No. 3, 1990.

Grossman M. and Helpman E., "Quality Ladders in the Theory of Growth", *Preview of Economic Studies*, No. 53, 1991.

Guiso, L., P. Sapienza and L. Zingales, "Does Culture Affect Economic Outcomes?", *Journal of Economic Perspectives*, Vol. 20, 2006.

Gustafson, L. and Reger, R., *Using Organizational Identity to Achieve Stability and Change in High Velocity Environments*, Academy of Management Journal Proceedings, 1995.

Hambrick D C, Mason P A., "Upper echelons: the organization as a reflection of its top managers", *Academy of Management Review*, Vol. 9, No. 2, 1984.

Hambrick D. C. Mason P. A., "Upper-echelons: the organization as a reflection of its top managers", *Academy of Management Review*, No. 9, 1984.

Hannan B, Freeman D., "Structural Inertia and Organization Change", American Sociological Review, 1983.

Hasham, G., and Tann, J., "The Adoption of ISO 9000 Standards within the Egyptian Context: A Diffusion of Innovation Approach", *Total Quality Management & Business Excellence*, Vol. 18, No. 6, 2007.

Haveman H. A., "Organizational size and change: Diversification in saving and loan industry after deregulation", *Administrative Science Quarterly*, 1993.

Hawley A. H., "*International Encyclopedia of the Social Sciences*", Macmillan, 1968.

Henderson J. C., Venkatraman N, "Strategic alignment: Leveraging information technology for transforming organization", *IBM Systems Journal*, Vol. 32, No. 1, 1993.

Henderson J. C., Venkatraman N., *Strategic alignment: a model for organizational transformation through information technology management in transforming organization*, New York: Oxford University Press, 1992.

Higgins C. A., Judge T. A., "The effect of applicant influence tactics on recruiter perceptions of fit and hiring recommendations: A field study", *Journal of Applied Psychology*, Vol. 89, No. 4, 2004.

Hobday M. G., *Foreign Investment, exports and Technology Development in the Four Dragons*, University of Sussex, 1992.

Hobday, M., *Innovation in East Asia: The Challenge to Japan*, Edward Elgar, 1995.

Hodgkinson G P. "Cognitive inertia in a turbulent market: the case of UK residential estate agents", *Manage Study*, 1997.

Hodgkinson G P. Clarke I., "Conceptual Note: Exploring the Cognitive Significance of Organizational Strategizing: A Dual-Process Framework and Research Agenda", *Human Relations*, Vol. 60, No. 1, 2000.

Hofstede G, Neuijen B, Ohayv D D, Sanders G., "Measuring Organizational Cultures: A Qualitative and Quantitative Study across Twenty Cases", *Administrative Science Quarterly*, 1990.

Huff A. S., *Great minds in management: the process of theory development*", Oxford University Press, 2005.

Hwang K. K., "Chinese Relationism: Theoretical Construction and Methodological Considerations", Journal for the Theory of Social Behavior, *Vol.* 30, *No.* 2, 2000.

Ji L. J., Peng K. P., Nisbett R. E., "Culture, Control and Perception of the Environment", Journal of Personality and Social Psychology, 2000.

Jenkins Johnson M., "Entrepreneurial intentions and outcomes: A comparative causal mapping study", Journal of Management Studies, Vol. 34, No. 6, 1997.

Jianmin Tang., "Competition and innovation behaviour", Research Policy, Vol. 35, No. 1, 2006.

Kahn, H., "World Development: 1979 and Beyond", London: Croom Helm, 1979.

Kaplan S., "Research in cognition and strategy: Reflections on two decades of progress and a look to the future", Journal of Management Studies, Vol. 48, No. 3, 2011.

Kelly P., Kranzberg M., "Technological innovation: A critical review of current knowledge", Technological innovations, 1978.

Kristof A. L., "Person-organization fit: An integrative review of its conceptualizations, measurement, and implications", Personal Psychology, Vol. 49, No. 1, 1996.

Kuei-Kuei Lai, Shiao-Jun Wu. "Using the patent co-citation approach to establish a new patent classification system", Information Processing and Management, Vol. 41, No. 2, 2005.

Kuusi, O., Meyer, M., "Anticipating technological breakthroughs: Using bibliographic coupling to explore the nanotubes paradigm", Scientometrics, Vol. 70, No. 3, 2007.

Lal D., "Nationalism, Socialism and planning: Influential ideas in the south", World Development, Vol. 13, No. 6, 1985.

Lauver K. J., Kristof-Brown A., "Distinguishing between employees perceptions of person-job and person-organization fit", Journal of Vocational Behavior, Vol. 59, No. 3, 2001.

Lee K. , "Making a technological catch-up: barriers and opportunities", Asian Journal of Technology Innovation, Vol. 13, No, 2, 2005.

Lee, K. , Lim, C. , "Technological régimes, catching-up and leapfrogging: findings from the Korean industries", Research Policy, Vol. 30, No. 3, 2001.

Li, X. H. , & Liang, X. Y. , "A Confucian social model of political appointments among Chinese private-firm entrepreneurs", Academy of Management Journal, Vol. 58, No. 2, 2015.

Liao S. , Fei W. C. , Liu, C. T. , "Relationships between knowledge inertia, organizational learning and organization innovation", Technovation, 2008.

Luc. , "International diffusion of technology, industrial development and technological leapfrogging", World Development, Vol. 13, No. 3, 1985.

Lucas R. E. , "The Mechanics of Economic Development", Journal of Monetary Economics, No. 22, 1988.

Luftman J. N. , "Assessing Business-IT Alignment Maturity", Comunications of the Association for Information Systems, Vol. 4, No. 14, 2000.

Malin Brnnback and Patricia Wiklund. A. , "New Dominant Logic and its Implications for Knowledge Management: A Study of the Finnish Food Industry", Knowledge and Process Management, Vol. 4, No. 8, 2001.

Mark D. , David G. , Ammon J. S. , The management of technological innovation: strategy and practice, Oxford: Oxford University Press, 2008.

Marquis C. and Lounsbury M. , "Vive la resistance: Competing logics and the consolidation of US community banking", Academy of Management Journal, Vol. 50, No. 4, 2007.

Marshall C. , Rossman G. , "Designing qualitative research", 2nd ed. Thousand Oaks: Sage Publications, 1995.

Meyer M. , "What is special about patent citations? Differences between scientific and patent citations", Scientometrics, Vol. 49, No. 1, 2000.

M. L. Tushman, *E Romanelli Organizational evolution: a metamorphosis model of convergence and reorientation*, JAI Press, 1985.

Morton I. K., Nancy L. S., "*Market structure and innovation*", Cambridge University Press, 1982.

Muchinsky P. M., Monahan C. J., "What is person-environment congruence? Supplementary versus complementary models of fit", *Journal of vocational Behavior*, Vol. 31, No. 1, 1987.

Mu-Hsuan, Huang., "*Constructing a patent citation map using bibliographic coupling: A study of Taiwan's high-tech companies*", Scientometrics, 2003.

Muniz A. S. G., Raya A. M., Carvajal C. R., "Spanish and European Innovation Diffusion: A Structural hole Approach in the Input-output Field", *The Annals of Regional Science*, Vol. 44, No. 1, 2010.

Mu. Q., Lee K., "Knowledge diffusion, market segmentation and technological catch-up: The case of the telecommunication industry in China", *Research poliey*, Vol. 34, No. 6, 2005.

Nadkarni S., Barr P. S., "Environmental context, managerial cognition, and strategic action: an integrated view", *Strategic Management Journal*, Vol. 29, No. 13, 2008.

Narin F., Carpenter M., Woolf P., "Technological performance assessment based on patents and patent citations", *IEEE Transactions on Engineering Management*, Vol. 34, No. 4, 1984.

Nelson, R. and Winter, S., "The Schumpeterian Trade off Revisited", *American Economic Review*, Vol. 72, No. 1, 1982.

Nujssen L., Reekum C., "Cooperative R&D and vertical product differentiation", *International Journal of Industrial Organization*, Vol. 10, No. 4, 2001.

Ocasio W., "Toward an attention-based view of the firm", *Strategic Man-*

agement Journal, Vol. 18, No. S1, 1997.

Olga, Suhomilinova, "Toward a Model of Organizational Co-Evolution in Transition Economies", *Jounal of Management Studies*, Vol. 43, No. 7, 2006.

O'Reilly, C. A., and Tushman, M. L., "Ambidexterity as a dynamic capability: Resolving the innovator's dilemma", *Research on Organizational Behavior*, Vol. 28, No. 1, 2008.

Pavitt K., "What We Know about the Strategic Management of Technology", *California Management Review*, 1990.

Peng K. P., Nisbett R. E., "Culture, Dialectics and Reasoning About Contradiction", *American Psychologist*, 1999.

Pierre-Jean enghozi., "Managing Innovation: From ad hoc to Routine in French Telecom", *Organization Studies*, Vol. 11, No. 4, 1990.

Porter, A. L. QTIP., "Quick Technology Intelligence Processes", *Technological Forecasting and Social Change*, Vol. 72, No. 9, 2005.

Porter, A. L. Cunningham, S. W., *Tech Mining: Exploiting New Technologies for Competitive Advantage*, N. J.: Wiley, 2005.

Posner M. V., "International trade and technical change", Oxford Economic Papers, 1981.

Porac J. F., Thomas H., "*Managing cognition and strategy: issues, trends and future directions*", Handbook of strategy and management, 2002.

Prahalad C. K., and Bettis R. A., "The Dominant Logic: A New Linkage between Diversity and Performance", *Strategic Management Journal*, Vol. 7, No. 6, 1986.

Prahalad, C. K., "The blinders of dominant logic", *Long Range Planning*, Vol. 37, No. 2, 2004.

Rick Molz, Catalin Ratiu., "Logics of local actors and global agents: divergent values divergent world views", *Critical perspectives on international Business*, Vol. 8, No. 3, 2012.

Robert A. , "Structure of Decision: The Cognitive Maps of Political Elites", New Jersey: Princeton University Press, 2015.

Romer P. M. , "Endogenous technological change", *Journal of Political Economy*, Vol. 98, No. 5, 1990.

Sabatier V. , Craig-Kennard A. , Mangematin V. , "When technological discontinuities and disruptive business models challenge dominant industry logics: insights from the drugs industry", *Technological Forecasting and Social Change*, Vol. 79, No. 5, 2012.

Sadowski M. , Roth A. "Technology leadership can pay off" *Research-Technology Management*, Vol. 42, No. 5, 1999.

Sevdalis, N. , Harvey, N. , & Yip, M. , "Regret triggers inaction inertia-But which regret and how?", *British Journal of Social Psychology*, Vol. 45, No. 4, 2006.

Schwenk C. R. , "*Cognitive simplification processes in strategic decision-making*", *Strategic management journal*, Vol. 5, No. 2, 1984.

Schwenk C. , "Management tenure and explanations for success and failure", *Omega*, 1993, 21 (4).

Sharif N. "Strategic role of technological self-reliance in development management: Implications for developing countries", *Technological Forecasting and Social Change*, Vol. 62, No. 3, 1999.

Shiao-Chun Wu, Hung-Yi Chen. , "*Recognizing the core technology capabilities for companiesthrough patent co-citations*", Industrial Engineering and Engineering Management, 2007 IEEE International Conference proceedings, 2007.

Stata, R. , "Organizational Learning-The Key to Management Innovation", *Sloan management Review*, Vol. 30, No. 3, 1989.

Sull D. N. , "Why good companies go bad", *Harvard Business Review*, Vol. 77, No. 4, 1999.

Szu-Chia Lo. , "Patent coupling analysis of primary organizations in genetic engineering research", *Scientometrics*, 2008.

Taormina, R. J., Gao, J. H. A, "Research Model for Guanxi Behavior: Antecedents, Measures, Outcomes of Chinese Social Networking", *Social Science Research*, Vol. 39, No. 6, 2010.

Tai-Young Kim, Hongseok Oh and Anand Swami Nathan., "Framing Interorganizational Network Change: A Network Inertia Perspective", *The Academy of Management Review*, Vol. 31, No. 3, 2006.

Tashakkori A., Teddlie C., "*Mixed methodology: Combining qualitative and quantitative approaches*", Thousand Oaks: Sage Publications, 1998.

Thornton P. H., "The rise of the corp Alford oration in a craft industry: Conflict and conformity in institutional logics", *Academy of management Journal*, Vol. 45, No. 1, 2002.

Thornton P. H. and Ocasio W., "*Institutional logics*", Green wood C. et al (Eds.). The Sage handbook of organizational institutionalism, London: Sage, 2008.

Ting-Peng Liang and Chih-Ping Wei, "Introduction to the special issue: mobile commerce applications", *International Journal of Electronic Commerce*, Vol. 8, No. 3, 2004.

Tomasz Obloj, Krzysztof Obloj, Michael G. Pratt,, "Dominant Logic and Entrepreneurial Firms' Performance in a Transition Economy", *Entrepreneurship Theory and Practice*, Vol. 34, No. 1, 2010.

Tony Chapman., "Smoke and Mirrors: The Influence of Cultural Inertia on Social and Economic Development in a Polycentric Urban Region", *Urban studies*, Vol. 48, No. 5, 2011.

Venon R., "International investment and international trade in the product cycle", *Quarterly Journal of Economics*, 1996.

Verspagen B., "*Mapping technological trajectories as patent citation networks: A study on the history of fuel cell research*", Advances in Complex Systems, 2007.

Von Krogh, G., Erat, P., &Macus, M., "Exploring the link between dominant logic and company performance", *Creativity and Innovation Managemen*, Vol. 9, No. 2, 2000.

Windrum P. & Birchenhall C., "Structural Change in the presence of Network Externalities: a Co-evolutionary Model of Technological Successions", *Journal of Evolutionary Economics*, Vol. 15, No. 2, 2005.

Williamson P J., "Cost innovation: Preparing for a 'value-for-money' revolution", *Long Range Planning*, Vol. 43, No. 2, 2010.

Wong, Y. T., Wong S. H., Wong, Y. W., "A Study of Subordinate-supervisor Guanxi in Chinese Joint Ventures", *The International Journal of Human Resource Management*, Vol. 21, No. 12, 2010.

Yannis C., Ioanna K., Aggelos Tsakanikas., "Internal capabilities and external knowledge sources: complements or substitutes for innovative performance?", *Technovation*, 2004.

Yin R. K., "*Case study research: Design and methods (3rd Edition)*", Thousand Oaks: Sage Publications, 2002.

Yin R. K., "Qualitative research from Start to Finish", New York: Guilford Publications, 2015.

Zairi M., Mashari M. A., "Developing a Sustainable culture of innovation management: A prescriptive approach", *Knowledge and Process Management*, Vol. 12, No. 3, 2005.

Zajac E. J., Kraatz M. S., Bresser R. K. F., "Modeling the dynamics fit: a normative approach to strategic change", *Strategic Management Journal*, Vol. 21, No. 4, 2000.

Zeelenberg, M., & van Putten, M., "The dark side of discounts: An inaction inertia perspective on the post-promotion dip". *Psychology and Marketing*, Vol. 22, No. 8, 2005.

Zimmerman M and Zeitz G., "Beyond survival: Achieving new venture growth by building legitimacy", *Academy of Management Review*, Vol. 27, No. 3, 2002.

Zhang, Y., et al., "Paradoxical leader behaviors in people management: Antecedents and consequences", *Academy of Management Journal*, Vol. 58, No. 2, 2015.

附录 A　辽宁省上海市自贸区生产性服务业政策对比表

	辽宁省政策	上海市政策
向制造业提供资金支持的融资服务，如贷款、信用担保等	1. 提升利用外资水平 2. 构筑对外投资服务促进体系 3. 推动跨境人民币业务创新发展 4. 深化外汇管理体制改革 5. 增强金融服务功能 6. 建立健全金融风险防控体系 7. 加快构建双向投资促进合作新机制 8. 提升大型制造设备、施工设备、运输工具、生产线等优势产业的融资租赁服务能力 9. 鼓励船舶制造、工程机械、海洋工程装备及其他大型成套设备制造企业采用融资租赁方式开拓国际市场，发展跨境租赁 加强融资租赁行业的事中事后监督管理 10. 推进投融资体制改革。推广运用政府和社会资本合作（PPP）等新型投融资模式 11. 逐步形成与国际接轨的双向投资管理制度 12. 加快发展航运金融。支持发展航运融资业务	1. 推动开展无形资产、动产质押、公司债券等多种形式的融资服务 2. 鼓励商业银行等金融机构为科技企业提供自由贸易账户、境外本外币融资、人民币资金池、外汇资金集中运营管理等金融创新服务，降低企业资金成本 3. 推动股权投资企业开展境内外双向投资 4. 金融开放创新（金融市场设立、金融机构集聚、金融业务创新、金融功能提升）形成国际贸易、金融服务、航运服务、专业服务、高端制造五大集群，总部经济、平台经济、"四新"经济三大业态为主导的产业经济体系 5. 区内企业（不含金融机构）外债资金实行意愿结汇 6. 进一步简化经常项目外汇收支手续 7. 支持银行发展人民币与外汇衍生产品服务 8. 加强跨境资金流动风险防控 9. 允许融资租赁类公司境内外收取外币租金如用以购买租赁物的资金50%以上来源于自身国内外汇贷款或外币外债，可以在境内以外币形式收取租金 10. 服务业开放领域，允许融资租赁公司设立外商投资资信调查公司

续表

	辽宁省政策	上海市政策
向制造业提供资金支持的融资服务，如贷款、信用担保等	13. 鼓励金融机构、装备制造企业集团在自贸试验区内设立融资租赁公司和专营融资租赁业务子公司，开展融资租赁服务 14. 允许自贸试验区内融资租赁公司在境外开立人民币账户用于跨境人民币融资租赁业务 15. 外商投资实行准入前国民待遇加负面清单管理模式 16. 先进装备高科技人才个人收入形成地方财力全部返还。制造等高新技术产业扶持政策	11. 融资租赁公司设立子公司不设最低注册资本限制、允许内外资企业从事游戏游艺设备生产和销售等。12. 统一内外资融资租赁企业准入标准、审批流程和事中事后监管制度 13. 最大限度地缩小企业投资项目的核准范围推广政府和社会资本合作（PPP）模式 14. 加强上海自贸试验区金融改革与国际金融中心建设联动，积极推进金融开放创新，加快推动资本项目可兑换、人民币跨境使用、金融服务业开放，拓展跨境投融资渠道，降低企业融资成本，不断提高金融服务实体经济效率 15. 加快建设面向国际的金融市场，健全以自由贸易账户为基础，以人民币跨境使用、投融资汇兑便利、利率市场化、外汇管理改革为主要内容的金融改革创新框架体系。加快人民币产品市场建设，扩大跨境人民币融资渠道和规模，拓宽人民币投资回流渠道，促进人民币资金跨境双向流动 16. 进一步扩大人民币跨境使用 17. 扩大人民币境外使用范围，推进贸易、实业投资与金融投资三者并重，推动资本和人民币"走出去" 18. 拓宽境外人民币投资回流渠道。创新面向国际的人民币金融产品，扩大境外人民币境内投资金融产品的范围，促进人民币资金跨境双向流动 19. 支持民营资本进入金融业 20. 支持证券期货经营机构在自贸试验区率先开展跨境经纪和跨境资产管理业务，开展证券期货经营机构参与境外证券期货和衍生品交易试点 21. 支持在自贸试验区设立保险资产管理公司及子公司、保险资金运用中心。22. 完善再保险产业链 推动股权投资企业开展境内外双向投资 23. 争取到2020年，实现融资租赁业务领域覆盖面不断扩大，融资租赁市场渗透率显著提高，融资租赁资产规模占全国比重达到30%以上，使融资租赁成为企业设备投资和技术更新的重要手段，成为社会投融资体系中的重要组成部分

· 267 ·

续表

	辽宁省政策	上海市政策
向制造业提供资金支持的融资服务，如贷款、信用担保等		24. 培育壮大市场主体。鼓励引导境内外资支持融资租赁公司为中小微企业提供个性化、定制化服务。本来沪设立融资租赁公司 25. 允许融资租赁公司开展本外币资金池业务 26. 完善融资租赁物登记公示制度 27. 支持符合条件的融资租赁公司接入人民银行征信系统 28. 加强融资租赁事中事后监管。 29. 逐步建立统一、规范、全面的融资租赁业统计制度和评价指标体系 30. 配合金融管理部门完善金融风险监测和评估，建立与自贸试验区金融业务发展相适应的风险防范机制 31. 金融管理部门报送相关信息，履行反洗钱、反恐怖融资和反逃税等义务，配合金融管理部门关注跨境异常资金流动，落实金融消费者和投资者保护责任 32. 设立财政金融支持政策，围绕集成电路、人工智能、生物医药三大产业领域，设立总规模1000亿元的先导产业基金；聚焦新网络、新设施、新平台、新终端等重点领域，设立总规模1000亿元的新基建信贷优惠专项；将中长期低息贷款政策从集成电路扩大至人工智能、生物医药等领域，设立总规模1000亿元面向先进制造业的中长期信贷专项资金；推动园区转型升级，设立1000亿元的园区二次开发基金
物流服务	1. 推进跨境电商与快递协同发展 2. 推动快递服务业与制造业协同发展 提升超大超限货物的通关、运输、口岸服务等综合能力	1. 鼓励新能源车辆开展物流（快递）配送业务，推动充电、加气等基础设施建设 2. 鼓励本市电子商务和物流（快递）企业发展"仓配一体化"综合服务 3. 大力发展自贸试验区国际航运、国际贸易等重点产业责任保险、贸易信用保险、融资租赁保险 4. 加快建设航运保险中心 5. 互联网+供应链。利用互联网同步信息流与物流，提高采购效率和透明度，推动供应链管理向互联网模式转型

续表

	辽宁省政策	上海市政策
物流服务		6. 积极为大飞机战略服务，支持民用航空器、航空发动机、机载设备及零部件等的研发和制造，并逐步形成航空产业集群和产业链；支持航空高端维修业务发展，建设具有国际竞争力的航空维修中心；支持适航审定和航空器运行评审能力建设，推动健全适航审定组织体系 7. 推进实施多式联运一次申报、指运地（出境地）一次查验，对换装地不改变施封状态的货物予以直接放行的措施，但需要在口岸实施检疫和检验的商品、运输工具和包装容器除外 8. 本市支持航运智库发展，为国际航运中心建设提供智力支持 9. 设立绿色通道，便捷通关手续 10. 仓储应企业建立符合海关监管要求的计算机管理系统，具备符合海关监管要求的汽车专用仓储场地，试点企业开展业务前，应凭地方主管部门批准的汽车平行进口试点资质认定证明，向上海海关加工贸易主管部门备案。试点企业应按规定向海关申报进口、进行标准符合性整改等
进出口后服务	1. 推进贸易转型升级 2. 实施贸易便利化措施 3. 完善国际贸易服务体系 4. 同意大连市设立跨境电子商务 5. 建设国际贸易"单一窗口" 6. 简化国际船舶运输经营许可程序，优化船舶营运、检验与登记业务流程 7. 建立辽宁地区进境食品检疫审批正面清单制度 8. 对企业自用研发设备和进口研发耗材实施进口税收优惠政策 9. 在贸易便利化方面，积极探索保税货物流转监管模式。着手制定再制造旧机电设备允许进口目录	1. 试点企业及其在自贸试验区内注册的汽车经销商是平行进口汽车产品质量追溯的责任主体 2. 深化实施全国海关通关一体化、"双随机、一公开"监管以及"互联网+海关"等举措 3. "入境维修产品监管新模式"、"一次备案，多次使用" 4. 全面推广"快检快放"便捷化监管措施 5. 支持汽车平行进口。积极参与推动自贸区平行进口汽车项目稳步运行 6. "自主报税、自助通关、自动审放、重点稽核"作业模式 7. 境外进入区内的货物，可以凭进口舱单先行入区，分步办理进境申报手续。口岸出口货物实行先报关、后进港

续表

	辽宁省政策	上海市政策
科技服务（产品开发或升级、技术获取、技术合作、技术服务等）	1. 构筑科技创新和人才高地 2. 建立统一的知识产权行政管理体制机制 3. 建立以知识产权为重要内容的创新驱动评价体系 4. 实现知识产权"一站式"服务，开通"绿色通道"，提高知识产权申请效率和质量 5. 建立多元化知识产权纠纷解决和维权援助机制 6. 探索建立重点产业专利导航制度和重点产业快速协同保护机制 7. 进一步推进内资融资租赁企业试点 8. 科技研发咨询、教育培训等服务供应商扶持政策。高科技人才个人收入形成地方财力全部返还	1. 坚持以制度创新破除科技体制机制障碍作为关键环节最大限度地解放和激发科技作为第一生产力 2. 破除限制新技术、新产品、新模式、新业态发展的不合理准入障碍 3. 推动金融创新更好地服务科技创新企业促进技术和知识跨境双向流动，建设国际化、全产业链的知识产权保护高地 4. 推进知识产权资源集聚 5. 大力发展知识产权服务业 6. 完善知识产权纠纷多元解决机制 7. 强化科技创新知识 8. 健全知识产权保护和运用体系。充分发挥专利、商标、版权等知识产权引领作用产权管理 9. 简化股权激励登记流程，推动科技成果转移转化。研发机构、高等院校以本单位名义或者本单位独资设立的负责资产管理的法人名义将科技成果作价投资的 拓宽科创企业融资渠道，支持科创企业做大做强 10. 为科创企业融资提供高效便捷的动产抵押登记服务，并及时公示动产抵押登记信息 11. 帮助科创企业规范改制并在科技创新板、新三板、创业板、沪深主板等资本市场上市 12. 构建市场导向的科技成果转移转化机制。建立科技成果转化、技术产权交易、知识产权运用和保护协同的制度，确立企业、高校、科研机构在技术市场中的主体 13. 推进知识产权"三合一"行政管理和执法体制机制改革 积极争取新设以服务科技创新为主的民营银行 14. 起设立重点产业并购基金。支持保险机构为科技创新企业提供风险保障和资金融通 15. 促进技术和知识跨境双向流动，建设国际化、全产业链的知识产权保护高地

附录A 辽宁省上海市自贸区生产性服务业政策对比表

续表

	辽宁省政策	上海市政策
信息技术服务（办公自动化系统维护、ERP、电子商务、网络和数据库建设与维护等服务）	落实"互联网+"战略。加快移动APP、物联网、云计算、大数据等技术的应用 跨境电子商务扶持政策 实施跨境电子商务CCC产品监管制度	1. 推广电子合同应用 2. 做大做强电子商务众创空间，推动建设一批电子商务创业孵化器。积极开展电子商务创业大赛 3. 规定将网络从业人员纳入各项社会保险 4. 进一步支持在线餐饮电子商务发展，鼓励家政、洗染、维修等行业开展网上预约和上门服务 5. 鼓励互联网企业与实体店合作，发挥线上线下两种优势支持医药电子商务发展，探索开展处方药品网上流通试点 6. 推广应用具有硬件数字证书、采用国家密码行政主管部门规定算法的移动智能终端，保障移动电子商务交易的安全性和真实性 7. 探索跨境电子商务线上监管模式，实现无障碍通关和智能化监管。建立跨境电子商务统计制度 8. 建立完善电子商务领域信用评价和失信行为联合惩戒机制 9. 预防和打击电子商务领域违法犯罪研究制定本市电子商务交易信息规则和安全管理制度 10. 加强电子商务领域云计算、大数据、物联网、智能交易等核心关键技术研究开发 11. 深化科技创新体制机制改革。投资联动金融服务模式创新、技术类无形资产入股、发展新型产业技术研发组织等方面加大探索力度 12. 全面深化商事登记制度改革。推行全程电子化登记和电子营业执照改革试点。开展"一照多址"改革试点 13. 引导市场主体自律。创新市场评价机制。鼓励支持电子商务等互联网平台企业为交易当事人提供公平、公正、透明的信用评价服务，客观记录并公开交易与消费评价信息，促进市场参与各方加强自我约束 14. 探索业界自治，支持行业协会和商会发展 15. 建立跨境电子商务清单管理制度 16. 构建跨境电子商务风险监控体系和质量追溯体系

续表

	辽宁省政策	上海市政策
信息技术服务（办公自动化系统维护、ERP、电子商务、网络和数据库建设与维护等服务）		17. 创新跨境电子商务监管模式 形成一套线上交易、线上监管、线上服务、线下支撑的规则体系，适应和引领跨境电子商务产业发展，建成政府服务高效、市场环境规范、投资贸易便利、资源配置优化、产业特色明显的全球跨境电子商务运营中心、物流中心、金融中心和创新中心 18. 对接国际贸易"单一窗口"。优化上海电子口岸资源，实现跨境电子商务公共服务平台和上海国际贸易"单一窗口"系统与功能对接，为本市跨境电子商务发展提供支撑 19. 推进跨境电商园区建设，促进线下线上协同发展 20. 集聚跨境电商企业主体，培育完整产业链 21. 培育集聚行业人才。鼓励成立跨境电子商务研究机构，积极开创新企业与商品准入制度。开展行业相关研究 22. 创新海关监管模式。探索对跨境电子商务零售出口商品实行，简化归类，推进清单申报通关模式，支持 B2B、B2C 等多种出口业务模式落地
营销服务	1. 促进快递业融入社会生产与消费的产业链、供应链和服务链 2. 推动"两直购两出口"的跨境电子商务运营模式 3. 建设"单一窗口"平台。依托辽宁电子口岸 4. 提升超大超限货物的通关、运输、口岸服务等综合能力	1. 深入推进电子商务领域由"先证后照"改为"先照后证"改革 2. 研究设立本市电子商务发展专项资金。逐步将旅游电子商务、生活服务类电子商务等相关行业纳入"营改增"范围 3. 加速推动能源、钢铁、化工、有色金属、汽车等领域网上交易平台发展 4. 推进国际贸易"单一窗口"建设 5. 发展离岸保险市场建立区域性再保险中心
人力资源服务	1. 争取将沈阳高校的外国留学生直接就业政策学历要求从硕士放宽到本科，探索允许国外知名大学应届外国本科毕业生直接到沈阳就业	1. 坚持以创新人才作为第一资源 2. 培育和发展科技创新、跨境贸易、金融服务等领域的行业协会和社团组织，支持行业协会和社团组织参与行业规则制定、行业管理、行业评估、人才评估等活动 探索与国际接轨的人才跨境流动制度，创建国家级人才改革试验 3. 加快知识产权人才培养 4. 探索适应企业国际化发展需要的创新人才服务体系和国际人才流动通行制度

附录A　辽宁省上海市自贸区生产性服务业政策对比表

续表

	辽宁省政策	上海市政策
人力资源服务		5. 探索与国际接轨的人才跨境流动制度,创建国家级人才改革试验区 对接受区内企业邀请开展商务贸易的外籍人员,出入境管理部门应当按照规定给予过境免签和临时入境便利 6. 对区内企业因业务需要多次出国、出境的中国籍员工,出入境管理部门应当提供办理出国出境证件的便利 7. 承担近五年获批且仍在进行中的国家、上海市重大项目的、注册在上海自由贸易试验区且具有独立法人资格的企事业单位项目团队中的外籍核心成员(最多可申请6人),经该重大项目首席专家或项目负责人推荐,经认定后可申请在华永久居留
法律、会计、管理咨询服务	1. 促进服务外包发展。推动检测维修、生物医药、软件信息、管理咨询、数据服务、文化创意等服务外包业务发展 2. 支持服务外包业务发展。促进软件研发、工业设计、信息管理等业务发展	1. 预防和打击电子商务领域违法犯罪研究制定本市电子商务交易信息规则和安全管理制度 2. 完善负面清单管理模式。发布政府权力清单和责任清单,进一步厘清政府和市场的关系 3. 完善负面清单管理模式 4. 加强社会信用体系应用 5. 推动产业预警制度创新。政府可选择重点敏感产业,通过实施技术指导、员工培训等政策,帮助企业克服贸易中遇到的困难 6. 推进"多证合一"和全程电子化登记,提高注册便利化水平,"一照一码,一码通用" 7. 贸易调整援助,是指对因受国际贸易环境变化影响而造成贸易竞争力下降、员工流失的企业,通过社会机构提供公共服务的方式给予技术、资金等援助,帮助其恢复进出口竞争力的救济制度 8. 第十二条自贸试验区在金融服务、航运服务、商贸服务、专业服务、文化服务、社会服务和一般制造业等领域扩大开放,暂停、取消或者放宽投资者资质要求、外资股比限制、经营范围限制等准入特别管理措施 9. 企业可以通过单一窗口一次性递交各管理部门要求的标准化电子信息,处理结果通过单一窗口反馈

续表

	辽宁省政策	上海市政策
法律、会计、管理咨询服务		10. 简化区内企业外籍员工就业许可审批手续，放宽签证、居留许可有效期限，提供入境、出境和居留的便利 11. 自由贸易试验区负面清单由 2017 年版 95 条措施减至 2019 年版 44 条措施 12. 拓宽可享受工业用地 50 年出让年期的项目范围，降低优质企业用地成本，地价实行底线管理。支持园区滚动收储、及时供地，做到"地等项目""房等项目" 13. 提高产业用地容积率下限，工业用地容积率不低于 2.0，通用类研发用地容积率不低于 3.0，提高单一用途产业用地的混合用地比例 14. 在区内试点资本项目外汇收入支付便利化，支持非投资性外资企业真实、合规的境内股权投资 15. 支持选择"投注差"借用外债的企业调整为以跨境融资宏观审慎管理模式借用外债 16. 将"上年度本外币国际收支规模 1 亿美元"门槛降低为 5000 万美元，鼓励总部企业做大做实等 17. 实行一业一证，整合为一张载明相关行政许可信息的行业综合许可证，还可以通过所加载二维码显示企业详细信息

注：文字上划横线的为沈阳与上海重复性政策

附录 B　辽宁省上海市自贸区装备制造业政策对比表

	辽宁省政策	上海市政策
机械、电子和兵器工业中的投资类制成品，分属于金属制品业、通用装备制造业	1. 促进服务外包发展。推动检测维修、生物医药、软件信息、管理咨询、数据服务、文化创意等服务外包业务发展 2. 重点开展飞机、船舶、海洋工程结构物、轨道交通车辆、农用机械等大型成套设备融资租赁服务 3. 研究利用保税政策开展再制造业务，允许试点企业对再制造原材料开具增值税发票并进行税前抵扣 4. 取消异地加工审核环节。支持高端装备制造业发展 5. 支持装备制造业转型升级支持大型及成套设备全球维修产业发展，优化流程。对 CCC 免办和 CCC 目录外确认实施"申报确认＋事后监管"工作模式。优化大型装备国内采购零配件原产地证签证流程	1. 深化物联网、云计算、大数据、机器人、3D 打印等信息技术在生产制造各环节的应用 2. 浦东机场综合保税区依托空港优势，形成了以航空物流（亚太分拨中心）、航空金融（融资租赁）、航空服务（检测维修）、高端消费品展示交易等为主的产业功能 3. 允许区内融资租赁项目公司从境外购入飞机、船舶和大型设备并租赁给承租人时，凭合同、商业单证等材料办理付汇手续 4. 研究制定再制造旧机电设备允许进口目录，在风险可控的前提下，试点数控机床、工程设备、通信设备等进口再制造。探索引入市场化保险机制，提高医药生产等领域的监管效率 5. 最大限度缩减自贸试验区外商投资负面清单，推进金融服务、电信、互联网、文化、文物、维修、航运服务等专业服务业和先进制造业领域对外开放

续表

	辽宁省政策	上海市政策
机械、电子和兵器工业中的投资类制成品，分属于金属制品业、通用装备制造业	6. 鼓励金融机构、装备制造企业集团在自贸试验区内设立融资租赁公司和专营融资租赁业务子公司，开展融资租赁服务 7. 进一步探索改进符合先进装备制造业特点的信贷担保方式，拓宽抵押担保物范围 在风险可控的前提下，试点数控机床、工程设备等进口再制造	6. 扩大制造业高端供给。积极落实"中国制造2025"战略，推进信息技术与制造技术深度融合，发展基于工业互联网的新型制造模式，加快向高端制造、智能制造迈进。实施战略性新兴产业重大项目，突破一批国家亟须、具有国际影响力的关键核心技术 7. 推动汽车产业向智能网联汽车和新能源汽车升级，船舶产业向高端船舶和海洋工程装备产业升级，钢铁、石化产业向新材料领域延伸产业链 8. 探索破解集成电路、再制造等重点产业发展瓶颈 9. 互联网+协同制造。以敏捷制造、柔性制造、云制造为核心，集成各类制造资源和能力，统一行业标准，共享设计、生产、经营等信息，快速响应客户需求，缩短生产周期 10. 互联网+智能终端。融合新一代信息网络技术，提升传感器、高档数控机床、机器人、汽车、可穿戴式设备等终端产品的智能化水平和服务能力
专用设备制造业		
交通运输设备制造业	1. 放宽在自贸试验区设立的中外合资、中外合作国际船舶企业的外资股比限制 2. 支持汽车（新能源汽车为重点）、高端医疗器械、轨道交通装备、机器人智能装备等产业转型升级	1. 完善交通基础设施体系。加快实施新一轮轨道交通建设规划，构建一网多模式的轨道交通体系。加快推进轨道交通扩能增效，提高既有线网运输能力 2. 鼓励航运装备制造企业加强节能、环保等新技术、新材料的研究和产业化。市交通行政管理部门应当支持高能效、低排放的运输工具和机械设备的市场推广。航运企业应当及时更新淘汰高耗能、高污染的运输工具和机械设备 3. 航运相关企业应当提高装卸、运输、仓储管理等关键设备的自动化、智能化水平，逐步推进信息化与生产、服务、管理各环节的融合，建立并完善物流信息平台，提供物流全过程动态信息服务，构建智慧航运服务体系 4. 优化船舶登记及相关业务流程，为船舶营运、融资、保险、修造、交易等提供便捷高效的船舶登记服务

附录B　辽宁省上海市自贸区装备制造业政策对比表

续表

	辽宁省政策	上海市政策
交通运输设备制造业		5. 口码头配套建设岸电供电设备设施的，靠港船舶应当按照要求使用岸电。推进航空企业使用桥载能源设备供电 6. 本市鼓励船舶制造企业重点研发大型集装箱船、液化气船、邮轮等船舶 7. 鼓励融资租赁公司积极服务"一带一路"、长江经济带、"中国制造2025"等国家战略 8. 鼓励融资租赁公司在飞机、船舶、工程机械等传统领域做大做强，积极拓展新一代信息技术、高端装备制造、新能源、节能环保和生物等战略性新兴产业及文化产业等新领域投融资渠道 9. 支持开展跨境租赁。鼓励通过融资租赁引进国外先进设备，扩大高端设备进口，提升国内技术装备水平 10. 支持符合条件的融资租赁公司设立专业子公司和特殊项目公司，开展飞机、船舶和重大装备等租赁业务，提高专业化水平
电器装备及器材制造业		
电子及通信设备制造业		
仪器仪表及文化办公用装备制造业		

· 277 ·

附录 C　辽宁省上海市部分自贸区政策名单

上海自贸区部分政策名单

《关于推进本市国家级经济技术开发区创新提升打造开放型经济新高地的实施意见》

《关于加快特色产业园区建设促进产业投资的若干政策措施》

《上海市优化营商环境条例》

《关于在自由贸易试验区开展"证照分离"改革全覆盖试点的通知》

《关于进一步做好利用外资工作的意见》

《长江三角洲区域医疗器械注册人制度试点工作实施方案》

《关于在自由贸易试验区开展"证照分离"改革全覆盖试点的通知》

《长江三角洲区域一体化发展规划纲要》

《中国（上海）自由贸易试验区关于进一步促进融资租赁产业发展的若干措施》

《关于促进本市邮轮经济深化发展的若干意见》

《浦东新区人民代表大会常务委员会关于进一步优化营商环境探索"一业一证"改革的决定》

《中国（上海）自由贸易试验区临港新片区总体方案》

《上海银行业保险业进一步支持科创中心建设的指导意见》

《中国（上海）自由贸易试验区跨境服务贸易特别管理措施（负面清

单）（2018年）及其管理模式实施办法发布》

《市场监管总局关于进一步推进企业简易注销登记改革的通知》

《关于本市积极推进供应链创新与应用的实施意见》

《关于推动拓展自由贸易账户适用范围的通知》

《关于本市进一步促进外商投资的若干意见》

《本市大力发展电子商务加快培育经济新动力实施方》

《关于加快推进中国（上海）自由贸易试验区和上海张江国家自主创新示范区联动发展的实施方案》

《关于加强知识产权运用和保护 支撑科技创新中心建设的实施意见》

《关于印发《中国（上海）自由贸易试验区产业规划》的通知》

《关于在中国（上海）自由贸易试验区放开在线数据处理与交易处理业务（经营类电子商务）外资股权比例限制的通告》

《关于在中国（上海）自由贸易试验区开展平行进口汽车试点的通知》

《关于中国（上海）自由贸易试验区平行进口汽车试点企业动态调整的通知》

《国家外汇管理局上海市分局关于印发"进一步推进中国（上海）自由贸易试验区外汇管理改革试点实施细则"的通知》

《国务院关于推广中国（上海）自由贸易试验区可复制改革试点经验的通知》

《国务院关于印发进一步深化中国（上海）自由贸易试验区改革开放方案的通知》

《国务院关于印发全面深化中国（上海）自由贸易试验区改革开放方案的通知》

《进一步深化中国（上海）自由贸易试验区和浦东新区事中事后监管体系建设总体方案》

《进一步推进中国（上海）自由贸易试验区金融开放创新试点 加快上海国际金融中心建设方案》

《上海国检局支持上海自贸区发展24条意见简介》

《上海海关关于在中国（上海）自由贸易试验区开展"自主报税、自助通关、自动审放、重点稽核"改革项目试点的公告》

《上海市工商行政管理局关于服务自贸试验区和科技创新中心建设的若干意见》

《上海市人民政府关于本市推进供给侧结构性改革的意见》

《上海市人民政府贯彻〈国务院关于加快发展现代保险服务业的若干意见〉的实施意见》

《上海市人民政府印发关于加快推进中国（上海）自由贸易试验区和上海张江国家自主创新示范区联动发展实施方案的通知》

《上海市推进"互联网＋"行动实施意见》

《上海市推进国际航运中心建设条例》

《市政府办公厅关于加快本市融资租赁业发展的实施意见》

《中国（上海）自由贸易试验区管委会关于印发中国（上海）自由贸易试验区贸易调整援助试点办法》

《中国（上海）跨境电子商务综合试验区实施方案》

《中国（上海）跨境电子商务综合试验区实施方案》

《中国（上海）自由贸易试验区条例》

辽宁自贸区部分政策名单

《关于加强中国（辽宁）自由贸易试验区知识产权工作的若干意见》

《国务院关于同意在天津等12个城市设立跨境电子商务综合试验区的批复》

《国务院关于印发中国（辽宁）自由贸易实验区整体方案的通知》
《解读〈中国（辽宁）自由贸易试验区大连片区实施方案〉》

《辽宁省人民政府办公厅关于促进融资租赁业发展的实施意见》

《辽宁省人民政府关于促进快递业健康发展的实施意见》

《辽宁省人民政府关于印发中国（大连）跨境电子商务综合试验区实施方案的通知》

附录C　辽宁省上海市部分自贸区政策名单

《辽宁自贸区第二批政策清单》

《辽宁自贸试验区沈阳片区首批政策清单》

《辽宁自由贸易试验区和沈阳全面创新改革示范区对四类外籍人员推出的七项出入境政策措施》

附录 D 中国彩电制造产业发展过程

中国彩电产业起步于 20 世纪 70 年代，至今已经历了五个阶段的成长历程，即产业导入期、产业波动期、产业增长期、产业稳定期以及产业转型期，中国彩电企业在不同发展阶段、具有不同的创新行为，并伴随着创新程度的逐步提高、创新形式也逐步趋向多样化。中国彩电产业发展过程与行为特征，具体如下所示：

产业导入期（1970—1985）。产业导入期的阶段特征是大量国产品牌涌现；产量增长迅速；生产装配线的大量进口；产品模仿创新。我国第一台 14 英寸黑白电视机，于 1958 年在天津 712 厂诞生。1970 年 12 月 26 日，我国第一台彩色电视机在天津通信广播电视厂诞生，标志着我国彩电制造业的开始。但受时代局限，彩电制造业发展缓慢。1978 年，国家批准引进第一条彩电生产线，定点在上海电视机厂（即上广电集团）。该生产线 1982 年 10 月份正式竣工投产，不久，国内第一个彩管厂咸阳彩虹厂成立。彩电得以大规模生产，标志着我国彩电工业已经跨越过自行摸索的漫长前奏，开始直接和国外先进技术对接。这期间我国彩电业迅速升温，并很快形成规模，全国引进大大小小彩电生产线 100 多条，并涌现出了长虹、熊猫、金星、牡丹等一大批国产品牌。但是，市场受结构、价格、消费能力等各种条件的限制，国内的电视机普及率还相当低。到 1985 年，我国电视机年产量已达 1663 万台，超过了美国，仅次于日本，成为世界第二的电视机生产大国。这一阶段彩电产业总产量较小但由于基数较小因而年平

附录D 中国彩电制造产业发展过程

均增长率约为185%。

产业波动期（1986—1992）。产业波动期的阶段特征是国产品牌受到技术等因素局限，增长放缓；日资企业占据市场；技术引进；国产化。日系彩电从70年代开始发展，到80年代后期已处于世界领先的地位。80年代中后期，开始进入中国。1985—1993年，中国彩电市场实现了大规模从黑白电视替换到彩色电视的升级换代。虽然国产彩电的数量和规模已经有了空前发展，但国内企业引进的生产线在技术上仍然落后，品种、功能、质量、价格等诸多方面仍无法和进口彩电相比。松下、东芝、日立等日系彩电凭借技术以及品牌的绝对优势占据了国内市场的主导地位，国内的彩电生产线大多从日本引进。

20世纪80年代，电子工业实现第一次腾飞。随着电子工业的服务方向从"以军为主"转向"以民为主"，电子工业走上"从努力发展消费类电子产品入手，实现电子工业发展良性循环"的发展道路，组织实施了以产业链为核心的彩电国产化"一条龙"工程，彩电国产化贯彻"引进、消化、开发、创新"八字方针。彩电国产化带动电子工业走向集约化大生产，建立了以CRT彩电整机为主体、配套元器件为支撑，品种规格齐全、技术水平不断提高，具有一定规模的较完整的工业体系（传统CRT电视产业链条除核心芯片外全部立足国内），成为全球彩电产品的加工、制造基地。1987年，我国电视机产量已达1934万台，超过了日本，成为世界最大的电视机生产国。通过彩电国产化，加强了企业间的广泛联合与合作，冲破了原有的地区封锁和条块分割。形成了以骨干企业为核心、以整机国产化配套为目标的行业性群体，密切了元器件厂和整机厂的结合，加快了国产化技术攻关的步伐，逐步走上了自主发展的轨道。彩电国产化后，产生了明显的经济效益和社会效益，活跃了市场，保证了供给，回笼了资金。同时，带动了元器件的升级换代，我国自己生产的彩电从整体性能和可靠性方面已接近20世纪80年代国际先进水平，部分产品已达到世界先进水平。

1989年8月，长虹彩电在全国范围内全面降价，发起了彩电史上第一次价格战。50天后，国家出台了彩电降价政策。从此国产彩电摆脱了计划经济的阴影，企业取得了对自己产品营销的主动权。这也是国产品牌寻找自身价格定位，形成市场区隔的起步。此后，国产彩电不断降价，在获得市场占有率的同时，也使彩电在中国实现普及。

产业增长期（1993—1998）。产业增长期的阶段特征是国产品牌开始以价格战反攻占据主要市场；市场竞争激烈，趋向开放；技术引进；国产化。到90年代中期，全国已有彩电企业98家，国产品牌彩电年产量高达3500万台。激烈的竞争中，一些实力弱小的企业相继出局，而长虹、康佳、TCL等企业在质量和技术上不断提高，并通过一轮轮价格战清理市场，迅速发展成为中国彩电市场的骨干企业和主导品牌。1995年，第50届国际统计大会授予四川长虹电器股份有限公司"中国最大彩电基地"，并同时独家荣获"中国彩电大王"称号。长虹已连续13年在中国彩电市场保持最高份额。企业净资产从1984年的0.4亿元增长到2001年的142亿元，增长350倍，长虹品牌价值持续攀升，至2002年，已达266亿元。2007年6月22日，世界品牌实验室（WBL）发布2007年《中国500最具价值品牌》，长虹品牌价值达到583.25亿元，在2006年437.55亿元基础上增长145.7亿元，同比增长33.3%，蝉联世界品牌500强。1996年，国产彩电销售额首次超过进口彩电。一些外国品牌在国产彩电技术飞跃提升和连续的大战后，市场销售日渐萎缩。国产品牌与国外品牌的市场占有率之比逐渐由以前的2∶8变成了8∶2。这一阶段我国彩电市场逐渐发展成为竞争度、开放度最高的市场之一。彩电产业的主要特点是价格战，以长虹公司在1996年3月26日发动降价竞争为标志以及伴随着激烈价格大战的企业兼并重组等产业调整行为。以长虹等为代表国产品牌通过价格战，依靠价格优势夺回国内市场的主导权。并导致整个中国彩电业的大洗牌，几十家彩电生产厂商从此退出。而外资品牌如索尼、松下、夏普、LG、三星、飞利浦等凭借技术优势，占据国内高端市场，在等离子电视、液晶电视、背投电视为代表的高端市场处于主导地位。

产业稳定期（1999—2004）。产业稳定期的阶段特征是洋品牌凭借技术资金优势占据高端市场；国产品牌继续在低端价格战；引进、合资；自主研发活动开展。进入 2000 年以后，国产品牌与外资品牌进入了全面竞争时期。经过几年积累的国内彩电企业，在高端彩电中已经具备一定优势。于是，从 2002 年开始，长虹、TCL、创维、海信等企业分别发起背投普及风暴、等离子风暴、纯平降价普及风暴及高清风暴，将占据高端彩电市场的外资品牌拖进价格战，从而宣告国产品牌与外资品牌进入全面竞争阶段。从 2002 年开始，长虹、TCL、创维、康佳等企业分别发起背投普及、等离子普及、纯平降价普及，以及高清晰电视等一系列"风暴"，在高端彩电市场上发起新的价格战。2002 年，长虹研制成功了中国首台屏幕最大的液晶电视。其屏幕尺寸大大突破 22 英寸的传统业界极限，屏幕尺寸达到了 30 英寸，当时被誉为"中国第一屏"。2003 年 4 月，倪润峰掀起背投普及计划，背投电视最高降幅达 40%。2004 年 10 月开始，平板电视在国内几个主要大城市市场的销售额首次超过了传统 CRT（模拟）彩电。2003 年，消费类电子行业经过前几年惨烈的价格战的洗礼和生产企业的优胜劣汰，产业步入稳定期。经历多年残酷的低端价格竞争，国内彩电企业已面临着传统彩电需求开始趋于饱和，利润下降的困境。各厂家不得不调整产业结构，加快更新换代，加大产品出口，形成新的增长点。彩电市场技术升级换代的要求出现，显示器由球面到平面，制式由模拟向数字化迈进，大屏幕等离子、背投、立体、高清晰度等彩电技术不断开发面世，电视技术创新的步伐越走越快。因此，他们开始将注意力转向以等离子、液晶、背投等为代表的新显示方式彩电高端市场。这些市场一度曾只为外资品牌占据。

产业转型期（2004—至今）。产业转型期的阶段特征是国产品牌向高端发展；全球化竞争加剧，进入微利时代；合作研发、并购、合资、海外基地；高端创新能力逐步形成。经过将近 30 多年发展，中国彩电产业已经建立了精密的生产制造体系并且形成了以海信、长虹、康佳、创维等为代表的一批能够主导市场，具有一定的知名度和较高管理水平的彩电企业集团。2005 年出口量首次超过内销市场，国外市场趋于主导，占当年彩电总产量的 55%。出口收入已超过了彩电销量总收入的 70%，虽然中国彩电产业有了长足的发展，但中国彩电产业处在价值链的低端，对于技术的掌握程度不够，核心部件仍受制于人。2005 年 6 月，中国第一块拥有自主知识产权并实现产业化的数字视频处理芯片——"信芯"在海信诞生，结束了中国年产 7000 万台彩电无"中国芯"的历史；拥有自主知识产权和核心技术，企业才有竞争力"。没有平板显示屏就没有平板显示产业，大尺寸液晶电视用面板基本依赖进口，而液晶面板凝聚了彩电超过 70% 的价值，我国液晶电视制造业基本是"加工组装"，加重了整个行业的"空心化"和对外依赖性。创维、海信等彩电企业正在积极切入平板电视的上游，已着手液晶电视背光模组的生产，长虹的等离子面板生产线已经正式投产。2007 年 9 月，首批"中国制造"的电视液晶模组在海信下线，这是中国彩电业史上的第一条液晶模组生产线，这一事件标志着中国电视液晶模组完全依赖进口的状况被打破。但整体产业状态仍处于上游面板受制于人的困境，有待上游面板产业的进一步发展和支撑。OLED 作为一种具有前景的新型显示技术正在全球范围内被作为研发和产业化的主要方向，但由于部分产品和工艺技术有待突破，其规模化量产尚需进一步的技术和产业积累。

后　　记

本书历经三年时间写作，期间持续反复的思考、调研、讨论、探索……才最终得以完成，除基于作者对本书研究内容的强烈兴趣与热情之外，也受益于诸多人士的帮助与支持，书中案例企业相关人员对调研也给予了热情协助。

本书撰写过程得到了苏敬勤教授的谆谆教诲，苏老师在本书撰写过程中给予的宝贵建议，正是老师的指点才使研究工作得以不断进步！老师从不同角度给我提出建设性建议和意见，使我的研究得以顺利进行，避免了很多弯路，老师的博学深知让人衷钦佩。诚挚感激苏老师！

在本书即将付梓之际，特别感念我的家人，没有他们全心全意的支持与付出，也就没有我的今天。感念我的父母亲人，他们的期望、理解和鼓励是我不断前进的勇气和动力。寒露染霜红，秋风透菊黄。飞鸟不归林，入巢四茫然。呜呼吾母，母终未死。身体虽殒，灵则万古。有生一日，皆伴亲时。有生一日，皆报恩时。今也言长，时则苦短。谨将此书奉于龛前，告慰母亲在天之灵。

本书最终得以出版还得到沈阳市哲学社会科学专项资金规划课题成果（17007），辽宁省教育厅科学研究经费重点攻关项目"制约辽宁制造业实现技术创新突破的主导逻辑构成与作用机理研究"、辽宁省教育科学"十三五"规划2018年度课题重点课题（JG18DA004）的大力资助与中国社会科学出版社的支持，在此一并表示衷心感谢。

王鹤春

2019 年 5 月 11 日于沈阳